Heinz-Helmut Lüger

Pressesprache

2., neu bearbeitete Auflage

Max Niemeyer Verlag
Tübingen 1995

Die Deutsche Bibliothek – CIP-Einheitsaufnahme

Lüger, Heinz-Helmut:
Pressesprache / Heinz-Helmut Lüger. – 2., neu bearbeitete Aufl. – Tübingen : Niemeyer 1995
  (Germanistische Arbeitshefte ; 28)
NE: GT

ISBN 3-484-25128-X   ISSN 0344-6697

5 4 3 2 1

Druck: Gulde-Druck GmbH, Tübingen
Einband: Hugo Nädele, Nehren

Inhaltsverzeichnis

Vorbemerkungen

Das vorliegende Arbeitsheft stellt eine Reihe von Forschungsdisziplinen und Verfahren dar, die sich mit der Beschreibung und Bewertung journalistischen Sprachgebrauchs beschäftigen. Breiten Raum nehmen dabei vor allem linguistische Untersuchungen ein.

Aus der Perspektive verschiedener Ansätze wird versucht, den spezifischen Zusammenhang von Erkenntnisinteresse und Analysemethode sowie die Konsequenzen für die Gegenstandsbestimmung, für das jeweilige Verständnis von 'Pressesprache', aufzuzeigen.

Das umfangreichste Kapitel befaßt sich mit der Differenzierung journalistischer Textsorten. Textwissenschaftliche Überlegungen stehen hier im Vordergrund, Begriffe und Sehweisen der Publizistikwissenschaft werden so weit wie möglich einbezogen. Natürlich machen Sprachbeschreibungen dieser Art die konkreten Arbeitshinweise journalistischer Handbücher nicht überflüssig, andererseits dürften sie aber auch für den "Praktiker" nützliche Hinweise und Ergänzungen bieten.

Die Übungen dienen, entsprechend der Konzeption der "Germanistischen Arbeitshefte", zur Überprüfung und Vertiefung der Darstellung und sollen zur selbständigen Weiterarbeit anregen. Entsprechende Hinweise finden sich außerdem in den Literaturangaben im Anschluß an die Kapitel.

Für Anregungen und Kritik bin ich Otmar Werner sehr zu Dank verpflichtet.

Zur zweiten Auflage

Für die zweite Auflage wurde versucht, wesentliche Neuerungen der Textlinguistik und der Medienforschung einzubeziehen und für die Beschreibung von 'Pressesprache' nutzbar zu machen. Dabei ergaben sich vor allem für die Textsortenanalyse einige Modifikationen. Auch in den übrigen Abschnitten wurden Korrekturen und Aktualisierungen vorgenommen, Arbeitsaufgaben ergänzt oder zusätzliche Textbeispiele eingefügt.

Den Rezensenten der ersten Auflage danke ich dafür, daß sie mich auf verschiedene Verbesserungsmöglichkeiten hingewiesen haben.

Gosheim, Juni 1994   H.H.L.

Abkürzungen

Ab	Abendpost
Az	Abendzeitung
BadZ	Badische Zeitung
BZ	Bild-Zeitung
DNZ	Deutsche National-Zeitung
EZ	Ems-Zeitung
FAZ	Frankfurter Allgemeine Zeitung
FR	Frankfurter Rundschau
GT	Göttinger Tageblatt
HAZ	Hannoversche Allgemeine Zeitung
HB	Heuberger Bote
KN	Kieler Nachrichten
KR	Kieler Rundschau
MM	Münchner Merkur
N	Die Neue
OZ	Ostfriesen-Zeitung
SchwäbZ	Schwäbische Zeitung
SB	Schwarzwälder Bote
Sk	Südkurier
Sp	Der Spiegel
StN	Stuttgarter Nachrichten
StZ	Stuttgarter Zeitung
SZ	Süddeutsche Zeitung
taz	die tageszeitung
UZ	Unsere Zeit
W	Die Welt
WAZ	Westdeutsche Allgemeine Zeitung
Z	Die Zeit

0. Einleitung

Was ist gemeint, wenn man von *Pressesprache* spricht? Wo wird eine solche Sprache überhaupt greifbar? Ist es mehr der Sprachgebrauch eines Nachrichtenmagazins, einer "seriösen" Abonnementzeitung oder der eines reißerisch aufgemachten Boulevardblatts? In der Tat läßt zudem das Bestehen verschiedener Rubriken (Wirtschaft, Kultur, Sport...) und Präsentationsweisen (Nachricht, Reportage, Kommentar...) eher vermuten, daß es *die* Pressesprache eigentlich gar nicht geben kann. Der Titel dieses Arbeitsheftes mag insofern erstaunen, da er für den Bereich der Presse von vornherein einen relativ einheitlichen, abgrenzbaren Sprachgebrauch zu unterstellen scheint.

Trotz der genannten Divergenzen existieren andererseits aber zahlreiche gemeinsame Merkmale, vor allem hinsichtlich der Produktionsbedingungen und Mitteilungsabsichten, die durchaus für die Beibehaltung eines Oberbegriffs 'Pressesprache' sprechen können, wenn auch nicht im Sinne eines homogenen sprachlichen Systems.

Zu welchem Ergebnis man bei der Diskussion solcher terminologischer Fragen gelangt, dürfte nicht zuletzt von dem Abstraktionsniveau abhängen, auf das man sich beziehen will. Eine angemessene Beurteilung erscheint daher erst unter Einbeziehung spezifischer Beschreibungs- und Differenzierungskonzepte möglich.

Unabhängig davon herrscht in der Literatur jedoch weitgehende Einhelligkeit, wenn es um die generelle Einschätzung der Bedeutung von Presse- oder Zeitungssprache geht, was auch immer man genau darunter versteht. So wird der Einfluß auf die Sprachentwicklung in der Regel sehr hoch veranschlagt: Sie sei nicht allein Dokument des jeweiligen Sprachzustandes, sondern spiele - ebenso wie die Sprache der Funkmedien - eine wichtige Rolle bei der Ausprägung und Veränderung sprachlicher Normen. Auch wenn Art und Umfang dieses Einflusses nur selten präzise anzugeben sind, dürften an dem grundsätzlichen Faktum kaum Zweifel bestehen.

Aufgrund solcher Relevanz haben zahlreiche Forschungsdisziplinen, darunter insbesondere die Linguistik, der Analyse pressesprachlicher Phänomene große Aufmerksamkeit gewidmet. Dabei wurden journalistische Texte und Sprachstile wiederholt zum Objekt methodologischer Reflexion und zum Anwendungsbereich verschiedener Analyseverfahren. Das spiegelt nicht nur die prinzipiellen Unterschiede bei der Gegenstandskonstitution wider (z.B. kann Pressesprache hinsichtlich ihrer Syntax, ihrer Verständlichkeit oder im Hinblick auf Übereinstimmungen mit bestimmten Sprachnormen untersucht werden), sondern dokumentiert ganz einfach auch das starke Interesse an diesem Sektor öffentlichen Sprachgebrauchs.

Einen vergleichbaren Stellenwert haben pressesprachliche Themen in der sprachdidaktischen Literatur, und zwar sowohl für den Deutsch- als auch für den Fremdsprachenunterricht. In nahezu allen Lehrplänen finden sich explizite Hinweise auf die Beschäftigung mit Formen journalistischen Sprachgebrauchs.

Angesichts dieser Situation besteht das Hauptziel des vorliegenden Arbeitsheftes nicht so sehr darin, spezielle Einzeluntersuchungen vorzustellen, als vielmehr in die wichtigsten Beschreibungsgrundlagen einzuführen. Dies soll einmal mit einer überblicksartigen Bestandsaufnahme von Forschungsansätzen versucht werden (Kap. 1 und 2), zum andern mit einer allgemeinen Skizze medienspezifischer Charakteristika von Pressetexten (Kap. 3) sowie, daran anschließend, einem Differenzierungskonzept, das sprachliche Merkmale auf kommunikative Funktionszusammenhänge bezieht (Kap. 4). Historische Gesichtspunkte, etwa zur Entstehung journalistischer Darstellungsformen, können dabei nicht behandelt werden. Weiterführende Hinweise finden sich im Anschluß an die betreffenden Kapitel.

1. Fragestellungen und Untersuchungsansätze

Die Untersuchung der Pressesprache hat eine lange, in vielen Disziplinen begründete Tradition und umfaßt u.a. psychologische, publizistische, soziologische und linguistische Fragestellungen. Dabei wird deutlich, wie noch im anschließenden Überblick zu zeigen, daß sich trotz eines gemeinsamen Objekts oft unterschiedliche Abgrenzungen und Merkmalszuweisungen ergeben; diese erklären sich aus den abweichenden Forschungsinteressen, der jeweiligen fachspezifischen Gegenstandsbestimmung einschließlich der damit verbundenen theoretischen Ausgangspositionen. Das eingangs erwähnte Problem, den Begriff 'Pressesprache' genauer zu situieren, dürfte ebenfalls vor diesem Hintergrund zu sehen sein. In welchem Maße theoretischer Rahmen und Gegenstandsbestimmung die Art der Analyseergebnisse beeinflussen, läßt sich besonders anschaulich an der Entwicklung linguistischer Teildisziplinen ablesen (vgl. Kap. 2).

1.1. Normativ-sprachpflegerische Kritik

Aus sprachpflegerischer Sicht erfährt der Sprachgebrauch der Presse häufig eine äußerst negative Beurteilung. Diese Kritik ist nun keineswegs neu: "Die Klagen über das Zeitungsdeutsch sind so alt wie die Zeitung selbst", schreibt dazu E. Dovifat (1976: I,158).

Recht eindeutige Stellungnahmen finden sich etwa bei *Schopenhauer* in den "Parerga und Paralipomena", wo er energisch gegen die "Zeitungsschreiberei" und deren "Sprachverhunzungen" zu Felde zieht und Maßregelungen bei der Verwendung eines "nicht bei guten Schriftstellern anzutreffenden Wortes" vorschlägt (1891: 566f.). Ähnliche drastische Formulierungen gebraucht *F. Kürnberger*, wenn er Journalistik mit "gedankenlosem Sprachverderb" gleichsetzt und stattdessen für ein "starkes und nachdrückliches Deutsch" plädiert, das ohne "geschmacklose" und "junkerlich-pöbelhafte Phraseologie" auskomme; gemeint sind in erster Linie bildhafte Wendungen wie *mit offenem Visier kämpfen, zu Felde ziehen, Front machen* oder *in den Staub treten, geißeln* usw. In den "Blumen des Zeitungsstils" (1876) heißt es u.a.:

> "Gottlob, daß unsere Klassiker endlich wohlfeil geworden und in Volksausgaben das Gemeingut aller zu werden fähig sind: dieses Gegengift stellt just zur rechten Zeit sich ein, um den Verfall des reinen Sprachgefühls noch eine Weile aufzuhalten, weil es ja doch das Unglück gewollt hat, daß das verbreitetste Literatur-Element, die Journalistik, eine so unreine Sprache bei uns in die Phantasie und auf die Zunge aller gelegt!" (zit. nach Riha 1973: 77f.)

Orientiert sich solche Kritik vornehmlich am Maßstab der Literatursprache, d.h. an den Autoren der Klassik, und an der Instanz des "guten Geschmacks", so wendet sich die nicht minder deutliche Polemik bei *Karl Kraus* ohne Einschränkung gegen Zeitungen, Zeitungssprache und Journalisten als die "parasitären Zerstörer des Geisteslebens" überhaupt (vgl. zum Beispiel den 1902 in der "Fackel", Nr. 99, 1ff., erschienenen Artikel "Die Journaille"). Er sieht die Sprache ausgehöhlt von Floskeln und Phrasen, die einen direkten Bezug zur Wirklichkeit erschweren und im Grunde nur eine inhaltsleere, stereotypisierte Scheinwelt vermitteln können. Dieser Sprachmißbrauch sei am weitesten in der Presse fortgeschritten, dort habe sich durch ständige Wiederholung und Bedeutungsabnutzung eine Sprache etabliert, die von Zeitungsschreibern vor allem zur Verschleierung der Tatsache eingesetzt werde, daß man nichts Neues zu sagen habe. Nach K. Kraus ist so die Bekämpfung der Phrase gleichbedeutend mit der Bekämpfung der Presse, die von der Phrase lebt, und der Sprachverfall bildet ein Indiz für den moralischen Verfall der Sprachbenutzer.

Diese (hier nur verkürzt referierte) Auffassung ist, da sie die Sprache zum alleinigen Maßstab erhebt und konkrete Verwendungsbedingungen völlig außer acht läßt, wiederholt als einseitig und geradezu "monomanisch" zurückgewiesen worden. Die polemische Diktion bei Kraus sowie die übertriebene Fixierung auf die Presse dürften negative Kommentierungen noch erleichtert haben. Ohne der Kritik nun grundsätzlich widersprechen zu wollen, darf man jedoch andererseits nicht übersehen, daß Kraus' Hinweise auf die Phrasenhaftigkeit ein Problem berühren, das im Prinzip jede journalistische Berichterstattung betrifft: nämlich die Gefahr, durch ständige Wiederholung bestimmter Darbietungsformen tendenziell eine Verselbständigung des Sprachgebrauchs herbeizuführen. In der Tat stellt sich die Frage, inwieweit etwa die routinierte Befolgung eingeschliffener Textmuster zu schematisierten, dem Originellen und Besonderen des Einzelfalls nicht mehr gerecht werdenden Mitteilungen führt (vgl. Weinrich 1980: 18f.). In der Publizistikwissenschaft hat man diesen Gesichtspunkt in verschiedenen Untersuchungen wieder aufgegriffen.

Einige der genannten stilkritischen Positionen haben durchaus ihre Fortsetzung gefunden. So liest man noch 1975 in einem Zeitschriftbeitrag, das *"Journalesische"* sei mit seinen stereotypen Wiederholungen, den "Schwulstbeispielen", "Sprachschludrigkeiten", falschen "Eindeutschungsversuchen" und der "anfechtbaren Grammatik" nur eine verarmte, minderwertige Sprache im Vergleich zum "guten Deutsch" (Schleyer 1975; vgl. ebenfalls Schneider 1983). Der Sprachgebrauch in den Funkmedien wird in diese Beurteilung gleich miteinbezogen. Unter der Überschrift "Sprechen und Schreiben in Klischees" liest man zum Beispiel:

"Meinungsverschiedenheiten werden in der Regel nach längerem *Tauziehen* oder neuerdings *Pokern* (statt schlicht: *Hin und Her*) bereinigt. Ereignisse oder Personen machen *Schlagzeilen*. Bergarbeiter (auch britische, französische usw.) sind meistens *Kumpel*, Lastwagenfahrer oft *Kapitäne der Landstraße*, Schweizer stets *Eidgenossen*, exklusive Hotels meistens *Nobelherbergen*, schnell Erfolgreiche immer *Senkrechtstarter*, vielgekaufte Produkte immer *Spitzenreiter*. Schüler, Lehrlinge, Studenten *proben den Aufstand*, und der Reporter *war dabei*." (Schleyer 1975: 44)

Insgesamt jedoch kann man feststellen, daß derartige sprachpflegerische Tendenzen in der Fachliteratur kaum noch anzutreffen sind, von den Sprachglossen einiger Zeitungen einmal abgesehen.

Die angeführten Beispiele demonstrieren hinreichend, nach welchen Maßstäben die Pressesprache vielfach bewertet wurde. In der Regel liegen eher intuitive, vorwissenschaftliche Normvorstellungen zugrunde, die sich an ein bestimmtes literarisches Stilideal anlehnen und Abweichungen sogleich als defizient, als Belege für einen allgemeinen Sprachverfall kritisieren. Die ästhetisch-moralischen Kriterien können damit natürlich nicht den Besonderheiten journalistischen Sprachgebrauchs gerecht werden:

"Die Absichten der Sprachkritiker sind sehr moralische und ehrenwerte [...]. Aber weil sie - ohne es zu wissen - noch von der aristokratischen Sprachnormung des 17. bis 19. Jahrhunderts beeinflußt sind, in der die nichtliterarische Sprache und die Sprache des 'Pöbels' abgewertet wurde, ist ihre Perspektive verzerrt." (v. Polenz 1968: 167f.)

Zum andern übersehen die Autoren völlig, daß gerade im 19. Jahrhundert die Entwicklung der Tagespresse mit zur Verbreitung einer von der Klassik geprägten Sprache beitrug, ein Vorgang, den H. Eggers (1977: 129) als "Demokratisierung der Schriftsprache" bezeichnet. Von Einseitigkeit zeugt ebenfalls die scharfe, oft undifferenzierte Kritik am Fremdwörtergebrauch, wie sie im Gefolge puristischer Sprachpflege lange Zeit üblich war.

Generell ist einzuwenden, daß die Auflistung von "Sprachsünden" (Eich 1959) und die damit verbundene These vom negativen Einfluß auf die Gemeinsprache[1] viel zu wenig die spezielle Funktionalität journalistischer Sprachformen berücksichtigen. Die Kritik erfolgt auf der Basis abgehobener Normen und sieht ab von konkreten, medien-spezifischen Bedingungen, insbesondere von der Bedeutung unterschiedlicher *Mitteilungsabsichten* (z.B. geht es um neutrale Faktenübermittlung oder um subjektive Bewertung?), von den Auswirkungen *adressatenbezogener Darstellung* (welche Lesergruppe wird angesprochen?), von den *Produktionsbedingungen* eines Zeitungstextes (Zeitdruck, Zusammenfassen mehrerer Einzelinformationen u.ä.). Die Kriterien bleiben also, wie auch an der gängigen Einzelwortkritik erkennbar, rein immanent, ausschließlich auf die sprachliche Ausdrucksebene bezogen, und die wesentlichen Aspekte der Kommunikationssituation gehen nicht mit in die Bewertung ein.

Übung (1)

Nach Karl Kraus hängt der Verfall der Presse mit dem Zustand der Sprache zusammen:

"Je näher dem Ursprung, desto weiter vom Krieg. Wenn die Menschheit keine Phrasen hätte, bräuchte sie keine Waffen. Man muß damit anfangen, sich sprechen zu hören, darüber nachdenken, und alles Verlorene wird sich finden. Was das Lesen betrifft, so ist es zunächst gar nicht notwendig, sich von den Zeitungen, die uns den Weg zur Sprache wie zu aller Natur verrammeln, zu trennen. Im Gegenteil wird es nützlicher sein, sie lesend zu durchschauen, und besser, eine Zeile des Leitartikels scharf ins Auge zu fassen, als von einem Vers der Iphigenie die schöne Ansicht abzunehmen." (Kraus 1956: 227)

Welche Rolle wird hier für die Sprache, den Sprachmißbrauch (und die Sprachkritik) unterstellt? Wie ist diese Einschätzung zu bewerten?

---

1   Eine solche Kritik ist nicht allein auf das Deutsche beschränkt. So berichtet etwa R. Pucheu von Auffassungen, die das *Français sauvage*, den Sprachgebrauch französischer Zeitungen, als eine "offense permanente à la pureté de la langue française" darstellen (1965: 18).

Übung (2)

Phrasenhafter Ausdruck ist nicht nur aus normativen, ästhetischen Gründen kritisierbar:

"Die Sprache verliert so immer mehr die Beziehung zur Wirklichkeit und macht nur noch auf sich selbst aufmerksam. Auf dem Friedhof der Bedeutungen wachsen die Stilblüten." (H. Heckmann, in: Mogge 1980: 83)

Welche Relevanz hat der genannte Aspekt gerade für den Sprachgebrauch der Zeitung? Inwiefern kann die "Beziehung zur Wirklichkeit" verlorengehen?

Literaturhinweise:

Beutin (1976: 50ff., 99ff.)   Riha (1973: 70ff.)
Eigenwald (1974: 33ff.)   Schwarze (1980)
Fischer (1983)   Weinrich (1980)
v. Polenz (1968), (1982)

1.2.   Ideologiekritische Betrachtung

"Es ist nicht allein die Macht der Idee, die sich an der Wirkung der Sprache der Massen-medien beweist. Mehr noch ist es die Macht des Wortes." Diese Bemerkung W. Haackes (1962: 16) verdeutlicht in prägnanter Form eine These, die, grob zusammengefaßt, von einer *sprachlichen Determination* des Denkens ausgeht und die Steuerungsmöglichkeit von Einstellung und Verhalten durch Sprache unterstellt. Sprachkritik aus dieser Per-spektive hat in erster Linie den öffentlichen Sprachgebrauch, darunter auch die Informationsgebung der Presse, zum Gegenstand und untersucht, in welcher Weise *Ma-nipulation* und Bewußtseinsbeeinflussung vorliegen. Allerdings konzentrieren sich die Untersuchungen in vielen Fällen auf die Sprache des politischen Gegners, an deren propagandistischen Zielen man die "Despotie der Wörter" (Kuhn 1975), die "Verführung durch Sprache" (Mackensen 1973), kurz: die Wirksamkeit sprachlicher Steuerung als Element politischer Herrschaft aufzeigen will. Sehr anschaulich erläutert H. Schelsky diese Position:

"Die Beherrschung durch die Sprache scheint uns die vorläufig letzte Form der Versklavung von Men-schen zu sein, die als soziale Wesen auf den Verkehr durch die Sprache genauso angewiesen sind wie jeder lebende Organismus auf Zufuhr von Nahrung und Sauerstoff. In der Herrschaft durch Sprache ist ein Herrschaftsgrad von Menschen über Menschen erreicht, demgegenüber physische Gewalt geradezu harmlos und veraltet ist." (Deutsche Zeitung 12.4.1974)

Ausgangspunkt solcher Kritik ist vor allem der Gebrauch von Wörtern, die neben ihrem referentiellen Inhalt *spezifische Bewertungen und Emotionen* zum Ausdruck bringen. Zum Beispiel haben in dem Zusammenhang Begriffe wie *Emanzipation, Leistungsge-sellschaft, Lohn-Preis-Spirale* oder die konkurrierenden Benennungen *Arbeitnehmer / Arbeitgeber, Arbeiter / Kapitalist / Unternehmer, Funktionärsherrschaft / Demokrati-sierung der Wirtschaft, Atomkraft / Kernenergie* u.a. zu wiederholten und oft kontrover-sen Diskussionen geführt. Die Resultate der sprachkritischen Betrachtung werden, unabhängig von der jeweiligen politischen Intention, eindeutig und unmißverständlich formuliert. Daß "durch Worte das Denken gelenkt" wird (Eberhard 1981: 113) und die Sprache durch ihre Sinnverkürzungen eine Kontrollfunktion ausübt (Marcuse 1970: 122), steht dabei ebenso fest wie "geistiger Mauerbau" und "Bewußtseinsverengung" der "roten Semantik" (Dietz, in: Kaltenbrunner 1975). Moniert wird insbesondere die *Verschleierungsfunktion* bestimmter Begriffe, die eine angemessene Wirklichkeitsvermittlung verhindern und stattdessen eine favorisierte Sehweise erzeugen oder stabilisieren sollen. So diene etwa das Wort *Entsorgung* einer gezielten Verharmlosung von Problemen, die bei der Beseitigung oder Lagerung radioaktiver Abfälle auftreten, und solle - in Verbindung mit einer Reihe vergleichbarer Ausdrücke - die "Akzeptanzbereitschaft" in der Öffentlichkeit erhöhen. Ähnlich zu beurteilen seien andere strittige Bezeichnungen: Ob *Gastarbeiter* oder *ausländischer Arbeiter* bzw. *Arbeitsmigrant*, ob *Bande* oder *Gruppe*, *Freiheitskämpfer* oder *Terrorist*, zur Diskussion stehe jeweils eine gesellschaftspolitische Position, wobei das Vokabular eine (manipulative) Beeinflussung der Kommunikationspartner, nämlich eine Übernahme der implizit gegebenen Wertung intendiere. Einig scheint man sich im allgemeinen bei der Einschätzung solcher Sprachherrschaft: Sie erfasse das Denken, verändere das politische Bewußtsein und damit schließlich das Spektrum von Handlungsmöglichkeiten. Für H. Maier steht sogar das Fortbestehen der politischen Ordnung auf dem Spiel. "Es ist klar: Ohne Einhelligkeit im Sprachgebrauch muß die Formkonstanz von Institutionen früher oder später verlorengehen" (in: Kaltenbrunner 1975: 67). Konsequenterweise wird als Abwehrstrategie gegen die Besetzung von Wortfeldern dann auch die Entlarvung der Sprache des Gegners empfohlen.

Einen zweiten Objektbereich politischer Sprachkritik stellen sog. *Sprachregelungen* oder Sprachlenkungen dar, die etwa in Form von Presseanweisungen den Gebrauch bestimmter Wörter vermeiden und die Verbreitung alternativer Bezeichnungen forcieren sollen. Zur Illustration solcher Eingriffe werden vielfach Beispiele aus der Zeit des Faschismus zitiert:

> "Goebbels' Propagandaministerium schleuste zu Beginn des Zweiten Weltkriegs Wörter in die Umgangssprache, die möglichst jede Assoziation mit dem verlorenen Ersten Weltkrieg unterbinden sollten - mit Erfolg. Keiner sagte mehr 'Unterstand' - 'Bunker' war das neue Wort; der 'Tank' hieß nun 'Panzer', der 'Verwundete' wurde 'Versehrter', statt 'Dörrgemüse' sagten wir 'Trockengemüse' und an Stelle von 'Magermilch' kam das Ungetüm 'entrahmte Frischmilch' in Gebrauch..." (Randow, T. v.: Wächter für unsere Sprache, Z 22-2-80, 61)

Die Sprachregelungen, nach Meinung des Artikel-Autors Beweis dafür, wie sehr "Sprache ein teuflisches Mittel der Manipulation" sein kann, wären noch zu ergänzen durch Fälle, in denen die vollständige Vermeidung von Wörtern, die man nicht für opportun hält, gefordert wird. Die Eliminierung einzelner Ausdrücke, z.B. von *Sabotage* oder *Attentat* (in der NS-Zeit), zielt dabei auf eine Unterdrückung der mit den Wörtern verbundenen und für nachteilig gehaltenen Assoziationen ab und soll mit dem Entzug der sprachlichen Benennungen die Existenz der betreffenden Sachverhalte bzw. überhaupt deren Möglichkeit im Bewußtsein tilgen. (Das Wirkungsschema erinnert an Passagen in Orwells "1984", wo der Wegfall sprachlicher Ausdrücke auch die Denkmöglichkeit entsprechender Inhalte ausschließt.) Plausibel erscheinen die intendierten Wirkungen allerdings nur, wenn man ein totalitäres, in sich völlig geschlossenes Kommunikationssystem unterstellt.

Dennoch wäre es falsch, wie bereits W. Dieckmann (1969: 41) betont, Sprachregelungen und die Versuche ihrer Durchsetzung nur als etwas spezifisch Totalitäres anzusehen. Auseinandersetzungen um bestimmte Benennungen (*BRD, Berufsverbote, Asylanten* oder, weniger aktuell, *Heimatvertriebene*) zeigen das zur Genüge.

Bisweilen werden Sprachregelungen auch als *Euphemismen* eingeführt, d.h. ein vorgegebener, positiv klingender Ausdruck bezeichnet den zugrundeliegenden Sachverhalt nur unvollständig, verzerrt oder objektiv falsch. So drückt etwa das Wort *Sonderbehandlung*, um wiederum ein bekanntes Beispiel aus dem faschistischen Sprachgebrauch zu geben, gerade nicht das Gemeinte, die Tötung bzw. Ermordung von Menschen, aus; in diesem Fall ist der amtssprachliche Terminus also ein täuschender oder unwahrer Begriff. Als verzerrende, einseitige Bezeichnungen wird man dagegen eher Euphemismen wie *Schutzhaft* (anstelle von *Verhaftung*) oder *Frontbegradigung* (anstelle von *Rückzug*) einstufen. Die Funktion ist, solange die Diskrepanz nicht durchschaut wird, relativ eindeutig: Der sprachliche Ausdruck soll speziell den Aspekt, der Widerstände aufgrund abweichender Bewertungsmaßstäbe, Wertvorstellungen o.ä. hervorrufen könnte, verhüllen oder falsch benennen. Dieckmann (1964: 108) nimmt in dem Zusammenhang noch eine weitere Wirkungsmöglichkeit an, nämlich eine "allmähliche Aufweichung der ethischen Wertmaßstäbe durch die euphemistische Sprache, mit deren Hilfe der Mensch erzogen wird, Unterschiede zu sehen, wo keine vorliegen, bis er sich über den Tatbestand selbst nicht mehr im klaren ist."

Übung (3)

Worauf zielt die folgende Kritik an der heutigen Verwendung des Wortes *Krieg* ab?

"Die Wirklichkeit, auf die dies Wort zielt, hat sich so sehr verändert, daß es nicht mehr trifft, daß es unwahr geworden ist. Man kann, wenn man will, den Zeitpunkt, von dem an diese völlige Veränderung der Wirklichkeit einzutreten begann, von dem an sie bereits eingetreten war, sehr genau nennen: es ist der 6. August 1945." (Gauger 1987: 130)

Die Liste der Beispiele ließe sich fortsetzen. Ob man jedoch in jedem Fall von dem behaupteten Manipulationseffekt ausgehen kann, mag aus verschiedenen Gründen bezweifelt werden:

a) Mit dem Vorwurf der Manipulation verbindet sich häufig eine *Gleichsetzung von beabsichtigter und tatsächlich realisierter Wirkung*. Dabei werden die Bedingungen, unter denen sich überhaupt Einstellung und Verhalten steuern lassen, zu vereinfacht gesehen; anstatt für die Rezeption sprachlicher Mitteilungen die vielfältigen Faktoren (von individuellen Voraussetzungen bis hin zu Gruppenzugehörigkeit usw.) zu berücksichtigen, beschränkt man sich bei der Erklärung auf nur eine Einflußgröße (monokausale Erklärungshypothese). Der Ausdruck von Wertungen und emotionalen Gehalten führt gleichsam automatisch zur Beeinflussung des Denkens. Um in dieser Weise von abweichenden oder auch gegensätzlichen Reaktionsmöglichkeiten abstrahieren zu können, müßte man außerdem nahezu homogene Leser- bzw. Hörergruppen annehmen.

b) Nicht weniger gravierend ist der Einwand, daß die Analyse sich in der Regel *auf die sprachliche Ebene beschränkt* und bei der *Kritik einzelner Begriffe* stehenbleibt. Einmal wird dadurch eine unzureichende linguistische Bezugsgröße gewählt, da eine Einbeziehung des weiteren Textzusammenhangs und des spezifischen pragmatischen Kontexts unterbleibt (vgl. Eroms 1974, Holly 1990: 85ff.). Zum andern bekommt die sprachliche Komponente aus dieser Perspektive ein so großes Eigengewicht, daß nicht mehr die Ideen einer Gruppe oder die gesellschaftlichen Interessen ihrer Sprachbenutzer das entscheidende Handlungsmoment darstellen; stattdessen wird der Sprachgebrauch, der lediglich Medium, Ausdrucksform einer Ideologie sein kann, nicht aber diese erst schafft, zu einer wirkenden Kraft und damit zur Basis grundsätzlich falsch dimensionierter Schlußfolgerungen.

> "Die Hypostasierung von Sprache und Gedanken als bewegendes Prinzip gesellschaftlicher Interaktion führt zur Ableitung sozialer 'Mißstände' aus Verständnisschwierigkeiten, verzerrter Kommunikation und 'Verhexung durch Sprache', denen mittels Reflexion und Sprachhygiene zu Leibe gegangen wird." (Kästle 1972: 136)

Die Überschätzung der Sprache liefert natürlich auch die Legitimation für Arbeiten, die ausführlich linguistischen Detailfragen nachgehen, ohne die jeweiligen Voraussetzungen ideologischer und historischer Art mitzuerfassen. Als Beispiele ließen sich bestimmte Analysen journalistischer Kommentare, kommerzieller und politischer Werbung anführen, die zum Teil auf Auflistungen formalsprachlicher Merkmale hinauslaufen (vgl. Feststellungen der Art "Text X enthält vorwiegend Einfachsätze..., als Tempus dominiert das Präteritum..., die Adjektive werden oft superlativisch gebraucht..."). Die Relevanz der Ergebnisse - U.Maas spricht einmal von "soziologische(r) Pervertierung der Ideologiekritik als Sprachkritik" (Maas / Wunderlich 1972: 30) - wäre jeweils kritisch zu überprüfen. Eine weitere Konsequenz aus der Manipulationsthese ergibt sich insofern, als man von der determinierenden Kraft der Sprache und ihres Mißbrauchs in der Propaganda auf eine beschränkte Handlungsverantwortung der betroffenen Adressaten schließen kann: "Die Rede vom Mißbrauch der Sprache entlastet auch, ob man das nun will oder nicht, die Anhänger verbrecherischer Ideologien. Wenn die Wörter mißbraucht wurden, wurden die Anhänger also belogen und können nicht für die Folgen ihrer Handlungen haftbar gemacht werden." (Römer 1970: 83) Sprachkritik wäre in diesem Fall ein reiner "Verdrängungsmechanismus", der von der wesentlichen Ebene ablenkt.

c) Aus den obigen Einschränkungen folgt bereits, daß schließlich auch die *Annahme totaler Manipulierbarkeit* an der Realität sprachlicher Wirkungen vorbeigeht. Gewiß kann man nicht darüber hinwegsehen, daß die Vermittlung von Informationen entscheidend zur Meinungsbildung und zur Ausprägung von Handlungsdispositionen beiträgt; doch sind andererseits kaum Bedingungen vorstellbar, auch in totalitären Sytemen nicht, die die Kommunikation vollständig monopolisieren (vgl. Schmidt 1972). Und selbst noch so konsequent durchgeführte Sprachregelungen ließen noch keine Rückschlüsse auf die Kontrollierbarkeit des Denkens durch Sprache zu.

Übung (4)

Worauf basieren die "Verständigungsschwierigkeiten" in der folgenden Mitteilung des BONNER GE-NERAL-ANZEIGERS an eine Bürgerinitiative? Zu welchem Zweck verweist die Zeitung auf eine Sprachregelung?

"Sie sind mit vollem Recht der Meinung, daß es Aufgabe einer Zeitung sei, die Leser zu informieren. Sie schließen freilich daraus, daß wir über eine Veranstaltung der 'Bürgerinitiative gegen die Berufs-verbote' berichten müßten. Dem steht entgegen, daß es unserer Meinung nach Berufsverbote in der Bundesrepublik nicht gibt. Schon wenn wir den Namen der Bürgerinitiative brächten, müßte der Leser daraus schließen, es gäbe Berufsverbote. [...]" (zit. nach: Engelmann u.a. 1981: 112)

Die zuvor ausgeführte Kritik an der These sprachlicher Wirksamkeit soll nun nicht be-deuten, daß Manipulation mittels Sprache grundsätzlich nicht stattfinden könnte - be-zweifelt wurde vor allem die simplifizierende Kurzschließung von Sprachgebrauch und Denksteuerung sowie die Reduzierung auf Einzelwortkritik. Wie bereits angedeutet, be-steht ein Zusammenhang zwischen Bewußtseinsbildung und Informationsaufnahme. Man darf annehmen, daß die Auswahl von Informationen, die Vermittlung von Erfah-rung (und nicht allein deren unterschiedliche Benennung) Konsequenzen für das Ent-stehen von Einstellungen hat - wenn auch, wie die Wirkungsforschung zeigt, in einem nur schwer bestimmbaren Umfang. In diesem Sinne kann die sprachliche Gestaltung sehr wohl relevant werden und über die Selektion und Gewichtung in der Nachrichten-gebung langfristig Manipulationen mitbewirken, also generell Einstellungen der Rezipi-enten verändern und stabilisieren. Verschiedene Autoren haben hierzu einige Verfahren in den Massenmedien aufgezählt, die zumindest die Ebene verdeutlichen, auf der ideo-logiekritische Untersuchungen anzusiedeln wären (vgl. u.a. Holzer 1971, Good 1985, Bu-cher / Straßner 1991):

— Personalisierung und Dramatisierung gesellschaftlicher Tatbestände, privatisierende Information über öffentliche Angelegenheiten (Probleme aus dem Bereich von Poli-tik und Wirtschaft werden z.B. präsentiert als solche von Personen; vgl. 4.2.3),
— Fiktionalisierung, Vorführung von Traumwelten (vgl. Prominentendarstellung in der sog. Regenbogenpresse),
— Angebot von Angst provozierenden und Angst betäubenden Unterhaltungsstoffen (z.B. mit einer bestimmten Berichterstattung über Kriminalität und deren Bekämp-fung).

Weitere Ansatzmöglichkeiten bietet eine Analyse persuasiver oder rhetorischer Strate-gien, die stilistische Charakteristika und formalsprachliche Merkmale auch hinsichtlich ihres Zwecks, ihres konkreten Zusammenhangs erfaßt. In diesem (im Vergleich zum Streit über den richtigen Wortgebrauch) erweiterten Beschreibungsrahmen muß es nicht mehr nur auf "semantischem Aberglauben" (Hannappel / Melenk 1979) oder "Wortfeti-schismus" (v. Polenz 1989) beruhen, wenn man potentiell wirksame Eingriffe in die In-formationsvermittlung und damit auch in die Erfahrungsbildung annimmt.

Übung (5)

Welche Ziele verfolgen die Sprecher in den nachstehenden Beispielen? Welche Mittel oder Tricks wer-den eingesetzt? Inwieweit könnte man tatsächlich von Manipulation sprechen?

a) Auszüge aus Stellungnahmen zum 'Fall Traube' 1977:
- "Diese Kontakte eines vermuteten Terroristen mit einem Experten im Bereich der Atomenergie waren für uns alle über die weiteren Monate hin der beunruhigendste Vorgang im Terrorismusbereich überhaupt." (Regierungserklärung des Bundesinnenministers vom 16.3.1977, zit. nach FR 25-3-77, 14)
- "[...] daß der mit Dr. Traube in Kontakt stehende Klein ein gefährlicher Terrorist war, erwies sich erst durch den OPEC-Überfall als Tatsache." (Bericht des Bundesinnenministers, zit. nach FR 9-3-77, 4)

b) Auszug aus einem Interview:
Frage: "Herr Minister, die Koalition war in den letzten Monaten kurz vor dem Scheitern. Wie sehen Sie denn nun die Weiterarbeit an...?"
Antwort: "Sie gehen von völlig falschen Voraussetzungen aus: zu keinem Augenblick war die Koalition gefährdet. Wir hatten in einigen Punkten unterschiedliche Meinungen..." (zit. nach: Steger 1980, in: Mogge, 217)

c) Auszug eines Kommentars von Ludolf Herrmann zur Bonner Friedensdemonstration im Okt. 1981:
"[...] So, denke ich, aber da hat mich die schwül über dem Park lagernde Aggressivität schon angesteckt - so mag es auch im Sportpalast gewesen sein. Wollt ihr den totalen Frieden? Ja, wir wollen ihn. Wollt ihr ihn totaler, als wir ihn uns überhaupt vorstellen können? Wir wollen ihn. Wollt ihr ihn bis zur Vernichtung des Gegners? Ich fürchte, ein orgiastischer Schrei wäre auf diesem Höhepunkt einer dämonischen Fragesequenz auch hier die Antwort gewesen." (gesendet vom Bayrischen Rundfunk am 10.10.1981, dann in mehreren Zeitungen abgedruckt)

Literaturhinweise:

Behrens u.a. (1982)
Burkhardt u.a. (1989)
Dieckmann (1969: 112ff.), (1981: 43ff.)
Eberhard (1981)
Fetscher / Richter (1976)
Hannappel / Melenk (1979: 256ff.)

Klein (1989)
Kuhn (1975)
Lüger (1974)
Peters (1984: 110ff.)
Römer (1970), (1972)

1.3. Analyse von Rezeptionsproblemen

Der Sprachgebrauch in den Massenmedien ist in den letzten Jahren verstärkt nach rezeptionsorientierten Gesichtspunkten untersucht worden. Insbesondere die Frage der *V e r s t ä n d l i c h k e i t* von Informationen steht dabei im Mittelpunkt und hat zu verschiedenen Kontroversen geführt. Häufige Kritikpunkte auf der Lexik-Ebene sind:
— der Gebrauch von *Fremdwörtern* und *Fachausdrücken*,
— das Phänomen der *lexikalischen Varianz*, also das Vermeiden von Wiederholungen bei der Bezeichnung gleicher Sachverhalte (z.B.: *von der Bundesregierung..., aus Bonn ..., in der Bundeshauptstadt...*),
— sog. *ad-hoc-Wortbildungen* (*Moskau-Botschafter, verstaatlichungswütiger Mitterrand-Verschnitt*).
Auf syntaktischer Ebene wären zu nennen:
— der hohe Anteil von *Nominalisierungen*, die vor allem darauf beruhen, daß verbale Formulierungen in der Zusammenfassung durch entsprechende *nomina actionis* ersetzt werden (*die OPEC-Länder beschließen → der Beschluß der OPEC-Länder*),
— die Verwendung längerer *vorgeschalteter Attributkomplexe* (*der seit langem angekündigte, wiederholt verschobene Beschluß*),

— die Häufung von *Präpositionalkonstruktionen* (*wegen der aktuellen Lage erhobene Forderungen nach Beseitigung der Hindernisse*) sowie
— die Tendenz zu *längeren, verschachtelten Sätzen.*

Welchen Grad an Informationskonzentration speziell die letztgenannten Faktoren bewirken können, zeigt das folgende, keineswegs außergewöhnliche Beispiel:

> (1) Die dem Bundeswirtschaftsminister in einem Sachverständigengutachten vorgeschlagene Ausdehnung der Regionalbereiche in der Kfz-Haftpflichtversicherung von derzeit 45 auf 245 ist bei einer Verbandsanhörung in Bonn auf massive Kritik gestoßen. (SZ 17-12-80, 1)

Auffallend sind die zahlreichen Nominalgruppen: Der erste Attributkomplex besteht aus einer Partizipialkonstruktion mit Dativ- und Präpositionalbestimmung (*dem Bundeswirtschaftsminister in einem Sachverständigengutachten vorgeschlagene...*); zur weiteren Präzisierung des Subjekts, einer Nominalisierung (*Ausdehnung*), dienen ein Genitivattribut mit präpositionaler Angabe (*der Regionalbereiche in der Kfz-Haftpflichtversicherung*) und eine zweite präpositionale Bestimmung (*von derzeit 45 auf 245*); zwischen den beiden Verbteilen stehen drei weitere Präpositionalausdrücke (*bei einer Verbandsanhörung, in Bonn, auf massive Kritik*). Eine solche Häufung nominaler Glieder dürfte, ebenso wie die Art der Satzklammer und die nicht immer leicht erfaßbaren syntaktischen Abhängigkeiten, eine problemlose Informationsaufnahme eher erschweren; vor allem auch, wenn man bedenkt, daß der zitierte Beispielsatz eine durchaus typische und in Zeitungstexten stark verbreitete Erscheinung wiedergibt (vgl. Braun 1979: 49ff., Straßner 1975a: 90ff.).

Weiteren Aufschluß über verständlichkeitsrelevante Merkmale geben die Verteilung von Satzarten, die Häufigkeit von Unter- und Nebenordnungen sowie die durchschnittliche Satzlänge; sie sind u.a. Anhaltspunkte für die Ermittlung der S a t z k o m p l e x i - t ä t (vgl. Haseloff 1969, Straßner u.a. 1973, Lišková 1977) und damit schließlich für Aussagen über den *Schwierigkeitsgrad* von Texten. Auch nach diesen Kriterien erweist sich der Sprachgebrauch in der Presse, besonders aber der Sprachstil der Nachrichten, als sehr komplex und den sprachlichen Erwartungen der Rezipienten nicht entsprechend. - Diese Feststellung gilt wiederum nicht nur für die deutsche Presse (vgl. Kornelius 1977, Schröder 1984: 402ff., Dardano 1974: 285ff.). - Zweifellos hängt der niedrige Verständlichkeitsgrad mit dem Bestreben zusammen, möglichst viele Informationseinheiten auf engem Raum zusammenzufassen, und man kann hierin eine deutliche Ausprägung dessen sehen, was Peter v. Polenz allgemein als eine *Tendenz zur komprimierten Ausdrucksweise* beschreibt (1985: 40ff.; vgl. Eggers 1983).

Es bestehen nun erhebliche Schwierigkeiten, exakt nachzuweisen, wie sich die obigen Faktoren auf die Rezipierbarkeit von Presseinformationen auswirken. Da auf der Basis von Plausibilitätsannahmen noch keine verallgemeinerbaren Interpretationen möglich sind, hat man versucht, mit *experimentellen Verfahren* Messungen zur Verständlichkeit von Texten durchzuführen (z.B. Reaktions-, Erinnerungs- oder Lückentests in Abhängigkeit von bestimmten sprachlichen Variablen). Die Untersuchungen sind sehr aufwendig, beziehen sich auf relativ kleine Lesergruppen und erfassen häufig nur isolierte Texteigenschaften. Die Aussagekraft der Ergebnisse bleibt daher notwendig begrenzt.

So hat man beispielsweise vorgeschlagen, empirisch den Zusammenhang zwischen der Komplexität von Sätzen und der Zeit, die man zu ihrer Wahrnehmung und Dekodierung benötigt, zu klären. Den Versuchspersonen wurde dabei eine Reihe unterschiedlich langer Sätze präsentiert (für jeweils 2 sec.), und die Aufgabe bestand anschließend darin anzugeben, ob es sich um eine kurze, mittlere oder lange Präsentationszeit (1,6 - 2 - 2,5 sec.) gehandelt habe. Resultat war, daß mit steigender Satzkomplexität die Präsentationszeit zunehmend *über*schätzt wurde, also eine gewisse Korrelation von Satzlänge und subjektiv eingeschätztem Schwierigkeitsgrad vorlag (Noizet / Do 1972/73). Die hieraus zu ziehenden Schlußfolgerungen bleiben trotz langwieriger Datenauswertung und komplizierter Versuchsanordnung relativ bescheiden; sie gelten nur für die herangezogenen Satzmuster (z.B. Temporalsätze im Unterschied zu Konzessivsätzen) und für die in den Testsätzen angesprochenen Themenbereiche.

Aussagen über die generelle Frage optimal verständlicher Satzstrukturen sind schon vom Untersuchungsumfang her auf diese Weise nicht erreichbar. Die Anwendung auf größere Gruppen und die Ausdehnung auf ganze Texte würde das Datenmaterial noch beträchtlich erweitern. Die Objektivität solcher empirischen Verfahrensweisen wird hier also gleichsam erkauft mit einer Parzellierung des Verständlichkeitsproblems.

Demgegenüber versuchen bestimmte *Textbeurteilungsverfahren* auch größere Zusammenhänge mit zu berücksichtigen. Langer u.a. (1990) legen beispielsweise folgende vier Dimensionen für ihr Verständlichkeitskonzept zugrunde:

a) Einfachheit vs. Kompliziertheit
   (Wie ist ein Sachverhalt bezüglich Satzbau und Wortwahl formuliert?),

b) Gliederung / Ordnung vs. Unübersichtlichkeit / Ungegliedertheit
   (Werden die Informationen in einer sinnvollen Reihenfolge dargeboten, gibt es eine "innere Folgerichtigkeit"? Ist der Text übersichtlich gegliedert?),

c) Kürze / Prägnanz vs. Weitschweifigkeit
   (Wie verhält sich der sprachliche Aufwand zum vermittelten Inhalt?),

d) Anregende Zusätze vs. keine anregenden Zusätze
   (Gibt es "Zutaten" im Text, z.B. Illustrationen, die zusätzlich Interesse beim Leser bewirken können?).

Die unter a) bis d) jeweils zuerst genannten Faktoren gelten als "Verständlichmacher", d.h., ein Text ist um so leichter verständlich, je höher Leser nach ihrem spontanen Eindruck die Einfachheit, Gliederung, Kürze, zusätzliche Stimulanz einschätzen. Verwendet man Skalen mit fünf Stufen, so lassen sich die Textbeurteilungen anschaulich in einer Vierfelder-Tafel ("Beurteilungsfenster") wie in Schaubild (I) zusammenfassen.

Ein Text mit den in (I) angegebenen Eigenschaften wäre zwar sprachlich sehr einfach formuliert, inhaltlich aber äußerst redundant bzw. weitschweifig, außerdem nicht übersichtlich gegliedert und ohne zusätzlich motivierende Gestaltungsmittel. Aufgrund der obigen Zusammenfassung wird sogleich erkennbar, wo eventuelle Maßnahmen zur Verbesserung der Textverständlichkeit ansetzen könnten.

Eine Schwäche des Verfahrens liegt zweifellos darin, daß als Grundlage vor allem subjektive Einschätzungen ("spontane Eindrücke") genommen werden. Die betreffenden Einstufungen auf der Fünf-Punkte-Skala können erheblich voneinander abweichen, zumal sie ja nicht unabhängig von der Art des Textverständnisses der bewertenden Leser zustandekommen. Darüber hinaus bleiben die herangezogenen Verständlichkeitsdimensionen recht vage und lassen bei der Textbeurteilung einen großen Spielraum; im einzelnen werden etwa Merkmale wie "innere Folgerichtigkeit" (zu b) oder "knappe Darstellung" (zu c) nicht so weit operationalisiert, daß eindeutige, überprüfbare Zuordnungen zu Texteigenschaften gewährleistet sind. Und bezüglich der Dimension 'Einfachheit' (a) werden z.B. lexikalische oder syntaktische Merkmale ("geläufige Wörter", "kurze, einfache Sätze"...) ohne weitere linguistische Bestimmung zugrundegelegt.

(I)

(a) Einfachheit: + +	(b) Gliederung/Ordnung: -
(c) Kürze/Prägnanz: - -	(d) Anregende Zusätze: 0

Eine andere Möglichkeit der Verständlichkeitsmessung bieten sogenannte *Lesbarkeits-oder Verständlichkeitsformeln.* Es handelt sich dabei in der Regel um bestimmte Gleichungen, die eine begrenzte Zahl sprachlicher Meßwerte berücksichtigen und auf der Basis von Stichproben mehr oder weniger genaue Angaben über den Schwierigkeitsgrad auch längerer Texte machen wollen.

Die bekannteste Formel dürfte die 1948 von Flesch entwickelte *reading-ease-formula* sein. Als Indizien für die syntaktische Komplexität legt sie die mittlere Satzlänge ($\overline{sl}$), gemessen in Wörtern, und für den Schwierigkeitsgrad des Vokabulars die mittlere Wortlänge ($\overline{wl}$), gemessen in Silben, zugrunde. Diese Daten werden für mehrere Stichproben (von 100 Wörtern) in die Formel

R.E. (Reading Ease) = 206,835 - 84,6 · wl - 1,015 · sl

eingesetzt. (Die Konstanten der Regressionsgleichung sind in dieser Form von Flesch in zahlreichen Lesetests ermittelt worden.) Der R.E.-Wert gibt den Verständlichkeitsgrad einer Stichprobe an; je höher dieser Wert, umso leichter der Text. Für längere Texte erhält man den Verständlichkeitswert aus den durchschnitlichen R.E. der Stichproben.

Die für das Englische aufgestellte Formel ist natürlich nicht ohne weiteres auf andere Sprachen übertragbar (Dickes / Steiwer 1977). Da z.B. für das Deutsche andere durchschnittliche Wort- und Satzlängenwerte gelten, müßte zumindest eine Verschiebung der ursprünglich von 0 - 100 reichenden Skalierung vorgenommen werden. Grundsätzlich festzuhalten ist aber die auch für deutsche Textkorpora geltende Abhängigkeit der Verständlichkeit von der Schwierigkeit des Vokabulars und der syntaktischen Kodierung (vgl. Meier 1964, Hörmann 1970).

Zur Illustration des Verfahrens sei eine Berechnung an dem oben (S. 12) genannten Beispielsatz (1) vorgeführt und einer vereinfachten, zweifellos wenig journalistischen Version (1') gegenübergestellt. (In die R.E.-Formel werden für beide Abschnitte jeweils die durchschnittliche Wortlänge, ermittelt aus dem Quotienten 'Anzahl der Silben : Anzahl der Wörter'. und die durchschnittliche Satzlänge, ermittelt aus dem Quotienten

'Anzahl der Wörter : Anzahl der Sätze', eingesetzt. Von dem Einwand, der Satz sei als Stichprobe viel zu kurz, wird hier der Einfachheit halber abgesehen.)

(1') Für die Haftpflichtversicherung der Kfz ist eine Änderung geplant. Sachverständige haben dazu ein Gutachten erstellt. Danach will man die Zahl der Regionalbereiche von derzeit 45 auf 245 erhöhen. Dieser Vorschlag wurde vom Bundeswirtschaftsminister vorgetragen. In Bonn fand nun eine Anhörung der Verbände zu diesem Thema statt. Die Vorschläge der Gutachter wurden dort massiv kritisiert.

Die beiden Textauszüge ergeben folgende Werte:

	$\overline{wl}$	$\overline{sl}$	R.E.
Bsp. (1)	2,5	28	-33,1
Bsp. (1')	2,0	9	28,5

Die Daten weisen auf die unterschiedliche Verständlichkeit hin. Auf einer Skala, die die R.E.-Werte nach "sehr schwer - schwierig - anspruchsvoll - normal ..." gruppiert, könnte man darüber hinaus den ersten Text als "sehr schwer", den zweiten als "normal" einstufen.

Die Flesch-Formel hat verschiedene Modifikationen erfahren; sie betreffen insbesondere die Art und die Zahl der herangezogenen sprachlichen Parameter. Die Berechnungen werden zwar präziser, erfordern aber meist einen Aufwand, der nur noch schwer zu bewältigen ist. Dies gilt auch bereits für die speziell im Bereich der Massenmedien erprobte *Kennwert-Analyse* von Straßner u.a. (1973). Die vorgeschlagene Komplexitätsformel berücksichtigt gegenüber der R.E.-Messung vor allem Faktoren, die ebenso die Satz*struktur* (Zahl der Verbgruppen, Unter- und Nebenordnungen usw.) erfassen sollen.

Großes Interesse hat das Verständlichkeitsproblem auch hinsichtlich der Informationspräsentation von *Rundfunk und Fernsehen* gefunden. Mehrere Untersuchungen kommen zu dem übereinstimmenden Ergebnis, daß sich die Sprache in den Funkmedien sehr weit von der gesprochenen Umgangssprache entfernt. Überlange Sätze, Nominalkompositionen, hohes Sprechtempo, um nur einige Merkmale zu nennen, charakterisieren den Sprachgebrauch von Rundfunk und Fernsehen über weite Teile als fachsprachenähnlich; sie stellen eine zusätzliche Schwierigkeit für die mündliche Informationsübermittlung dar, in der "der Normalhörer genug zu leisten (hat), von Kognition und Konzentrationsvermögen her voll gefordert (wird), den jeweiligen Inhalt des Mitgeteilten aufzunehmen" (Straßner 1980a: 227), und in der - im Unterschied zur Zeitungslektüre - eine Rezeption ohne Wiederholung oder Unterbrechung notwendig ist.

Sicherlich muß man einräumen, daß inzwischen zahlreiche Bemühungen unternommen worden sind, den genannten Mängeln zu begegnen. Doch scheint sich insbesondere der Nachrichtenbereich durch eine hohe Resistenz gegenüber verständniserleichternden Maßnahmen auszuzeichnen (vgl. Narr 1988).

Einen anderen Aspekt, nämlich den Zusammenhang von Präsentationsform und Rezipientenverhalten, versucht eine Studie zu den Fernsehnachrichten zu klären (Renckstorf 1980). Auf der Basis von Erinnerungs- und Wahrnehmungstests gelingt es zwar, gewisse Korrelationen zu ermitteln (z.B. erzielt ein reiner Studiokommentar ungünstigere Werte als visuell aufbereitete Formen), doch wird die Aussagekraft der Daten dadurch eingeschränkt, daß die Untersuchung sich überwiegend auf die visuelle Komponente bezieht, diese getrennt von der Funktion sprachlicher Anteile betrachtet und zudem die Abhängigkeit von konkreten Inhalten zu pauschal behandelt.

Zusammenfassend betrachtet, kann man bei einem Großteil der Verfahren zur Verständlichkeitsmesung einwenden, daß sie vor allem *isolierte sprachliche Einheiten*, allzuoft auf der Satz- und Wortebene, heranziehen. Die *Textstruktur* kommt - sieht man einmal von den Ansätzen bei Langer u.a. (1990) ab - so gut wie gar nicht in den Blick. Das mag von den prinzipiellen Schwierigkeiten ihrer Erfaßbarkeit herrühren, doch wird man so nicht der Tatsache gerecht, daß die Gliederung eines Textes und sein sachlogischer Aufbau die Verständlichkeit und die Memorisierbarkeit der Informationen wesentlich mit beeinflussen. Die Beschränkung auf rein sprachliche Kriterien verführt außerdem dazu, von wichtigen Faktoren des Kommunikationszusammenhangs, insbesondere vom Vorwissen des Lesers, zu abstrahieren und die Rezipierbarkeit von Äußerungen falsch einzuschätzen. Ein illustratives Beispiel ist die pauschale *Fremdwörterkritik*: Obwohl der Gebrauch von Fremdwörtern eigentlich nur dann die Verständigung beeinträchtigt, wenn sie einem den Adressaten nicht geläufigen Fachwortschatz entstammen, wird oft die generelle Forderung erhoben, Fremdwörter, da schwerer verständlich, grundsätzlich zu meiden.

Ein weiterer Kritikpunkt ergibt sich dort, wo ein *zu enger Verstehens-Begriff* vorliegt (vgl. Keller 1977). In einigen Arbeiten wird Verständlichkeit von vornherein gleichgesetzt mit dem wörtlichen Verstehen einer Äußerung. Demnach ist ein Text schon dann verständlich, wenn er einen einfachen Wortschatz, eine überschaubare Syntax usw. aufweist, unabhängig davon, ob der Leser / Hörer die Intention der Aussagen versteht, diese in einen entsprechenden Zusammenhang einordnen und damit verbundene Konsequenzen erkennen kann. Wie wenig eine rein sprachliche Verständlichkeit jedoch Verstehen in diesem Sinne implizieren muß, zeigt sich, wenn etwa aufgrund fehlenden Kontextwissens die Information von Beispiel (1) trotz sprachlicher Vereinfachung (nach dem Muster (1')) noch relativ nichtssagend bleibt. (Nur wenige Leser dürften z.B. den Begriff *Regionalbereich* richtig einordnen und die Gründe und Konsequenzen der vorgeschlagenen Änderung abschätzen können.)

Mit der Kritik soll nun keineswegs die Frage verständlicher, adressatenbezogener Informationsgestaltung vernachlässigt werden. Wichtig erscheint nur, das Verständlichkeits-Problem nicht ausschließlich als eines der sprachlichen Formulierung zu begreifen und den Rahmen einer umfassenderen Vermittlungsaufgabe der Presse bzw. der Massenmedien allgemein im Auge zu behalten. Das um so mehr, als die Assimilation und Verbreitung bestimmter fachwissenschaftlicher Begriffe oder Erkenntnisse ebenso wie die generelle Ausbildung von Orientierungswissen entscheidend mit von diesen Informationsorganen abhängen. Die "Sprachosmose" zwischen Wissenschafts- und Umgangssprache (Habermas 1978) mag zwangsläufig zu terminologischen und anderen sprachlichen Schwierigkeiten führen; eine im weiteren Sinne verständlichkeitsorientierte Informationspräsentation hätte dem jedoch insofern zu begegnen, als bei der Textproduktion ebenso das Informationsniveau und die sprachliche Erwartung auf der Rezipientenseite zu berücksichtigen wären.

Übung (6)

> Wo liegen die Vor- und Nachteile von Verständlichkeitsformeln? Was messen sie, was nicht? Wo wäre ihre Anwendung sinnvoll?

Literaturhinweise:

Antos / Augst (1992)   Oksaar (1983)
Biere (1989)   Straßner (1975a), (1980)
Heringer (1979)   Tauber u.a. (1980)
Langer u.a. (1990)   Teigeler (1968), (1979)

zu den Funkmedien:
Burger (1990)   Renckstorf (1980)
Narr (1988)   Straßner (1980a), (1982)

1.4. Differenzierungen der Publizistik

In der Publizistikwissenschaft wird die Pressesprache vor allem unter zwei Gesichtspunkten abgehandelt: einmal hinsichtlich der sprachlichen Vermittlungsweisen, wie sie sich als *Darstellungs- oder Stilformen* herausgebildet haben, dann unter mehr wirkungsstilistischem Aspekt als Unterscheidung und Beschreibung bestimmter *Aussageweisen*.

1.4.1. Darstellungsformen

Nachrichtengebung kann je nach Inhalt und Rezeptionsbedingungen vorwiegend als Information, Meinungsbildung oder Unterhaltung gesehen werden. Diesen drei zentralen *p u b l i z i s t i s c h e n   F u n k t i o n e n* entsprechen auf der sprachlichen Seite spezifische Formen der journalistischen Stoffdarbietung: tatsachenbetonte, meinungsbetonte und phantasiebetonte Stil- bzw. Darstellungsformen (Dovifat / Wilke 1976, Reumann 1989). Sie bilden normalerweise die Differenzierungsgrundlage für die verschiedenen Darstellungsmuster, nach denen Zeitungstexte verfaßt sind. Auch wenn die Klassifizierungen oft stark variieren, sei eine der gängigsten Zuordnungen in der folgenden Tabelle (II) wiedergegeben (weitere Hinweise vgl. Kap. 4).

Die Unterscheidungskriterien sind keine sprachlichen, sie orientieren sich in erster Linie an berufspraktischen Erfordernissen des Journalisten; die Beschreibungen von Darstellungsformen sind daher wohl eher als pragmatische Formulierungshinweise denn als texttheoretisch fundierte Abgrenzungen zu verstehen. Bemerkenswert erscheinen dennoch die oft vagen und unverbindlichen Angaben, z.B. Merkmale wie "knapp und prägnant", "unpersönlich und sachlich" bzw. "in einem persönlicheren, farbigeren oder affektiveren Ton gehalten" bei der Gegenüberstellung 'harter' und 'leichter Nachrichten' (vgl. Reumann 1989: 72ff.). Auch weichen die Beschreibungen oft erheblich voneinander ab; so werden etwa für die Darstellungsform 'Bericht' recht unterschiedliche quantitative und qualitative Kriterien genannt:

— "Der Bericht ist der umfangreichere Zwillingsbruder der Nachricht." (v. LaRoche 1975: 135)
— "(...) die Grenze zwischen Nachricht und Bericht (ist) eine fließende. Verwendet man die knappe Kurzmeldung, um ein gerade noch als informationsrelevant angesehenes Ereignis in die Zeitung zu bringen, oder um einen sachlichen bzw. technischen Lückenfüller zu haben, so kann schon die Zusammenstellung einzelner solcher Nachrichten einen Bericht ergeben." (Brendel / Grobe 1976: 51)

— "(Der Bericht) ist eine 'linienhafte, kausalbegründende und unterrichtende Mitteilung'. Sprachlich sind dafür neben klarer Sachlichkeit alle belebenden Elemente des Erzählens, freilich ohne alle Beigaben der Phantasie, erforderlich." (Dovifat / Wilke 1976: I,172)

— "Bericht. Sach- oder erlebnisbezogene Mitteilungsform (...)." (Koszyk / Pruys 1969: 51; vgl. 1981: 39)

— "Journalistische Mitteilungsform (Textsorte), die über die knappe Nachricht hinaus detailliertere Informationen und gegebenenfalls auch kommentierende Elemente enthält." (Schulze 1991: 174)

(II)

publizistische Funktionen:

INFORMATION	MEINUNGSBILDUNG	UNTERHALTUNG
harte Nachricht	Leitartikel	Feuilleton
leichte Nachricht	Kommentar	(Kritik,
Feature	Kolumne	Kurzgeschichte,
Bericht	Glosse	Fortsetzungsroman)
Reportage	Essay	
Interview		

Ebenso kann man abweichende Zuordnungen (z.B. Kritik und Rezension als Meinungs- und Unterhaltungsstilform) oder eine Verbindung heterogener Kriterien (z.B. bei der sprachlichen Abgrenzung von Kommentar und Glosse im Unterschied zum positionsmarkierten Leitartikel) feststellen, und ganz allgemein läßt sich schließlich sagen, daß die publizistischen Ausführungen zum Thema 'Darstellungsformen' den Ansprüchen einer kohärenten, insbesondere auch die sprachliche Ebene angemessen berücksichtigenden Beschreibung nicht gerecht werden.

Dies erklärt sich einerseits aus der Zielsetzung, vor allem Hinweise für die Textproduktion geben zu wollen, zum andern aus der Zugrundelegung des publizistischen Funktionsbegriffs. Die oben erwähnte Dreiteilung zieht sich wie ein roter Faden durch die Literatur, wenn auch in abgewandelter Terminologie (vgl. ebenso die Einteilung in 'Formen des Referats, des Räsonnements, der Fiktion').

Diese Sehweise betrifft nicht nur die deutschsprachige Literatur. Voyenne (1971: 30) nennt als Differenzierungsbasis für die journalistische Stoffdarbietung die drei "fonctions sociales: information, expression des opinions, distraction", bei Murialdi (1975: 8) lauten die "principali funzioni: fornire notizie, fornire spiegazioni e commenti, intrattenere e divertire il lettore". Von einem weit umfangreicheren Funktionen-Inventar geht dagegen Wright (1968: 96) aus: "news, editorial, backgrounding, entertainment, advertising, and encyclopedic".

Gemeinsam ist den Ansätzen, daß sie unter den Begriff 'Funktion' ganz verschiedenartige Momente, die sich sowohl auf die Beschreibung von Inhalten als auch auf Wirkungen oder Absichten beziehen können, subsumieren. So kann man beispielsweise eine Funktion 'Unterhaltung' sinnvoll nur dann annehmen, wenn zugleich die jeweiligen Bezugssysteme, die konkreten Zielgruppen mit ihren unterschiedlichen Rezeptionsvoraussetzungen, eindeutig sind. Auf die damit verbundene grundsätzliche Problematik haben bereits Kutsch / Westerbarkey aufmerksam gemacht: "Angesichts hochkomplexer sozialer Realitäten ist das aber erstens nicht nur sehr schwierig, sondern läßt zweitens leicht [...] übersehen, daß diese Systeme selbst historisch variabel, nämlich zugleich Grundlagen wie Ergebnisse ständiger Informationsprozesse sind." (1975: 12) Außerdem ist zu bedenken, daß prinzipiell jeder Text, auch eine Nachricht oder ein Kommentar, verschiedenartige Nutzungsmöglichkeiten bietet, unter Umständen also auch eine unterhaltende Funktion bekommen kann. Eine einheitliche Zuordnung erscheint auf dieser Grundlage somit ausgeschlossen.

Übung (7)

> W. v. LaRoche (1975) kommt in seiner "Einführung in den praktischen Journalismus" zu einer Zweiteilung in *informierende* und *meinungsäußernde Darstellungsformen* (Nachricht, Bericht, Reportage, Feature, Interview und Umfrage, Korrespondentenbericht und analysierender Beitrag - Kommentar, Glosse, Kritik, Rezension). Wie ist dieser Vorschlag gegenüber der obigen Dreiteilung zu beurteilen, welche Schwierigkeit wird vermieden?

1.4.2. Aussageweisen

Eine andere Möglichkeit, die Sprache der Presse zu beschreiben, stellt D. Kroppach mit seinem Konzept *journalistischer Aussageweisen* vor. Diese beziehen sich auf die Ebene der Informationspräsentation allgemein und erfassen Merkmale, die im Vergleich zu den Darstellungsformen übergreifender Art sind.

Ausgangspunkt ist die allgemeine Überlegung, "daß eine lebendige und entwicklungsfähige demokratische Gesellschaft den Menschen braucht, der in der Lage und willens ist, durch seine Wahrnehmungsfähigkeit, sein Sachwissen und seine Urteilsfähigkeit die eigene Situation zu erkennen und gesellschaftliche Prozesse mitzubestimmen und mitzuverantworten. Durch Auswahl, Umfang und sprachliche Gestaltung seiner Informationen kann Journalismus diesem Bedürfnis entsprechen und für Aufklärung sorgen, oder er kann es aus eigennützigen Motiven übergehen, womit er gleichzeitig repressiv agiert." (1976: 196) Auf der Basis dieser beiden polaren Haltungen werden, gleichsam als sprachliches Korrelat, zwei Formen sprachlicher Präsentation angenommen: *tendenziell repressive Aussageweisen* einerseits und *emanzipatorische Aussageweisen* andererseits. Die konkreten Manifestationsformen lassen sich wiederum durch mehrere sprachlich bestimmte Züge charakterisieren. Die wichtigsten Punkte der vorgeschlagenen Differenzierung sind in der folgenden Übersicht (III) zusammengefaßt, wobei die genannten Sprachmerkmale auf typische Dominanzbildungen verweisen sollen.

So deutlich Kroppach einleitend auch die Bedeutung des gesellschaftspolitischen Kontexts für journalistische Informationsvermittlung unterstreicht, so sehr abstrahiert gerade seine Typologie der Aussageweisen von diesem Hintergrund. Selbst wenn man die Dominanzbildungen nur als statistische Anhaltspunkte begreift, ist ihre Aufzählung für die journalistischen Aussageweisen nur dann erhellend, solange ein Bezug zu bestimmten Inhalten oder Interessen vorliegt. Die Verwendung alltagssprachlicher Elemente, um nur ein Beispiel herauszugreifen, ist nicht von vornherein Kennzeichen eines emanzipatorischen Journalismus, sie wird dies erst in Verbindung mit spezifischen Inhalten und im Rahmen eines bestimmten Gebrauchszusammenhangs. D.h., Alltagssprache könnte, je nach Publikationsorgan, sowohl intendierte Übereinstimmung mit den Inter-

essen der Rezipienten als auch propagandistische ("manipulative") Anbiederung an
sprachliche Gewohnheiten signalisieren. Kroppach scheint diese Schwierigkeit zwar gesehen zu haben, daher die Erwähnung gleicher Elemente an mehreren Stellen, zieht
aber nicht die Konsequenz, eine Zuordnung allein aufgrund sprachlicher Merkmale zu
relativieren.

(III)

tendenziell repressive Aussageweisen	emanzipatorische Aussageweisen
— *emotionale Sprache* (affektischer Wortschatz, Ausrufe und Anreden, drängende Fragen, Bilder, expressive Wortstellung, Superlative, kurzatmiger Satzbau, wörtliche Rede, bestimmte typographische Mittel)	— *referierende Sprache* (Wortschatz so objektiv und "neutral" wie möglich, verdeutlichende Bilder, Zitate, überschaubare Syntax)
— *pathetische Sprache* (übersteigerte, gefühlsüberladene Ausdrucksweise)	— *bewertende Sprache* (Trennung von Fakten und Wertungen soweit wie möglich, keine Polemik, alternative Darstellungen, differenzierte Ausdrucksweise, rationale Wertung)
— *kommerziell werbende Sprache* (affektischer Wortschatz, 'Wir'-Stil, Bildlichkeit und Bildhaftigkeit, gebrauchsfertige Wortfügungen, Alltagssprache, vereinfachte Syntax, wörtliche Rede, Wortmacherei)	
— *propagandistische Sprache* (wertende Nomina und Adjektive, grobe Bilder, definitive Aussagen, Imperative, Angst-Appelle, polemisierende Wortspielereien, Scheinargumentation, überspitzte Antithetik, 'Wir'-Stil, Lob der Rezipienten)	allgemeine Merkmale eines emanzipatorischen Journalismus — *Rezipienteninteresse* (Hintergrundinformationen, klare Strukturierung der Aussagen, Begriffserklärungen) — *Orientierung* *an der Alltagssprache*
— *affirmative Sprache* (ideologisch fixierter Wortschatz, Formelhaftigkeit, Allgemeinplätze)	(parataktischer Satzbau, isolierte Gliedsätze, expressive Wortstellung, Parenthesen, Ellipsen)

Die Systematisierung übergreifender Aussageweisen ist sicher sinnvoll, ihre entscheidende Schwäche liegt aber in der isolierten Betrachtung der Sprachkomponente. Darüber hinaus bedarf auch, ohne hier auf Detailkritik einzugehen, die eingangs zitierte gesellschaftspolitische Position einer Ergänzung, und zwar insofern, als die vereinfachende Alternative zwischen aufklärerischem und repressivem Journalismus hinsichtlich ihrer Bedingungen wenigstens zu diskutieren wäre (vgl. Habermas 1971, Negt / Kluge 1972, Holzer 1980).

Literaturhinweise:

Brendel / Grobe (1976: 44ff.)   Reumann (1989)
Kroppach (1976)   Schulze (1991: 124ff.)
Müller (1989: 39ff.)   Weischenberg (1988)
v. LaRoche (1975: 57ff.)

2. Linguistisch orientierte Untersuchungen

2.1. Syntax und Wortschatz

Auch im Rahmen linguistischen Forschungsinteresses hat es verschiedene Ansätze gegeben, Pressesprache zu beschreiben und abzugrenzen. Zu den bevorzugten Betätigungsfeldern gehörte lange Zeit die Untersuchung von Syntax und Wortschatz. Ganz grob lassen sich dabei drei Betrachtungsweisen unterscheiden.

1) *Pressesprache als Indiz für Tendenzen der Gegenwartssprache:*
   Ziel sind zwar generelle Aussagen über das heutige Deutsch (z.B. Veränderungen gegenüber einem früheren Sprachzustand), doch da das Belegmaterial zum großen Teil dem journalistischen Bereich entstammt, kann man die Ergebnisse hier mit heranziehen;
2) *Pressesprache als spezifischer Sprachgebrauch im Medium Presse:*
   Ausgangspunkt ist die Annahme eines relativ eigenständigen Sprachstils, dessen Beschreibung ebenfalls die Merkmale erfassen soll, welche typische Besonderheiten gegenüber anderen Funktionalstilen, z.B. dem Sprachgebrauch in Rundfunk und Fernsehen, darstellen;
3) *Pressesprache als Sprachgebrauch eines bestimmten Publikationsorgans:*
   Stiltypische Merkmale werden nicht für die Presse allgemein, sondern im Bereich einer Zeitung / Zeitschrift (für einen begrenzten Zeitraum, eine bestimmte Berichterstattung usw.) untersucht.

Basierend auf einem mehr oder weniger weit gefaßten Begriff von 'Pressesprache', liegen den Vorgehensweisen also recht unterschiedliche Beschreibungsebenen und Beschreibungsziele zugrunde. Die Ergebnisse sind nicht immer direkt vergleichbar, die benutzten Kategorien, der Geltungsbereich und der Präzisionsgrad der Aussagen weichen oft erheblich voneinander ab. Diese Einschätzung ist bei der anschließenden Überblicksdarstellung zu berücksichtigen. Die Ansätze 1 und 2 werden dabei in Kap. 2.1.1 behandelt, Ansatz 3 in Kap. 2.1.2.

2.1.1. Zur Pressesprache allgemein

Der Stil der Presse gilt vielfach als besonders geeignete Grundlage für allgemeinere synchrone und diachrone Sprachbeschreibungen, denn - so H. Eggers (1977: 130) - "auf jeden Fall spiegelt die Sprache der Zeitungen unmittelbarer den Sprachzustand ihrer Zeit, als es jedes andere gedruckte Medium vermag." Ausgehend von dieser Annahme, hat es schon sehr früh Arbeiten gegeben, die neben der Analyse von literarischen und populärwissenschaftlichen Texten speziell auch am Beispiel der Pressesprache Entwicklungen und charakteristische Merkmale der deutschen Gegenwartssprache darzustellen suchen. Die Ergebnisse werden von spezielleren Untersuchungen dann auch weitgehend bestätigt und in einzelnen Punkten ergänzt. Die anschließende Übersicht nennt, zunächst für den syntaktischen, dann für den lexikalischen Bereich, einige der wichtigsten Tendenzen. Gemäß der Bedeutung für die linguistische Forschung sind dabei bestimmte Aspekte etwas ausführlicher darzustellen.

Nach einer Reihe statistischer Erhebungen läßt sich für die moderne deutsche Schriftsprache vor allem eine *Tendenz zur Verkürzung der Satzlänge* feststellen. Diese Entwicklung scheint sich verstärkt in der Sprache der Journalisten niederzuschlagen (IV).

(IV)	Wörter im Satz	moderne Autoren rde	FAZ	ältere Autoren
		(%)	(%)	(%)
	1 - 4	1,45	1,48	2,55
	5 - 8	6,62	8,10	4,63
	9 - 12	11,21	14,10	8,52
	13 - 16	13,49	15,34	10,25
	17 - 20	13,13	14,68	11,47
	21 - 24	12,34	12,48	11,67
	25 - 28	10,32	10,18	9,77
	über 28	31,44	23,64	41,13

Die Tabelle[1] verdeutlicht, welche Satzlängenwerte jeweils den größten Anteil ausmachen (für die FAZ entfallen allein 44% auf Sätze mit 9 - 20 Wörtern). Anhand einer detaillierteren Auflistung ließe sich zudem als Bestätigung der genannten Entwicklung noch präzisieren, daß bei den rde-Autoren Sätze mit 16 Wörtern, bei den FAZ-Journalisten Sätze mit 13 Wörtern am häufigsten sind (Eggers 1973: 32); bei den älteren Autoren liegen die Maximalwerte eindeutig höher. Allerdings sollten die statistischen Befunde hinsichtlich ihrer Aussagekraft für die Pressesprache allgemein nicht überbewertet werden, dazu ist die Materialbasis zu schmal. Unterscheidet man (in Ergänzung zu dem Vergleich Klassiker vs. Zeitung) beispielsweise nach verschiedenen Zeitungstypen (Abonnementzeitung vs. Boulevardzeitung), ergibt sich bereits ein ganz anderes Bild (Braun 1979: 38; vgl. (V)).

Der hohe Anteil kurzer Sätze ist zwar offensichtlich, vor allem gegenüber älteren literarischen Texten, doch schon eine erste grobe Differenzierung führt zu einer wesentlichen Verschiebung der quantitativen Anteile. Hier erscheint also eine Ergänzung des Untersuchungsverfahrens angebracht.

---

1 Zusammengestellt nach den Angaben bei Eggers (1973: 33f.). Die Daten basieren auf einem Korpus von 100 000 Sätzen, das Texte der populärwissenschaftlichen Sachbuchreihe 'Rowohlts Deutsche Enzyklopädie' und Artikel der FAZ umfaßt; zum Vergleich werden überwiegend literarische Texte aus dem 18. Jahrhundert (Lessing, Herder, Schiller, Goethe) herangezogen.

(V)

	überregionale Abonnementztg. (FAZ)	regionale Abonnementztg. (WAZ)	überregionale Boulevardztg. (BZ)
kurze Sätze (1 - 12 W.)	23,68%	33,3%	64%
mittlere Sätze (13 - 20 W.)	30,02%	32,1%	23%
lange Sätze (mehr als 20 W.)	46,30%	34,6%	13%

Die zweite, ebenfalls in den richtungsweisenden Arbeiten Eggers' analysierte Tendenz betrifft die *Verteilung der Satzformen*. Methodischer Ausgangspunkt ist dabei zunächst die Unterscheidung der vier Kategorien 'Setzung', 'Einfachsatz', 'Reihe', 'Gefüge'.

S e t z u n g e n sind grammatisch unvollständige Äußerungen, in denen ein konstitutives Element fehlt, z.B. das Verb oder das Subjekt (*Überall Staus, Selbstverständlich*). E i n f a c h s ä t z e bestehen aus nur einem Hauptsatz, ohne Nebensatz oder satzwertigen Infinitiv (*Bielefeld mauert in Köln, Auf einem Traktor mit Baggerschaufel preschte ein 'DDR'-Flüchtling gestern nachmittag bis kurz vor den Metallgitterzaun mit den Selbstschußanlagen*). R e i h e n sind zwei oder mehr miteinander verbundene, grammatisch vollständige Hauptsätze (*60 Personen wurden festgenommen, gegen 22 wurden Haftbefehle erlassen*). S a t z g e f ü g e weisen außer dem Hauptsatz wenigstens einen Nebensatz oder satzwertigen Infinitiv auf (*In den polnischen Kirchen wurde gestern ein Hirtenbrief verlesen, in dem die Bischöfe die Gläubigen auffordern, für die Erhaltung der Freiheit der Nation zu beten*). - Eine weitere Differenzierung dieses Grobrasters kann hier unterbleiben.

Eine Auszählung der skizzierten Satzformen zeigt vor allem zwei wichtige Veränderungen: einen *Rückgang der Satzgefüge* und eine vergleichsweise starke *Zunahme von Einfachsätzen* (Eggers 1973: 43):

(VI)

	moderne Autoren rde	FAZ	ältere Autoren
	(%)	(%)	(%)
Setzung	3	3	7
Einfachsatz	40	46	24
Reihe	6	4	9
Gefüge	51	47	60

Die Entwicklungstendenz ist wiederum im journalistischen Textkorpus deutlicher ausgeprägt.[2] Dies tritt noch klarer hervor, wenn man (wie bei der Satzlängenmessung) andere Zeitungstypen hinzunimmt; vor allem in der Boulevardzeitung läßt sich ein stark

---

2 Daß Eggers in einer früheren Arbeit (1962: 54) eine genau entgegengesetzte Tendenz feststellt, nämlich einen eher "konservativen" Charakter des journalistischen Sprachgebrauchs (mit mehr Satzgefügen im Vergleich zu populärwissenschaftlichen Darstellungen), dürfte allein auf die herangezogene Materialbasis zurückzuführen sein.

verringerter Anteil von Satzgefügen feststellen (Mittelberg 1967: 184ff., Braun 1979: 50). Weniger auffällig sind die genannten Tendenzen dagegen in der schweizerischen Presse: "Die Schweizer Zeitungssprache zeigt in den Achtziger Jahren dieses Jahrhunderts durchschnittlich längere und komplexere Sätze, d.h. eine höhere Zahl an Nebensätzen als die binnendeutschen Entsprechungen." (Löffler 1988: 171)

Die Abnahme hypotaktischer Satzformen resultiert nicht zuletzt auch aus Veränderungen innerhalb der Satz*struktur*. Zahlreiche Autoren (vgl. Korn 1958, Admoni 1973, v. Polenz 1985) betonen in diesem Zusammenhang besonders das Vordringen des *Nominalstils* in der deutschen Gegenwartssprache (gegenüber dem Verbalstil des 19. Jahrhunderts).

Konstruktionen wie *infolge der Ablehnung des Tarifangebots durch die Arbeitgeber* oder *das Bemühen um eine auf die aktuelle Entwicklung zugeschnittene Lösung des Problems* sind z.B. insofern eher charakteristisch als entsprechende verbale Formulierungen: *nachdem die Arbeitgeber das Tarifangebot abgelehnt hatten*, (+ Hauptsatz) bzw. *X bemühte sich, eine Lösung zu finden, die... / das Problem so zu lösen, daß...* Die Nominalisierung reduziert das Gefüge 'Temporalsatz - Hauptsatz' (bzw. 'Hauptsatz mit Infinitivkonstruktion + Relativsatz / daß-Satz') auf einen Einfachsatz, der insgesamt eine kürzere, komprimiertere Informationsgebung erlaubt; grammatisch gesehen, wären sogar noch weitere Anlagerungen an die substantivierte Form denkbar. Man spricht hier von *B l o c k b i l d u n g* ; häufige zusätzliche Erweiterungen eines nominalen Satzglieds sind: Genitivattribute (*die Beschäftigten der Metallindustrie*), Präpositionalattribute (*der Tarifvertrag für die Metallarbeiter*), erweiterte Partizipialattribute (*ein am Produktionszuwachs orientiertes Angebot*). Ein sog. Block ergibt sich, wenn sich mehrere Attribute um einen Nominalausdruck gruppieren.

(VII)

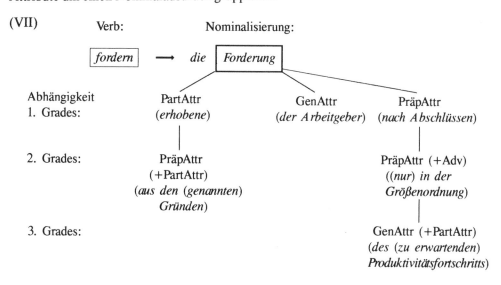

Nicht selten weisen die einzelnen Attribuierungen noch eine komplizierte, mehrgliedrige Struktur auf, so in dem folgenden Beispiel: *Die aus den genannten Gründen erhobene*

Forderung der Arbeitgeber nach Abschlüssen nur in der Größenordnung des zu erwar-
tenden Produktivitätsfortschritts verhinderte eine rasche Einigung. Hier wird das von einem Verb abgeleitete Kernsubstantiv *Forderung* durch drei Attribute bzw. Attributkomplexe erweitert, von denen allein zwei mehrstufig sind (vgl. (VII)).

Statistisch mag sich die Häufung solcher Nominalgruppen als Tendenz zur Satzver-
kürzung niederschlagen. Die damit bewirkte Ausdrucksverdichtung - ganze Sätze werden zu Satzgliedern - bringt andererseits aber oft erhebliche Verständnisschwierigkeiten
mit sich, etwa wenn die attributiven Erweiterungen verschiedene Abhängigkeitsgrade
umfassen und in ihrer logischen Verknüpfung nicht mehr klar durchschaubar sind (vgl.
Kap. 1.3). Von größerer Sprachökonomie kann angesichts dieser "Kompaktbauweise"
(Drosdowski / Henne 1980: 626) daher nur mit Einschränkung gesprochen werden.

Die Abnahme von Satzgefügen einerseits sowie die Zunahme von Nominalgruppen
und (informationsreicheren) Einfachsätzen andererseits hängen also eng miteinander
zusammen. Hinzu kommt, als weiteres Indiz für den sogenannten "Verfall der verbalen
Ausdrucksweise", daß zahlreiche Verben im Sprachgebrauch einen Teil ihrer Bedeutung
eingebüßt haben und vielfach durch "*Streckformen*" ersetzt werden (vgl. Panzer 1968,
Gombert 1983). Es handelt sich um das Phänomen der *Verbaufspaltung*, wobei statt ein-
facher Verben wie *durchführen, mitteilen, versuchen* verstärkt Verb + Substantiv - Verbindungen gebraucht werden: *zur Durchführung bringen, eine Mitteilung machen, einen
Versuch unternehmen*, in der Regel also präpositionale oder akkusativische Gefüge. Ein
semantischer Unterschied gegenüber der verbalen Form besteht meistens nicht; die eigentliche Bedeutung liegt jeweils auf dem nominalen Teil des Ausdrucks, die Bedeutung
der Verben *bringen, machen, unternehmen* usw. ist abgeschwächt.

Die Verwendung solcher Verbgefüge kann man jedoch nicht immer nur als funktionslose Erweiterung
betrachten. Oft signalisieren sie so etwas wie "offiziellen Sprachgebrauch" (vgl. Löffler 1985: 121) oder
aber bringen über die Verbform bestimmte Bedeutungsnuancen zum Ausdruck, etwa bei der Kennzeichnung verschiedener Aktionsarten: vgl. *in Bewegung sein / kommen / geraten* vs. *sich bewegen* oder
zum Stehen kommen vs. *stehen.* (v. Polenz (1985: 115) hat daher auch vorgeschlagen, den Begriff
Funktionsverbgefüge hier nur für Verbindungen mit einer zusätzlichen semantischen Funktion zu reser-
vieren.)

Ob nun solche sprachstrukturellen Entwicklungen (Nominalisierungstendenz, "Sinn-
entleerung" der Verben) allein ausreichen, um die oben angesprochenen syntaktischen
Verschiebungen, einschließlich ihrer besonderen Bedeutung für den journalistischen Bereich, zu erklären, sei dahingestellt. Jedenfalls erscheint es plausibel, speziell für Pressetexte zusätzliche Einflüsse der Produktionsbedingungen anzunehmen, d.h. vor allem der
Notwendigkeit, auf engem Raum möglichst viel an Information zu geben sowie für die
Abfassung von Artikeln verschiedene Agenturmeldungen und andere Quellen zusammenzufassen oder einzuarbeiten. Oft durchlaufen Texte bis zu ihrer Endfassung eine
ganze Kette von Bearbeitungsinstanzen (Hess-Lüttich 1987: 228f., Biere 1989a). Gerade
der Zwang zur gerafften, aber trotzdem noch präzisen Wiedergabe dürfte dem Trend zu
sprachlicher Komplexität (Nominalstil, Blockbildung, Komposita) entgegenkommen.
Beispiele hierzu zeigt die Gegenüberstellung einiger Agenturmeldungen (2) mit einem
späteren Textresultat (3).

(2)(a)
```
dpa 073 al
e i l ≈≈≈≈≈

botschaft
geiseln eins
in saudiarabischer botschaft fuenf geiseln genommen =

     paris, 5. september 73 dpa/upi - drei maenner haben am mittwoch
  in der saudiarabischen botschaft in paris fuenf geiseln genommen.
  nach angaben der polizei verlangen sie die bereitstellung eines
  flugzeuges.
  dpa 073 do cw ha o5.sep. 73  11o9 nnnn
```

(b)
```
dpa 104 al
botschaft
kommando besetzt saudiarabische botschaft - fuenf geiseln
(zusammenfassung)=

     paris, 5. september 73 dpa - drei bewaffnete araber haben am
  mittwoch in einem handstreich die saudiarabische botschaft in
  paris besetzt und fuenf mitglieder des botschaftspersonals als
  geiseln genommen. nach angaben der polizei fordert das kommando
  ein flugzeutg und will durch die geiselnahme die freilassung eines
  palaestinensers erzwingen. • • • • • •
```

(c)
```
dpa 179/073 al

botschaft
geiseln sieben (paris)
zwtl.: elf geiseln =

     nach einer meldung der rundfunkstation ''europa eins'' befinden
  sich insgesamt elf geiseln in der hand der araber. es seien
  fuenf saudiarabische diplomaten und sechs franzoesische botschaftsan-
  gestellte. als quelle nannte der sender den botschafter von kuwait.

     dieser habe ferner mitgeteilt, die mitglieder des kommando-
  unternehmens forderten, in einem kleinbus mit ihm sowie den fuenf
  saudiarabischen diplomaten zum flughafen gebracht zu werden.

  • • • • • •
```

(d)
```
dpa 240/223 al

botschaft
entwicklung zwei (paris)
zwtl.: ultimatum erneut verschoben =

  • • •  • • •                                      kurze zeit
  spaeter verlangte das kommando, dass der botschafter von kuwait sich
  in das botschaftsgebaeude begibt, andernfalls werde es seine dro-
  hungen wahr machen und das gebaeude in die luft sprengen.
```

(3)

Terroristen besetzen saudi-arabische Botschaft in Paris

F.A.Z. PARIS, 5. September. Ein aus drei palästinensischen Terroristen bestehendes Kommando hat am Mittwoch die saudiarabische Botschaft in Paris besetzt und elf Geiseln – darunter sechs französische Staatsbürger – in seine Gewalt gebracht. Bei dem Überfall fielen mehrere Schüsse. Ein Mitglied der Botschaft, das sich durch einen Sprung aus dem Fenster retten wollte, mußte mit einem gebrochenen Bein ins Krankenhaus eingeliefert werden.

Die palästinensischen Terroristen stellten eine Reihe von Forderungen auf. Mit der Drohung, das Gebäude in die Luft zu sprengen, verlangten sie die Bereitstellung eines Busses, der sie zusammen mit fünf Geiseln zum Flugplatz bringen sollte, sowie ein Flugzeug. Außerdem forderte das Kommando die Freilassung • • •

• • • • • •

(FAZ 6-9-73)

(entnommen aus einer umfangreicheren Materialsammlung bei Fluck u.a. 1975: 14ff.)

Auch wenn die sprachliche Gestaltung der Nachricht kaum Verständlichkeitsprobleme aufwirft, enthalten die zitierten Sätze jeweils doch mehr Informationseinheiten als die der Agenturtexte. So ist die nähere Kennzeichnung der Geiselnehmer als attributive Bestimmung dem Subjekt vorangestellt (*ein aus drei palästinensischen Terroristen bestehendes Kommando*), die Aussage über die Herkunft einiger Opfer wird als Parenthese eingeschoben; beide Informationen sind also, zusammen mit weiteren raum-zeitlichen Angaben, in einen sog. Einfachsatz integriert. Das Gefüge im zweiten Abschnitt der Nachricht (*mit der Drohung...*) nimmt u.a. eine längere Passage aus (2d) als präpositionale Bestimmung mit satzwertigem Infinitiv auf und faßt getrennte Teilaussagen mit einer Nominalisierung + Relativsatz (*Bereitstellung eines Busses, der...*) zusammen:

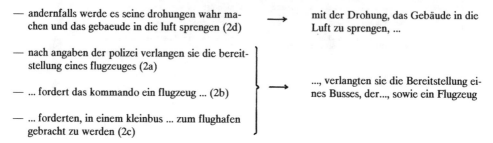

— andernfalls werde es seine drohungen wahr machen und das gebaeude in die luft sprengen (2d) → mit der Drohung, das Gebäude in die Luft zu sprengen, ...

— nach angaben der polizei verlangen sie die bereitstellung eines flugzeuges (2a)

— ... fordert das kommando ein flugzeug ... (2b)

— ... forderten, in einem kleinbus ... zum flughafen gebracht zu werden (2c)

→ ..., verlangten sie die Bereitstellung eines Busses, der..., sowie ein Flugzeug

Um verallgemeinerbare Schlüsse ziehen zu können, wären natürlich größere Textmengen sowie ein Vergleich mit anderen Informationsquellen nötig. Als Illustration der sprachlichen Verdichtung mag das Beispiel jedoch vorerst genügen.

Übung (8)

In einer Untersuchung über die Verschriftlichung von Bundestagsreden (in den sog. 'Stenographischen Berichten') führt Heinze (1979: 214f.) als Beispiel für ein besonders häufiges Transformationsverfahren folgende Passage an:

... und ich glaube, das ist die Gefahr der letzten Jahre gewesen, daß das Ausmaß der Interessenübereinstimmung überschätzt worden ist. → Sie beherrschte die letzten Jahre: die Überschätzung des Ausmaßes der Interessenübereinstimmungen.

Welche Art syntaktischer Umwandlung liegt hier vor? Bei welcher Berichterstattung kommt sie vermutlich besonders häufig vor?

Einen gesondert zu betrachtenden Teilbereich stellt die *Syntax von Überschriften* dar. In ihnen kommen einige der Merkmale, die im Zusammenhang mit der Komprimierung von Aussagen genannt wurden, gleichsam verstärkt zum Ausdruck. Denn in der Regel enthalten Überschriften das Kurzresümee eines wichtigen Textaspekts (meistens des Inhalts); sie werden daher gelegentlich auch als "Zusammenfassungsschlagzeilen" bezeichnet (Sutter 1955).

Die Syntax ist wegen der gebotenen Kürze zwangsläufig reduziert: Hypotaxen kommen praktisch nicht vor, es dominieren einfache Aussagesätze; Nominalisierungen treten verstärkt auf, und auffallend ist vor allem die hohe Frequenz elliptischer Satzmuster, hervorgerufen durch die "Weglassung aller nicht verständniskonstitutiven Morpheme"

(Kniffka 1983: 162). - Ähnliche Feststellungen ergeben sich auch für die Überschriften-
syntax anderer Sprachen (vgl. Dardano 1974: 265ff., Stammerjohann 1981, McDonald / Sager 1974: 21f., Schröder 1984: 70ff.).

Ausgehend von den Verkürzungsmöglichkeiten, hat B. Sandig (1971) ein ausführliches Konzept zur Typologie von Zeitungsüberschriften vorgestellt. Leitender Gesichtspunkt ist die Verringerung von Redundanz, wobei zwei Verfahren unterschieden werden: die *Ersparung* und die *Auslassung*. Von Ersparung ist die Rede, "wenn das, was im
Vergleich zum üblichen vollen Satz fehlt, auf irgendeine Weise impliziert ist, wenn also
eine Verminderung auf der Ausdrucksseite allein vorliegt." (22f.) Typisch wären Beispiele wie:

(4)   Kania: Moskau vertraut Polen (OZ 15-12-80, 1)
(5)   Tiefflüge bei NATO-Manöver (SZ 5-1-90, 2)
(6)   Lohnforderung von 10 Prozent aufgestellt (UZ 1-2-82, 2),

in denen die weggelassenen Elemente (finites Verb, Präposition, Artikel, Hilfsverb) jeweils problemlos vom Leser mitverstanden werden. Auslassungen (normalerweise als
Ellipsen bezeichnet) ergeben dagegen keine verkürzten Sätze mehr, sondern Satzfragmente; die Verminderungen betreffen also, über die Verringerung von Redundanz hinaus, die Ausdrucks- *und* die Inhaltsseite eines oder mehrerer Zeichen (Sandig 1971: 23).
Die Überschriften

(7)   Was Wunder wirkt (HAZ 23-9-81, 8)
(8)   Abgesetzt (BZ 30-3-82, 6)
(9)   Auch das noch (EZ 30-12-89, 6)

haben beispielsweise nicht den kommunikativen Wert von Sätzen, da das ausdrucksseitig
Fehlende nicht impliziert ist. Die Beispiele (7) - (9) vermitteln also keine eigentliche
Aussage; um zu erfahren, worauf sich die Teilinformationen konkret beziehen, ist der
Leser auf den Folgetext angewiesen.

Satzfragmente fungieren meist als Lektüreanreiz, weniger als inhaltliche Orientierung. (Sandig spricht hier mißverständlich von "Themaüberschriften".) Der weitaus häu-
figere Typ der Kurzsatz-Überschrift ist demgegenüber gewöhnlich eine erste Hinführung zum Textthema. Die Ersparungen stellen diese Funktion nicht in Frage, da aufgrund der reduzierten Kommunikationssituation und des Informationszusammenhangs
bestimmte Faktoren (u.a. Artikel, Modus, Tempus, Person, oft auch das finite Verb)
mühelos ergänzt werden. Kurzsätze repräsentieren insofern sprachökonomische Möglichkeiten zur Einschränkung von Redundanz. Die notwendige Kürze verhindert außerdem die Bildung allzu komplexer, schwer verständlicher Nominalgefüge.

Im Vergleich zu den syntaktischen Entwicklungstendenzen erscheinen spezifische
Kennzeichen des W o r t s c h a t z e s schwerer greifbar, vor allem was die Presse allgemein (im Unterschied zu Aussagen über einzelne Zeitungen oder Zeitschriften) betrifft. Diese Beobachtung unterstreicht noch einmal die grundsätzliche Problematik des
Begriffs 'Zeitungs- oder Pressesprache'.

Auch wortstatistische Erhebungen allein dürften hier kaum neue Erkenntnisse bringen, zumal sich gerade an der Spitze von Frequenz- oder Ranglisten keine wesentlichen
Unterschiede bzw. Veränderungen zeigen. Diese ergeben sich erst, wenn nach weiteren

Kategorien, z.B. Rubriken oder speziellen Publikationsorganen, differenziert wird (vgl. Rosengren 1972: XIIff.). Die nachstehenden Merkmale sind somit als erste, empirisch noch zu erhärtende Befunde zu verstehen.

Auffallendstes Kennzeichen ist in der Regel die *Verwendung neuer Bezeichnungen*, die in den gängigen Wörterbüchern (noch) nicht verzeichnet sind (Braun 1979: 78ff.; vgl. auch Bruneau 1958: 12ff., Dardano 1974: 141ff.). Die Ursache hierfür liegt vor allem in dem ständigen Wandel sozialer, wissenschaftlicher und technischer Verhältnisse; die Aufnahme neuer Wissensbereiche, neuer Differenzierungen usw., über die informiert wird, führt zwangsläufig zu Veränderungen des Wortschatzes. Das gilt für die Medien und ihre "Vermittlungssprachen" (Steger 1988: 314) natürlich verstärkt, deren Aufgabe ja gerade die laufende Verbreitung des Neuen, des bisher Unbekannten ist.

Aber nicht nur Neuschöpfungen, auch *Verschiebungen in der relativen Häufigkeit von Wörtern* sind aufschlußreich. Sie verweisen auf das "wechselnde Zeitinteresse", das bestimmten Themen entgegengebracht wird, und nach H. Eggers (1973: 99) "könnte man aus Tageszeitungen von Jahr zu Jahr, aber auch für jeden beliebigen einzelnen Tag ermitteln, wie sich die Interessen der öffentlichen Diskussion innerhalb eines bestimmten Zeitraums verteilen, oder was zu bestimmter Zeit das 'Tagesgespräch' war. Am Emporschnellen der relativen Häufigkeit des einschlägigen Vokabulars ließe sich das unschwer ablesen." So sind z.B. Begriffe wie *Währungsreform, Ostverträge, Friedensbewegung, Wende* in ihrer Gebrauchshäufigkeit eindeutig an bestimmte politische Zusammenhänge gebunden.

Als weitere Tendenz, die sich in der deutschen Gegenwartssprache allgemein, in der Pressesprache aber verstärkt abzeichnet, wird das *Eindringen fachsprachlicher Ausdrücke* angeführt; hinzu kommt der Gebrauch von *Fremdwörtern*. Beides hängt zusammen mit dem ständigen Austausch, der zwischen Wissenschaft bzw. Wissenschafts- und Fachsprache einerseits und Gemeinsprache oder Umgangssprache andererseits stattfindet. Man mag diesen Trend zur Verwissenschaftlichung und zur Aufnahme fachsprachlicher Elemente kritisieren als Ursache für permanente Sprach- und Handlungsbarrieren, doch gleichzeitig ist er Ausdruck von Aneignung und Verbreitung neuer Wissensstände in Bereichen wie Technik, Wirtschaft, Politik, Medizin usw. (vgl. Braun 1979: 105ff., Habermas 1978: 328ff., Wilke 1986). Wie sehr dabei bisweilen die Grenzen zwischen Fachsprache und Gemeinsprache fließend werden können, illustrieren zwei kurze Beispiele (die ursprünglich ökonomischen Fachausdrücke sind hervorgehoben):

(10a) Ein *Industriestaat*, der ... auf den *Ausbau* seiner *Infrastruktur* und *Förderung* seiner *Produktivität* verzichtet, begibt sich auf einen gefährlichen Weg. (Z 3-9-71, 25)

(10b) Es kann nicht sein, daß die *Ausgaben*, die *in den Konsum gehen*, in einem neuen *Bundeshaushalt* stärker *ansteigen* als die *Investititionsausgaben*. (Z 3-9-71, 26; zit. nach: Eggers 1973: 103)

Besondere Aufmerksamkeit gilt gemeinhin auch der Beeinflussung durch fremdsprachigen Wortschatz, insbesondere durch *Entlehnungen aus dem Angloamerikanischen* (Carstensen 1965, Pfitzner 1978; zur Konkurrenz englischer und französischer Fremdwörter vgl. Burger 1979). Zu fragen bleibt allerdings, inwieweit man eine solche Tendenz noch als spezifisch für die Presse betrachten kann, denn zahlreiche Anglizismen (vgl. *Count-*

down, Evergreen, Hearing, Hit u.a.) haben längst, wenn auch ursprünglich über die Medien, Eingang in die Gemeinsprache gefunden.

Für den Bereich der W o r t b i l d u n g sei schließlich die häufige Verwendung von Wortzusammensetzungen, meist sog. *"Augenblickskomposita"*, genannt.

> (11) In Papenburg (Emsland), wo für den Malteser-Hilfsdienst wegen Personalknappheit ein unerfahrener *Ersatzdienst-Mann* und ein zufällig anwesender Krankenhelfer zu einem *Infarkt-Patienten* ausgerückt waren, konnte ein Arzt gerade noch die laienhaften *Herzmassagebemühungen* der ungeübten Rettungsengel stoppen ... [Hervorhebungen H.H.L.] (Sp 26-4-82, 86)

Neben bereits üblich gewordenen Komposita wie *Hilfsdienst, Personalknappheit, Krankenhelfer* usw. enthält der Auszug einige Beispiele neugebildeter Zusammensetzungen, die komprimiert mehrere Informationseinheiten wiedergeben:

Nomen + Relativsatz:
Mann, der den Ersatzdienst ableistet → *Ersatzdienst-Mann*

Nomen + Präpositionalattribut
(bzw. Relativsatz):
Patient mit einem Infarkt → *Infarkt-Patient*
(..., der einen Infarkt erlitten hat)

Nomen + Präpositionalattribut
(bzw. Infinitivkonstruktion):
Bemühungen mit einer (um eine) Herzmassage → *Herzmassagebemühungen*
(..., eine Herzmassage durchzuführen)

> Die sprachökonomische Funktion wird deutlich, wenn man alle primären und sekundären Kompositionselemente mit ihrer logischen Verknüpfung zu paraphrasieren versucht. Aufschlußreich wären ebenfalls Übersetzungen ins Englische oder Französische, wo die Bildung solcher mehrgliedrigen Wortkomplexe oft nur mit syntaktischen Mitteln möglich ist; vgl. frz. *tentatives de massage cardiaque*, engl. *attempts at cardiac massage* für dt. *Herzmassagebemühungen* (zu verschiedenen Typen solcher Transpositionen sei u.a. auf Wilss 1986: 271f. verwiesen).

Eine Ursache für die Bildung von Augenblickskomposita dürfte wiederum in dem Bestreben nach Kürze liegen. Man kann nämlich in Pressetexten des öfteren feststellen, daß auf bestimmte Nominalgruppen mit einem verkürzenden Kompositum Bezug genommen wird. Für *eine Forderung des Ministers M.* oder *Vereinbarung zum Aufschub der Wahl* heißt es im nachfolgenden Text z.B. *die Minister-Forderung*, die *Aufschub-Vereinbarung*. Nach Wildgen (1982: 241f.) handelt es sich hier um ein Verfahren der *anaphorischen Komposition*. Dabei brauchen sich die Komposita nicht nur auf einzelne Syntagmen zu beziehen, unter Umständen verweisen sie auch auf einen ganzen Satz oder eine längere Sachverhaltsdarstellung:

> (12) *Für die Beamten in fünf großen Städten muß, meint der Minister, eine Zulage her. Allerdings: Nur für die verheirateten, nicht für die ledigen, und für diejenigen Staatsdiener, die im Einzugsgebiet von München wohnen, nicht aber für jene in den Randgebieten etwa von Frankfurt oder Stuttgart. Als ob die Mieten in der unmittelbaren Umgebung der Metropolen so deutlich niedriger lägen. Aber die Ungereimtheiten sind gar nicht der Kern des Konflikts, der sich um die B a l l u n g s - r a u m z u l a g e* anzubahnen droht. (FR 29-11-89)

Mit dieser Tendenz zur Ökonomie steigen allerdings auch die Schwierigkeit und die Vagheit des Wortschatzes, zumal dann, wenn bei Zusammensetzungen die Art der Relationen nicht sogleich faßbar oder gar mehrdeutig ist (vgl. *Polenreise*: 'Reise nach / in

Polen', 'Reise der Polen'). Dieser Punkt wurde bereits unter dem Aspekt der Verständlichkeitsprobleme angesprochen (Kap. 1.3). Insgesamt handelt es sich bei der Bildung von Komposita - Braun (1979: 87) spricht hier von "Univerbierung" - um eine der Haupttendenzen in der deutschen Wortbildung allgemein; aufgrund medienspezifischer Bedingungen (Zwang zur Kürze, ständige Zusammenfassung von Informationen) erhält sie in Pressetexten natürlich noch eine zusätzliche Ausprägung.

Literaturhinweise:

Admoni (1973)
Braun (1979: 37ff.), (1979a)
Clyne (1968)
Eggers (1973), (1983)
Löffler (1988)

v. Polenz (1963), (1985: 40ff.)
Popadić (1971)
Straßner (1980)
Wolff (1986: 232ff.)

2.1.2. Zur Sprache einzelner Publikationsorgane

Bei der Darstellung der genannten Sprachmerkmale wurde deutlich, daß viele Aussagen wegen fehlender Homogenität des Ausgangsmaterials nur vorläufigen Charakter haben können - sowohl was die Allgemeingültigkeit als auch was den Präzisionsgrad anbelangt. Diese Einschränkung scheint nun weniger gegeben, wenn sich die Analyse von vornherein auf einen abgegrenzten Gegenstandsbereich, auf den Sprachgebrauch einer speziellen Zeitung beschränkt. Zur Illustration sei hier auf Ergebnisse zurückgegriffen, wie sie Mittelberg (1967) in seiner bekannten Untersuchung zur BILD-ZEITUNG darlegt. Die Arbeit liefert außerordentlich detaillierte und umfassende Beschreibungen und ist daher geeignet, Möglichkeiten einer zeitungsspezifischen Vorgehensweise zu verdeutlichen. Um diese methodische Orientierung geht es bei der anschließenden Auflistung von Sprachmerkmalen, nicht um die vollständige Charakterisierung der betreffenden Zeitung.

Für den Bereich der *Syntax* kommt Mittelberg u.a. zu folgenden Feststellungen:

— Die *Länge der Sätze* ist äußerst reduziert. Bei Berücksichtigung aller Satzlängen ergeben 5-Wort-Sätze den höchsten Anteil (zum Vergleich: in der FAZ sind 16-Wort-Sätze am häufigsten); der Satzbau ist mit "Stenosyntax" treffend gekennzeichnet.

— Bei den *Satzformen* dominiert eindeutig der Einfachsatz (61,5%), Gefüge kommen mit 20,1% nicht einmal halb so oft vor wie in der FAZ, Setzungen (13,6%) sind dagegen rund viermal häufiger.

— Außer Aussagesätzen findet sich an Satzarten eine große Zahl von *Aufforderungssätzen* (*Weg mit dem Ladenschlußgesetz*), *Ausrufen* (*Das ist erlogen und phantasiert!*) und *Fragesätzen* (*Wer treibt bei uns die Preise in die Höhe?*). Diese Beobachtung gilt insbesondere auch für die Schlagzeilensyntax.

— Insgesamt entspricht der Satzbau mit seinem weitgehenden Verzicht auf unübersichtliche, schwer verständliche Konstruktionen eher den alltagssprachlichen Erwartungen der Leser. Hierzu trägt außerdem die Verwendung von *Anredenominativen* (*Lollo, laß den Pelz im Schrank*) und von *Interjektionen* (*Hurra, meine erste Schallplatte*)

bei, ebenso *Wiederholungen, Anakoluthe* (*Vor allem aber: Die Nervenstärke, die Bärenruhe, das Selbstvertrauen - das sind die Trümpfe der Elf*) und die *Umgehung des Konjunktivs.*
Entsprechende Merkmale, die somit wesentlich zur Vertrautheit mit der Zeitung beitragen (vgl. Sandig 1972), finden sich auch auf der Ebene des *Wortschatzes*:
— Gemeint sind vor allem die Tendenz zu *drastischer Ausdrucksweise* (vgl. z.B. häufig gebrauchte Verben wie *fertigmachen, kaputtmachen, abhauen*), die Berücksichtigung *regionaler Varianten* (*mit der richtigen Wuat im Bauch*), *sondersprachlicher Wendungen* (z.B. aus der Gauner- oder Soldatensprache: *Diamanten-Lilly, zum Rückzug blasen*) sowie von *Modewörtern* (*eine Schau abziehen*) und *hyperbolischen Bildern* (*einige Zentner gute Laune*).
Zu erwähnen sind weiterhin:
— die Häufigkeit von *Superlativen* (*der tollste Versager*), sog. *Elativen* (*sagenhafte Milliarden-Schiebung*) und vergleichbaren Formen,
— der generelle Hang zu *bildhafter Ausdrucksweise* (*Ford Köln ist an die Front gegangen*), wobei ein großer Teil des betreffenden Wortschatzes den Bereichen Sport, Militär und Technik entstammt,
— die große Bedeutung eines *emotional gefärbten Wortschatzes*, der in seiner Übertreibung oft grotesk oder schablonenhaft wirken kann,
— die Bildung *polemischer Komposita* (*Mißgriff-Minister*).
Die Auflistung, die nur die auffallendsten Besonderheiten umfaßt, belegt zur Genüge, daß die Einschränkung des Untersuchungsfeldes auf *zeitungs*spezifische Aspekte ein ganz anderes Detaillierungsniveau erlaubt als allgemeinere *presse*spezifische Betrachtungen. Dies dürfte um so mehr zutreffen, als etwa in der BILD-ZEITUNG der Individualstil einzelner Journalisten gegenüber dem Sprachstil der Zeitung kaum noch in Erscheinung tritt.

Übung (9)

Welche lexikalischen und syntaktischen Merkmale sind nach den Beispielen (a) und (b) charakteristisch für den Stil der betreffenden Zeitung? Welches sind darüber hinaus die Hauptunterschiede in der Sprachgestaltung der beiden Texte, und wie lassen sich diese Unterschiede erklären?

(a)   Neues Verbrechen in Deutschland:
PLÜNDERER-KRIEG
Berlin: 1000 Krawallmacher stürmten Banken und Geschäfte - Millionen-Schaden
Prügelnd und plündernd stürmten in der Nacht zum Sonntag rund 1000 Polit-Rocker durch Berlin. Sie warfen Schaufenster ein, raubten Geschäfte aus: Ein regelrechter Plünderer-Krieg - brutaler noch als vor kurzem in Hannover. Manfred Ganschow, Vize-Chef beim Berliner Staatsschutz: "Ein neues Verbrechen - nach vorausgegangenen Krawallen." (BZ 15-12-80, 1)

(b)   *Ans Plündern gewöhnen?*
Als vor Jahren in Harlem ein regelrechter Plünderkrieg ausbrach, dachten wir: Klar, typisch New York, das kann bei uns nicht passieren. Irrtum: Jetzt grassiert auch hier die Seuche großangelegter Plündereien. (Seite 1)
Wehret den Anfängen? Zu spät.
Wehret den Fortsetzungen, muß es heißen.
Wir alle, Bürger, Parlament, Regierung, Polizei, Zeitungen müssen das Bewußtsein für Recht und

Unrecht wachhalten, sonst werden wir den Verfall von Freiheit und Ordnung erleben. Am Ende steht dann die schreckliche Gewöhnung an das ungewöhnlich Schreckliche. (BZ 15-12-80, 2)

Trotz der genannten Detailliertheit berücksichtigen Untersuchungen wie die Mittelbergs noch zu wenig die sprachliche Heterogenität, die auch im Rahmen einer Zeitung vorliegt (vgl. etwa die obigen Textbeispiele). Weitere Differenzierungen nach Inhalten, Textsorten o.ä. könnten - wie noch im einzelnen zu erläutern - ganz andere Zuordnungen ergeben. Eindeutig bestätigt wird diese Annahme z.B. durch Erhebungen, wie sie Latzel (1975) zur Tempus-Verteilung in verschiedenen Sparten sowie in Leitartikeln, Kommentaren und Meldungen durchgeführt hat. (Auch spätere Arbeiten Mittelbergs ließen sich hier im Sinne der vorgetragenen These anführen.)

Ganz allgemein ist vergleichbaren Syntax- und Wortschatz-Analysen entgegenzuhalten, daß sie sprachliche Merkmale isoliert von ihrem pragmatischen Bezugsrahmen betrachten (vgl. Alberts 1972: 32f.); hierin dürfte überhaupt ein Manko rein sprachstatistisch angelegter Erhebungen liegen:

"Die quantitative Methode bietet eine zuverlässige Grundlage für den Vergleich der Ergebnisse mit Arbeiten, in denen die Sprache anderer Presseerzeugnisse untersucht worden ist. [...] Als Nachteil ist anzusehen, daß sie keine Erklärungen für die jeweiligen Erscheinungen bzw. deren zentrales oder peripheres Vorkommen bietet." (Lindell / Piirainen 1980: 19)

Als Gliederungsbasis fungieren bei Mittelberg vor allem Kategorien wie 'Satzlänge', 'Satzarten', ... 'Wortbildung', 'Wortfelder' usw., denen anschließend Belege, unabhängig von der jeweiligen Funktion, nach ihrer formalsprachlichen Qualität zugeordnet werden. Die Interpretation von bestimmten Absichten und Wirkungen erfolgt sekundär und unsystematisch; die Sprachebene wird insgesamt zu wenig unter dem Gesichtspunkt ihrer konstitutiven Bedingungsfaktoren und ihrer spezifischen Intentionalität gesehen. - Daß unabhängig davon die Gesamtbeurteilung einer Zeitung keineswegs auf die sprachliche Dimension zu reduzieren ist, bedarf keines weiteren Kommentars.

Literaturhinweise:

Carstensen (1971) Mittelberg (1967)
Horn (1980) Piirainen / Airismäki (1987)
Lindell / Piirainen (1980) Sandig (1971: 126ff.), (1972)

2.2. Rhetorisch-stilistische Aspekte

Rhetorisierungen und sog. poetischer Sprachgebrauch sind nicht auf literarische Texte begrenzt; sie kommen ebenfalls (wenn auch in anderer Verteilung und mit anderer Funktion) in der Werbung, in politischen Reden usw. vor und können durchaus auch als Merkmale der alltäglichen Sprache betrachtet werden (Kloepfer 1975: 14). Von daher erscheint es nicht ungewöhnlich, ihr Vorkommen und ihre Bedeutung auch für den pressesprachlichen Bereich zu untersuchen.

Das wohl bekannteste Beispiel ist die Sprache des Nachrichtenmagazins DER SPIEGEL. Die Verwendung *poetischer Wörter (die güldenen Medaillen von Partei und Hit-*

ler-Jugend), *Wortspiele (Phall-Obst* für *Fallobst, Und nirgends sonst sind in solchem Maße ... die Kircheneinnahmen ein Heidengeld)*, die Einbeziehung von *Reimen* und *Alliterationen, Parallelismen (Die Flotte fehlt noch, die Flagge ist schon da)* u.a. gehören zu den gängigen Stilmitteln (Lück 1963, Carstensen 1971). Besonderes Augenmerk gilt auch dem Bemühen, Sachverhalte in einer originellen *bildhaften Sprache* darzustellen. Spielerisch anmutende Übertragungen und Mischungen verschiedener Bildbereiche sorgen z.B. zusätzlich für komische und ironisierende Effekte; vgl. den folgenden Kommentar zum "Hite Report. Das sexuelle Erleben des Mannes" (die bildhaft verwendeten Ausdrücke sind hervorgehoben):

(13) Die *Peep-Show in Nachbars Karten*, mit nahezu 1000 Seiten wahrlich keine *Ejaculatio praecox*, nimmt Shere Hite zum Anlaß, ihren *feministischen Tuben-Senf* dazutun: die *Horror-Oper* vom penetrierenden Patriarchen, dem Unterleibhaftigen; die *Ballade* vom klitoralen Orgasmus. (Sp 3/1982, 150)

Dem Leser mögen derartige stilistische Bemühungen als geschmacklos oder übertrieben erscheinen, gedacht sind sie als Mittel der Textwerbung, als "Attraktivmacher" (Sandig 1986); zusammen mit anderen sprachlichen und visuellen Strategien sollen sie den Adressaten amüsieren und eventuell vorhandenes Desinteresse überwinden helfen. Der spielerisch-kreative Umgang mit Sprache, die auf "Wohllaut, Witz und Bildhaftigkeit" abgestimmte Rhetorik kommen dabei einerseits bestimmten Lesermotivationen entgegen (z.B. dem Bedürfnis nach amüsanter, origineller Darstellung, nach distanzierter Kritik und Kontrolle öffentlicher Handlungen); andererseits begünstigen sie eine Tendenz, Informationsvermittlung auf der Ebene des Konkret-Anschaulichen, der anekdotischen Einzelfälle und damit auf einen "bequemen Umgang mit der Wirklichkeit" zu reduzieren (Grimminger 1972: 46).

Von einer vergleichbaren Kritik geht bereits 1957 H.M. Enzensberger aus: DER SPIEGEL mache nicht nur seine Gegenstände dem Leser kommensurabel, sondern auch den Leser dem Magazin. Mittel dieser "Domestizierung" sei die sprachliche "Masche". "Die Koketterie mit der eigenen Gewitztheit, die rasch applizierte Terminologie, die eingestreuten Modewörter, der Slang der Saison, die hurtige Appretur aus rhetorischen Beifügungen, dazu eine kleine Zahl syntaktischer Gags, die sich meist von angelsächsischen Mustern herschreiben: das sind einige der auffälligsten Spezialitäten der *Spiegel*-Sprache. [...] Das tiefe Bedürfnis, mitreden zu können, beutet die Sprache des *Spiegel* geschickt aus." (1969: 82)
    Zu einem nicht minder kritischen Urteil über die sog. "SPIEGEL-Sprachsoße" kommt auch Straßner; er betont außerdem noch den Gewöhnungseffekt, der den sprachlichen Aufwand weitgehend zu einer klischeehaften "Schreibe" gemacht habe: "In der Anfangszeit, als es darum ging, der Zeitschrift eine eigene Sprache, einen eigenen Stil zu geben, wurde sicher bewußt und überlegt am Text gefeilt. Inzwischen werden die vor langer Zeit entwickelten manieristischen sprachlichen Muster aber durch laufende Reproduktion künstlich am Leben erhalten. So wirkt das sprachliche Gesamtbild erstarrt, weil die einzelnen Elemente und Formen jeweils stereotyp wiederkehren." (Bucher / Straßner 1991: 141)

Es wäre unzutreffend, allein das Vorkommen bestimmter Stilmittel als Ausdruck besonderer sprachlicher Elaboriertheit zu interpretieren oder in ihnen das Kennzeichen eines speziellen Publikationsorgans zu sehen; spezifisch sind allerdings ihre Häufigkeit und ihre Ausprägung (z.B. ihre "Gewagtheit"). Rhetorisierungen als solche entsprechen einer generellen Tendenz in der Pressesprache und finden sich sowohl in der Abonnement- als auch in der Boulevardzeitung. Für letztere liefert etwa eine Analyse der BILD-ZEITUNG hinreichend Belege (Mittelberg 1967).

Übung (10)

Mit welchen stilistischen Mitteln soll im folgenden Text der Lektüreanreiz erhöht werden?

Hauen und Stechen bei den Berliner REPs

Die Schönhuber-Truppe kommt in Berlin aus den parteiinternen Streitigkeiten nicht heraus / Staatsanwaltschaft prüft, ob die REP-Funktionäre Polizeidossiers zum innerparteilichen Machtkampf nutzen / Eine Clique schickt der anderen die Polizei auf den Hals

Aus Berlin Willi Münzenburg

"Wir wollen das Wunder von Berlin vervielfältigen", versprach noch vor wenigen Monaten die Stellvertretende Bundesvorsitzende der "Republikaner", Johanna Grund, landauf, landab im Europawahlkampf. Das "Berliner Wunder" war der überraschende Wahlerfolg, der den Rechtsextremen in Berlin 7,5 Prozent der Stimmen und elf Abgeordnetenhausmandate einbrachte. Aus dem Berliner "Wunder" ist inzwischen jedoch ein "blaues" geworden.

Hauptärgernis für Parteichef Schönhuber, aber vor allem auch für die Berliner REP-Basis, ist nicht nur der geschaßte, am 8. Juli neu gewählte und letzten Sonntag erneut entlassene Landesvorsitzende Andres. Die Schnauze voll hat die Parteibasis von der Mehrzahl ihrer elf REP-Abgeordneten. "Der Schönhuber kann uns doch jetzt nicht mit dem Gesindel im Rathaus allein lassen", beschwerte sich jetzt ein "einfaches Parteimitglied" aus dem Tiergarten. In der Tat: An der Basis der Partei rumort es heftig. [...] (taz 16-9-89, 5)

Ein anderes wichtiges Stilmittel bildet die Aufnahme von *Sprichwörtern, Gemeinplätzen, Maximen, Redewendungen* usw. "Wer Zeitungen und Magazine liest, der wird sie reihenweise finden, nicht in der lautstarken Direktheit der früheren Jahrzehnte, sondern in raffiniert getarnter Indirektheit." (Braun 1979: 159) Diese Tarnung geschieht oft in *abgewandelten Formeln*:

(14) Was lange gärt, wird endlich WUT
      oder Gedanken eines Stromzahlungsboykotteurs
      (Stadtzeitung für Freiburg 38/1979)

(15) Strauß ist Strauß (N 26-2-80, 2)

(16) Früh übt sich, wer den Müllberg meistern will (SB 10-11-90)

Das erste Beispiel variiert das allgemein bekannte *Was lange währt, wird endlich gut,* das zweite benutzt die Struktur eines quasi-tautologischen Gemeinplatzes (nach dem Schema *Wer hat, der hat; Was zuviel ist, ist zuviel*), und in (16) liegt das Sprichwort *Früh übt sich, wer ein Meister werden will* zugrunde. Verfremdende oder parodierende Abwandlungen vorgegebener Satzmuster gehen auf eine lange Tradition bei literarischen Autoren zurück, sie sind kein spezifisch journalistisches Stilmoment. Im Kontext der Zeitung dienen sie einmal der Lesewerbung, fördern die Anschaulichkeit und bilden gleichzeitig rezeptionssteuernde Signale, die z.B. die Wertung des betreffenden Textinhalts vorwegnehmen können; daher auch ihre hohe Frequenz in Überschriften (Dittgen 1989, Nord 1989, 1991).

Neben Abwandlungen und Anspielungen sind Originalfassungen von Sprichwörtern, Gemeinplätzen oder bekannten Zitaten nicht minder bedeutsam. Sie finden sich vorwiegend an Textstellen, wo es auf knappe Resümierung des Inhalts, auf treffende Wiedergabe eines Standpunkts oder einer humorvollen Pointe ankommt; ihre prägnante Form "bürgt" gleichsam auch für inhaltliche Stimmigkeit (vgl. Burger u.a. 1982, Lüger 1992). Nicht zu unterschätzen ist natürlich auch - und das gilt noch mehr für die zuvor erwähnten abgewandelten Formeln - der Auflockerungseffekt, der sich mit dem spielerisch-distanzierten Einsatz sprichwörtlicher Ausdrücke erreichen läßt. Diese Wirkung dürfte selbst dann gegeben sein, wenn Herkunft und ursprüngliche Bedeutung für den Leser nicht eindeutig rekonstruierbar sind.

> Als Zeichen für die wichtige Rolle, die Sprichwörter und andere vorgeprägte Ausdrucksformen im modernen Sprachgebrauch spielen, nennt W. Mieder (1983: 74ff.) noch die sogenannten *Sagwörter*. Sie haben normalerweise eine dreiteilige Struktur und parodieren ein bekanntes Sprichwort (Muster: 'Aller Anfang ist schwer', sagte der Dieb und stahl zuerst einen Amboß.). In journalistischen Texten (Mieder erwähnt lediglich eine spezielle Rubrik im STERN) scheint dieser Variationstyp jedoch so gut wie nicht vorzukommen und kann in diesem Zusammenhang daher vernachlässigt werden.
>
> Die Ausführungen müssen sich hier auf einige allgemeine Bemerkungen beschränken. Zur genaueren Vorkommensanalyse, Funktionsbeschreibung und zur begrifflichen Klärung sei deshalb auf weiterführende Literatur verwiesen (vgl. Koller 1977: 119ff., Bebermeyer / Bebermeyer 1977: 3ff., Lüger 1980: 29ff., Sandig 1989).

Zusammenfassend kann man feststellen, daß bei der Mehrzahl der herangezogenen Arbeiten eine Verbindung von Sprach- und Funktionsanalyse durchaus vorliegt. Der Gebrauch rhetorischer Formen und kreativer Wortkompositionen, die Variation vorgeprägter Satzmuster usw. werden - im Unterschied zu den bereits in Abschn. 2.1 kritisierten formalsprachlichen Ansätzen - sehr wohl in Abhängigkeit von Bedingungen gesehen, die diesen Gebrauch und seine kommunikative Wirkung bestimmen. Für die Beschreibung von Pressesprache allgemein fehlen allerdings Präzisierungen hinsichtlich der konkreten Verwendungszusammenhänge, d.h. Angaben darüber, in welcher Art von Texten die betreffenden Stilmittel gehäuft auftreten und unter welchen Voraussetzungen ihre Verwendung überhaupt möglich ist. Die vorliegenden, auf ausgewählte Teilbereiche begrenzten Beispielsammlungen wurden in der Regel mit ganz anderer Zielsetzung erstellt (mit Ausnahme von Koller 1977); als Beschreibungsgrundlage kommen sie somit, auch wenn sie von journalistischem Textmaterial ausgehen, hier nur eingeschränkt in Frage.

Literaturhinweise:

Bucher / Straßner (1991: 113ff.)	Mieder (1983)
Carstensen (1971)	Mittelberg (1967: 145ff.)
Grimminger (1972)	Sandig (1986: 227ff.)
Koller (1977)	Zimmermann (1971)

2.3. Rubriksprachen

Je mehr man versucht, für die Beschreibung von Pressesprache ein relativ homogenes Textkorpus zu erhalten, desto deutlicher tritt die Notwendigkeit einer Begrenzung des Analysefeldes hervor. Eine solche methodische Konsequenz wurde bereits im Zusammenhang mit den Syntax- und Wortschatzuntersuchungen angedeutet. Einen weiteren Schritt in diese Richtung stellt nun die Beschränkung auf einzelne inhaltliche Bereiche (Sparten, Rubriken) dar. Postuliert wird dabei, daß Texte oder Artikel, die einer Kategorie angehören, im Verhältnis zueinander homogener sind als Texte verschiedener Kategorien; mit anderen Worten, "es soll die Intrahomogenität größer sein als die Interhomogenität". (Rosengren 1972: XIIIf.)

> Für das umfangreiche Frequenzwörterbuch der deutschen Zeitungssprache geht Rosengren (1972) z.B.
> von einem Raster aus, wie er sich in Anlehnung an die Rubrikeinteilung der betreffenden Zeitungen
> (DIE WELT, SÜDDEUTSCHE ZEITUNG) ergibt:
> - Meinung,
> - Politik,
> - Kultur,
> - Wirtschaft,
> - Vermischtes.
> Die Auswahl von nur fünf Kategorien hängt mit Erfordernissen maschineller Datenverarbeitung zusammen. Unabhängig von Detailproblemen (z.B. Abgrenzungsschwierigkeiten) bliebe zu klären, ob die
> Aufnahme einer inhaltlich noch sehr komplexen Rubrik 'Vermischtes' sowie die Trennung von
> 'Meinung' und 'Politik' tatsächlich vertretbar sind, zumal sich im letzten Fall sog. "formale" und
> "inhaltliche" Kriterien überlagern (unter 'Politik' werden politische Nachrichtenartikel, unter 'Meinung'
> Leitartikel und Kommentare, ebenfalls politischen Inhalts, subsumiert).

Ohne auf Fragen der Kategorisierung weiter einzugehen, sei wenigstens ein Beispiel rubrikspezifischen Vorgehens kurz erläutert, und zwar anhand des Sprachgebrauchs im *Wirtschaftsteil* von Zeitungen. Texte dieser Rubrik zeichnen sich durch verschiedene sprachliche Merkmale aus: Der Anteil an *Fachwörtern* (*Kurserholung, Handelsgesellschaft, Effektenbörse*) ist bisweilen ausgesprochen hoch (in manchen Fällen über 40%, gemessen an der Gesamtzahl der Substantive). Hier zeigt sich auch am deutlichsten der fachsprachliche Charakter wirtschaftsjournalistischer Texte. Im Unterschied zu reinen wirtschaftswissenschaftlichen Arbeiten richten sie sich zwar an ein breiteres Publikum, und ihre Sprache ließe sich gemäß der vorliegenden Vermittlungsaufgabe als eine Art Verteilersprache (zwischen Wissenschafts- und Umgangssprache) bezeichnen (v. Hahn 1980), tatsächlich aber dürfte ein genaueres Verstehen nur für einen Teil der Leserschaft möglich sein.

Andererseits bietet die Rubrik 'Wirtschaft' nicht nur Texte für ein hochspezialisiertes Publikum. Der Grad an Fachsprachlichkeit kann hier stark variieren, und es finden sich in der Berichterstattung ebenfalls Darstellungen, die sich um leichte Verständlichkeit bemühen; das betrifft insbesondere Sachverhalte, für die eine allgemeine Relevanz und ein breites Interesse angenommen werden (z.B. Informationen zur Entwicklung der Arbeitslosigkeit, der Inflation oder des Außenhandels) - doch hängen diesbezüglich Informationsspektrum und -präsentation natürlich in erster Linie von den Adressatengruppen des betreffenden Mediums ab.

Verschiedene fachsprachliche Besonderheiten weisen vor allem *Börsenberichte* auf. Charakteristisch ist u.a. die *Metaphorik*; häufig entstammt sie menschlichen Bereichen wie Gesundheit, Verwandtschaft, Sport, Spiel usw. (*neue Belebung am Auto-Markt, WMF erholt, wieder Dividende für die Mutter*), ebenso aber kommen Metaphern aus Technik (*Italien bremst Kapitalabfluß*), Kampf und Krieg (*Kleinkrieg im Kreditgewerbe*) vor. Sie wirken veranschaulichend und auflockernd, bringen jedoch die Gefahr mit sich, "daß die entscheidenden Momente des Wirtschaftsprozesses durch sie verschleiert werden können, vor allem daß ihm aus ihnen Naturwüchsigkeit, Schicksalhaftigkeit und Undurchschaubarkeit fälschlich als Merkmale zugeordnet werden." (Hebel 1969: 70f.) Ähnlich zu beurteilen sind die vielfältigen Variationsformen von Sprichwörtern, Gemeinplätzen und Redensarten in diesem Zusammenhang (*Was gut ist für General Motors, ist auch gut für Amerika, Mark bleibt Mark*; vgl. Mieder 1973).

Auf syntaktischer Ebene fallen besonders die *unpersönliche Redeweise* (*Ermutigt zeigte man sich am Markt dadurch ... - entgegen der allgemeinen Befürchtung*), die Häufigkeit des *Passivs*, ohne Nennung des Agens, sowie in bestimmten Texten die *personifizierten Handlungsobjekte* in Subjektposition auf:

(17) In Frankfurt gaben Conti-Gas um 2,50 DM nach. Holzmann mußten 3 DM hergeben.
(HAZ 23-9-81, 6)

(18) In Hannover fielen Spezialglas zur Kasse um 9 DM auf 570 DM. (GT 7-10-89)

Daß Bezeichnungen wie *Conti-Gas* (= verkürzte Form von *Conti-Gas-Aktien*) als Satzsubjekt auftreten, wird oft als Phänomen der Verdinglichung erklärt (Fluck u.a. 1975a: 168): "Beziehungen, die objektiv zwischen (Gruppen von) Menschen bestehen, erscheinen uns als Beziehungen zwischen Dingen, die vorgeben, mit eigenem Leben begabt zu sein. Dies manifestiert sich sprachlich in der (logischen) Vertauschung von Subjekt und Objekt [...]. Der Gegenstand von Handlungen (Werte, Aktien, Produktionseinheiten) verdrängt das eigentliche Agens, also die Kapitaleigner, und wird für den Leser somit zum Antrieb des Geschehens."

Auf die Tendenz, das handelnde Subjekt nicht mehr explizit auszudrücken, hat in anderem Zusammenhang v. Polenz (1981) mit dem Begriff *Deagentivierung* hingewiesen; er sieht in dieser Erscheinung ein allgemeines Kennzeichen der "Jargonisierung von Wissenschaftssprache". Es sei daher auch nicht berechtigt, die Zurückdrängung des Agens als ein spezifisches Stilprinzip der Wirtschaftsjournalistik zu kritisieren. Deagentivierung "(entstehe) nicht erst durch Verbreitung von Fachwissen an eine nichtfachliche Öffentlichkeit, sondern (ergebe) sich aus dem Widerspruch zweier Erfordernisse von Wissenschaftssprache selbst: der ökonomischen Kürze und der Explizitheit." (1981: 108)

Zur Konkretisierung der erläuterten Stilmerkmale sei der Textabschnitt (19) angeführt. Zahlreiche Termini, elliptische Formulierungen (*Rationierung auf 310 (+ 85)*) sowie der weitgehende Verzicht auf Erklärungen und Hintergrundinformationen belegen noch einmal den hohen Schwierigkeitsgrad für den fachlich nicht geschulten Leser; um die gegebenen Daten des Börsenberichts richtig lesen und einordnen zu können, wird die Kenntnis des Spezialvokabulars und der betreffenden volkswirtschaftlichen Zusammenhänge vorausgesetzt. Die unterlegte Krankheits- und Bewegungsmetaphorik, die Verwendung von Kollektivsubstantiven (*für den Aktienmarkt, Berufshandel*) und unpersönlichen Konstruktionen (*mußten hingenommen werden, man spricht von...*) sorgen gleichsam für eine entsubjektivierte Sachverhaltsdarstellung. Intentionales Handeln interessierter Personen bzw. Personengruppen ist sprachlich nicht mehr erkennbar; als Handlungsträger fungieren einige naturereignishaft präsentierte Abstrakta (*Diese Entwicklung hat ... veranlaßt, Wichtigstes Ereignis ... waren ... Sonderbewegungen*) sowie Substantive, die eigentlich Objekte des Geschehens, nämlich die betreffenden Wertpapiere, bezeichnen (*AEG litten unter neuen Verlustmeldungen*).

(19)   Die Börsenwoche
─────────────────

Unfreundlich

Kursverluste auf breiter Front
Höhenflug des Dollars als Ursache

Die erste Dezemberwoche war für den Aktienmarkt eine der schwärzesten Perioden
dieses Jahres. Auf breiter Front mußten
nämlich Kursverluste hingenommen werden, die zum Teil auch bei den Standard-
werten über 10 DM pro Aktie hinausgin-
gen. Wesentlich zu dieser Entwicklung bei-
getragen hat der Höhenflug des US-Dol-
lars, der nicht nur einen neuen Höchst-
stand für dieses Jahr, sondern auch das
höchste Niveau seit Sommer 1978 erreicht
hat und am Donnerstag sogar die Kurs-
grenze von 2 DM für einen Dollar über-
schritt.
Diese Entwicklung hat besonders den Berufshandel zur Zurückhaltung veranlaßt.
DM-Titel wurden in aller Welt noch weniger interessant als bisher. In- und Ausland
neigten eher zu Verkäufen. Sprichwörtlich
ist der Schwächeanfall der Siemensaktie,
die um 11,30 auf 260,50 zurückging. AEG
litten unter neuen Verlustmeldungen. Der
kursmäßige Niederschlag an der Börse war
mit 74,90 (− 0,60) DM gering.

Wichtigstes Ereignis an der Börse waren
jedoch Sonderbewegungen bei den Neben-
und Spezialpapieren. Das gilt in erster Linie für I. G. Liquis, die sich auf 8,80 (7,50)
DM für 100-RMark verbessern konnten
und täglich Umsätze in der Größenordnung
von 2 bis 4 Millionen Reichsmark aufwie-
sen. Noch stärker gestiegen ist die Tochter-
gesellschaft Riebeck Montan nach mehrfa-
chen Plusankündigungen und Rationierung auf 310 (+ 85). Man spricht von einer
Abfindung der freien Aktionäre durch die
Rüger-Gruppe, selbst Großaktionär mit 56
Prozent bei der I. G. Farbenindustrie AG in
Abwicklung. Die Liqui-Spekulation wird
offensichtlich durch Riebeck und andere
Phantasien mitgezogen.

. . . .

(StZ 15-12-80, 9)

Die genannten fachspezifischen Merkmale können insgesamt als charakteristisch für einen Großteil
bundesdeutscher Zeitungen gelten, unabhängig von der jeweiligen politischen Richtung und unabhängig
davon, ob es sich um eine regionale oder überregionale Zeitung handelt. An der sprachlichen Gestaltung des Wirtschaftsteils ist verschiedentlich Kritik geäußert worden: Sie treffe eine "(kapital)interes-
sengebundene Informationsauswahl und verfälsche oder verdecke die gesellschaftliche Realität" (Fluck
u.a. 1975a: 168f.); gemeint ist die weitgehende Abstraktion von den Produktionsverhältnissen, von den
Anteilseignern ebenso wie von den eigentlichen Produzenten. Der Wirtschaftsprozeß erscheine so ausschließlich als ein "Problem der Kapitalexpansion und Kapitalverwertung" (Kisker 1973: 49) bzw. als
ein "System von Variablen, die sich scheinbar von selbst bewegen." (Heinrich 1989: 287) Die übliche
Präsentationsweise verhindere eine kritische Durchleuchtung der ökonomischen Zusammenhänge oder
stelle diese verzerrt dar; die fachsprachliche Ausprägung vieler Texte schließe außerdem die Mehrheit
der Leserschaft von einer adäquaten Informationsvermittlung aus.

Die kurze Textbetrachtung im Anschluß an (19) ergibt einige Tendenzen, die als solche
für die Rubrik 'Wirtschaft' allgemein gelten - wobei man jedoch die Merkmals-
konzentration im Börsenbericht als Sonderfall ansehen muß. Für andere inhaltliche Bereiche (z.B. die Sportberichterstattung) läßt sich ebenfalls, wie spezielle Erhebungen
zeigen, eine Reihe lexikalischer und syntaktischer Besonderheiten ermitteln; nur liegt in
der Regel eine größere Vertrautheit mit den fachsprachlichen Elementen vor, als das bei
Wirtschaftstexten der Fall ist. Unabhängig davon dürfte auch eine klare Grenzziehung
zwischen Rubrikspezifischem und Gemeinsprachigem (z.B. in den Bereichen Politik
oder Kultur) nicht immer möglich sein.

Grundsätzlich bleibt außerdem zu fragen, ob eine inhaltliche Gliederung (nach
Rubriken) geeignet oder gar ausreichend ist, Texte von solcher Homogenität auszugrenzen, deren sprachliche Charakteristika tatsächlich vergleichbar sind. D.h. konkret: Inwieweit ist etwa ein Börsenbericht mit einem wirtschaftspolitischen Kommentar ver-

gleichbar, der eine ökonomische Entwicklung auf Ursachen und Folgen hin untersucht und von der Notwendigkeit bestimmter Maßnahmen überzeugen will?

Übung (11)

Durch welche Sprachmerkmale ist der zitierte Text aus dem MÜNCHNER MERKUR rubrikspezifisch markiert? Wie könnte man den Titel, die Einleitung und den Schluß hinsichtlich der Funktion des Artikels interpretieren?

Viehhandel
M i ß t r a u e n

st. - Gewogen und für zu leicht befunden. Nach diesem Motto sollen Vorsitzender und Geschäftsführer der Mühldorfer Erzeugergemeinschaft jahrelang das ihnen von den Bauern zum Verkauf anvertraute Rindvieh behandelt haben. Eine anonyme Anzeige brachte ihnen nun den Staatsanwalt ins Haus und stoppte das Spiel mit der Waage.

Die Verantwortlichen der Arbeitsgemeinschaft bayerischer Erzeugergemeinschaften reagierten, wie sie reagieren mußten, und zogen die, was korrektes kaufmännisches Gebaren anbelangt, für zu leicht befundenen Männer zumindest bis zur endgültigen Klärung aus dem Verkehr.

Auch wenn es sich hier offenbar um persönlich zu vertretende Verfehlungen einzelner handelt, wobei pikanterweise der eigentliche Nutznießer dieser Manipulationen eine bekannte Münchner Fleischhandelsfirma als Abnehmer sein soll, die Dummen sind dabei letztlich die Bauern. Wer will es ihnen verdenken, daß sie nun gegenüber allen Institutionen, Organisationen und Verbänden, die sich satzungsgemäß um ihr Wohl bemühen sollen, mißtrauisch werden. Der Vieh- und Fleischmarkt bzw. -handel ist ein heikles Geschäft, zudem mit hartem Wettbewerb. Hier ist Vertrauen unerläßlich. Und die Viehzüchter müssen sich darauf verlassen können, daß ihr Vertrauen nicht mißbraucht wird.

Der Vorfall trifft somit die ganze Branche. Es sollten daher alle daran Interesse haben, daß schnell und gründlich reiner Tisch gemacht wird, auch um den Bauern das Gefühl zu nehmen, sie säßen immer am kürzeren Hebel. (MM 17-12-80, 6)

Literaturhinweise:

Fluck u.a. (1975a)	Möhn / Pelka (1984: 140ff.)
v. Hahn (1980)	Piirainen (1982)
Heinrich (1989)	Stegu (1988)
Kisker (1973)	

2.4. Textologische Analyse

Die bisher vorgestellten Ansätze konzentrierten sich durchweg auf sprachliche Phänomene, die der Wort-, Syntagma- oder Satzebene zuzurechnen sind (z.B. Metapherngebrauch, Einflüsse des Fachwortschatzes, Wortbildung, Redensarten und formelhafte Wendungen, Satzlängen, Satzformen usw.). Ein ganz anderer Aspekt, nämlich der der *T e x t k o n s t i t u t i o n* , steht nun bei der textologischen Analyse R. Harwegs im Mittelpunkt.

Im Zuge der Entwicklung textlinguistischen Forschungsinteresses[3] hat Harweg mit seinem Buch *Pronomina und Textkonstitution* (1968, ²1979) ein grundlegendes Modell zur Beschreibung von Textbildungsverfahren entwickelt. Die zentrale Aussage ließe sich

---

3 Da in diesem Rahmen nicht auf wissenschaftsgeschichtliche Zusammenhänge eingegangen werden kann, sei auf die Überblicksdarstellungen von Kalverkämper (1981), Brinker (1985), Antos (1989) oder Heinemann / Viehweger (1991) verwiesen.

dabei auf den Satz reduzieren: Jeder Text besteht aus einer Folge von Sätzen, die durch ununterbrochene *syntagmatische Substitution* miteinander verbunden sind. Substitution bedeutet hier die Wiederaufnahme eines sprachlichen Ausdrucks durch einen anderen (bezeichnungs- oder referenzidentischen) Ausdruck. So ersetzt z.B. in der Satzfolge *Dreimal traten die Minister zusammen. Schließlich konnten sie sich zu dem Beschluß durchringen* ... das Pronomen *sie* (= Substituens) auf der syntagmatischen Ebene den Ausdruck *die Minister* (= Substituendum). Natürlich sind in konkreten Äußerungen die inhaltlichen Beziehungen nicht immer so direkt an der Textoberfläche ablesbar, und Substituenda und Substituentia brauchen zudem nicht immer bezeichnungsidentisch zu sein. Für Beispiele wie *Dreimal traten die Minister zusammen. Der abschließende Haushaltsbeschluß hat die Lage weiter verschärft...* nimmt Harweg deshalb eine *Kontiguitätssubstitution* an, und zur "Explizitierung" der jeweiligen Relationen werden entsprechende Zwischensätze oder Interpolationen herangezogen (etwa: *Das Zusammentreffen führte zu einem Haushaltsbeschluß*). Für die Textkonstitution entscheidend sind nun nach Harweg - wenigstens in der frühen Fassung seines Modells - diese verschiedenen Formen der Wiederaufnahme; sie sorgen dafür, daß man eine Folge von Sätzen als zusammenhängenden Text verstehen kann. (Ausführlich, insbesondere zur Differenzierung von Kontiguitätsbeziehungen, Harweg 1968: 192ff.)

Das skizzierte Substitutions-Prinzip hat Harweg (1968a, b) speziell auch auf massenmediale Texte (Zeitungs- und Rundfunknachrichten) übertragen. Vorrangiges Ziel dabei ist zunächst - wie im folgenden anhand der Kurzmeldung (20) illustriert -, die Art der Satzverknüpfung und ihre textkonstituierende Funktion herauszuarbeiten.

> (20) *Werksangehörige sammelten für Erdbebenopfer*
>   *Wolfsburg* (AP). - [1] Bei einer Spendenaktion für die Erdbebenopfer in Süditalien haben die Arbeitnehmer der Volkswagenwerk-AG 250 000 DM gesammelt. [2] Dies teilte am Samstag ein Sprecher des Unternehmens mit. [3] Diese Spendenaktion sei ein Beweis der Solidarität mit den 4000 bei VW beschäftigten italienischen Arbeitnehmern, von denen ein erheblicher Teil von der Naturkatastrophe betroffen sei, betonten die Initiatoren der Spendenaktion.
>   (EZ 15-12-80; die Sätze wurden durchnumeriert)

Die Notiz wäre, in Anlehnung an Harweg (1968a), zuerst einmal als *etischer*, d.h. durch Überschrift und graphische Anordnung lediglich empirisch bestimmter Text anzusehen. Um auch von einem *emischen*, theoretisch bestimmbaren Text sprechen zu können, müßten alle Sätze in syntagmatischer Substitution miteinander verkettet sein.

> Das Begriffspaar 'emisch - etisch', gebildet in Analogie zu 'phonemisch - phonetisch', verweist bei Harweg auf zwei unterschiedliche Textbegriffe. Der emische Text ist bezogen auf das Sprachsystem und erfordert eine Definition nach textinternen Kriterien, z.B. mit Hilfe der syntagmatischen Substitution. Satzfolgen also, für die sich keine lückenlose syntagmatische Verkettung rekonstruieren läßt oder die nur Substituenda (in der Regel Nomen mit unbestimmtem Artikel oder mit einem Zahlwort) enthalten, wären in dem Sinne keine Texte bzw. - wie im letzten Fall - nur Textanfangssätze. Der etische Text dagegen ist realisierungsbezogen und greift auch auf konkrete Merkmale der Sprechsituation, der Druckanordnung u.ä. zurück.

Im zitierten Beispiel liegen die Verhältnisse relativ einfach. Der gesamte erste Satz wird als Redewiedergabe durch das Substituens *dies* in Satz [2] pronominal wieder aufgenommen; außerdem ist die Bezeichnung *Volkswagenwerk-AG* in Satz [1] Substituendum des Genitivattributs in *ein Sprecher des Unternehmens*. Ebenfalls substitutionell verknüpft sind Satz [1] und [3]: *bei einer Spendenaktion* (mit unbestimmtem Artikel) bildet gleichsam die Vorinformation für die Substituentia *diese Spendenaktion* und *der Spendenaktion*. Weniger relevant erscheint dagegen die Verbindung des zweiten und dritten Satzes (*des Unternehmens: bei VW*), zumal die Subjekte der beiden verba dicendi nicht bezeichnungsidentisch sein dürften.

Alle Sätze können also im Sinne syntagmatischer Substitution als miteinander verknüpft gelten. Die Relationen sind sogar so weit explizit, daß man auf spezielle Interpolationen verzichten kann. Die zitierte Meldung ist somit ein emischer Text, und zwar, wie nach Harweg hinzuzufügen wäre, auf der hierarchischen Stufe eines *Kleinraumtextes*. Denn die bislang nicht analysierten Ausdrücke *für die Erdbebenopfer in Süditalien* in Satz [1] und *von der Naturkatastrophe* in Satz [3] sind Substituentia, die auf andere, im gegebenen Text selbst nicht vorhandene Substituenda verweisen; sie erfordern zumindest einen vorangehenden Text, auf den sich die emischen Fortsetzungssätze [1] und [3] beziehen und mit dem zusammen sie einen *Großraumtext* bilden können (vgl. Schaubild (VIII)). D.h., der Kleinraumtext (20) ist Bestandteil einer umfangreicheren Berichterstattung (hier über eine Erdbebenkatastrophe in Italien), und die Kenntnis der zentralen Informationen wird für den Leser nachfolgender Texte weitgehend vorausgesetzt.

(VIII)

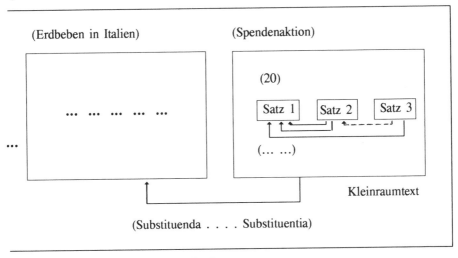

Großraumtext

Die textologische Analyse hat zweifellos den Vorteil, auch die Textebene in die Sprachbeschreibung einzubeziehen. Systematisch wird dabei vor allem der Aspekt der Informationsverknüpfung untersucht. (Hier lassen sich durchaus Verbindungen zur Thema-Rhema-Gliederung der "Funktionalen Satzperspektive" herstellen.) Die emische Textdefinition erlaubt zudem, mit Hilfe der Unterscheidung von Kleinraum- und Großraumtext ebenfalls den zeitungsspezifischen Faktor der Periodizität darzustellen - ein Gesichtspunkt, der von rein satzlinguistischen und nur auf Einzeltexte bezogenen Verfahren nicht erfaßt wird.

Dennoch ist zu fragen, ob ein Vorgehen nach dem Kriterium der syntagmatischen Substitution nicht Gefahr läuft, sich in aufwendigen Einzelanalysen zu erschöpfen und allgemeinere Züge journalistischen Sprachvorkommens aus dem Auge zu verlieren. Auch eine formale Unterscheidung von Texten nach den verwendeten Substitutionstypen erscheint unzureichend, dies um so mehr, als das genannte Prinzip keineswegs die einzige, möglicherweise nicht einmal die wichtigste Verknüpfungsform darstellt; so finden sich z.B. Satzfolgen, die nicht im Sinne syntagmatischer Substitution miteinander verbunden sind, trotzdem aber über den inhaltlichen Zusammenhang als Texte aufgefaßt werden, und umgekehrt garantieren die Wiederaufnahme-Relationen noch nicht notwendig das Zustandekommen kohärenter Texte (vgl. Brinker 1985: 37).

Grundsätzliche Kritik ruft weiterhin der Textbegriff selbst hervor. Wenn die Abfolge von Substituenda und Substituentia als alleiniges textkonstituierendes Moment betrachtet wird, wäre (nach Posner 1968) praktisch "kein Text [...] je als abgeschlossen anzusehen, solange noch ein Mensch lebt, der seine Sprache spricht. Denn sobald er zufällig einen der im Text behandelten Gegenstände erwähnt, werden die Sätze des Textes automatisch Zuwachs erhalten."

Hier zeigen sich die Grenzen einer rein sprachsystematischen Vorgehensweise, die von ihrer Konzeption her textexterne Faktoren stark vernachlässigt; neuere Ansätze in der Textlinguistik gehen daher auch von einem weiteren, pragmatisch orientierten Textbegriff aus.

Übung (12)

Welche Konsequenzen ergeben sich u.a. für die Beschreibung von Pressetexten aus der folgenden Stildefinition Harwegs (1972: 71): "Stil ist die Art und Weise der Konstitution von Texten"? Welche Gesichtspunkte würden nach dieser Definition (und auch auf der Grundlage der Beschreibung in 2.4) betont, welche vernachlässigt oder gar nicht erfaßt?

Literaturhinweise:

Brinker (1971), (1985: 26ff.)   Sowinski (1983: 21ff.)
Gülich / Raible (1977: 115ff.)   Wintermann (1972)
Harweg (1968), (1968a)

3. Zur Konstitution von Pressetexten

3.1. Voraussetzungen

Sprachliche Äußerungen sind in der Regel Teil eines bestimmten kommunikativen Prozesses im Rahmen einer konkreten sozialen Situation. Die Einbettung in einen solchen Funktionszusammenhang, die Abhängigkeit von der jeweiligen Sender-Empfänger-Konstellation, von spezifischen raum-zeitlichen u.a. Faktoren stellen somit wesentliche Determinanten sprachlichen Mitteilens dar. Eine zweite, nicht minder wichtige Voraussetzung ergibt sich aus der grundsätzlichen Erscheinungsform sprachlicher Äußerungen - nämlich (in der hinlänglich bekannten Formulierung Peter Hartmanns) aus der "Texthaftigkeit des originären sprachlichen Zeichens" (1971: 12); d.h. kommuniziert wird, entsprechend dem natürlichen Vorkommen von Sprache, nur in Textform. Als Ausgangsgröße für eine adäquate Beschreibung kommt demzufolge nicht generell der Satz, sondern der einer kommunikativen Einheit entsprechende Text, der unter bestimmten Umständen natürlich auch die Form eines Satzes (oder einer noch kleineren Einheit) haben kann, in Betracht.

Unter Einbeziehung der hervorgehobenen Aspekte sprachlicher Äußerungen kann man im Anschluß an S.J. Schmidt (1973: 145) von folgendem Text-Verständnis ausgehen: "*Texte* sind [...] soziokommunikativ funktionierende, geäußerte Sprachzeichenmengen, also *Texte-in-Funktion* im Einbettungsrahmen kommunikativer Handlungsspiele. Als solche sind sie stets sprachlich *und* sozial bestimmt und definierbar, also keine rein sprachlichen Strukturen, die ausschließlich linguistisch definierbar wären."

Aus dieser Perspektive erscheinen rein syntaktische und (wort)semantisch orientierte Analysen als zu kurz gegriffen, wenigstens solange sie die Sprachkomponente getrennt von ihren Produktions- und Rezeptionsbedingungen betrachten. Dies trifft auch für bestimmte textlinguistische Verfahren zu, die einmal Textualität nur mit Kategorien der Satzgrammatik zu erklären suchen, also vor allem die sprachlichen Verknüpfungen von Sätzen analysieren, und die zudem Texte eher als isolierte, statische und objektiv analysierbare Gebilde auffassen. Ein dem skizzierten Text-Begriff angemesseneres Verfahren hätte dagegen stärker die "sozio-kommunikative" Funktion von Texten bzw. den *H a n d l u n g s c h a r a k t e r* zu betonen: Texte lassen sich so als Mittel betrachten, mit denen konkrete Ziele verfolgt werden, mit denen man auf einen gegebenen "Weltzustand" oder auf bestimmte (kognitive oder psychische) Voraussetzungen beim Empfänger einwirken will. Zum Beispiel kann ein Textproduzent mit Bewertungen eine Einstellung der Adressaten oder mit verschiedenen Behauptungen deren Kenntnisstand zu verändern suchen. Damit rückt der Text als Ganzheit in den Mittelpunkt: entweder als sprachliche Handlung insgesamt oder - wie noch zu präzisieren - als Komplex verschiedener, hierarchisch strukturierter (Teil-) Handlungen.[1] Darüber hinaus ist für die Textinterpretation natürlich die Abhängigkeit von textexternen Faktoren wie Kommunikationskontext, Sender, Empfänger, Medium usw. zu berücksichtigen; ein rein linguistisch orientiertes Vorgehen wäre hier nicht ausreichend (vgl. Schwarze 1973). Dies bedeutet indes nicht, "ausdrucksorientierte" Untersuchungen zur Syntax und zum Wortschatz journalistischer Texte würden damit überflüssig; Datenerhebung und -auswertung müssen lediglich auf die jeweiligen Bedingungen der Textproduktion bezogen werden.

Für eine weitere, im obigen Sinn kommunikationsorientierte Darstellung von Pressesprache ergeben sich nun zwei mögliche Folgerungen:

— Zur Konkretisierung der situativen Voraussetzungen ist zunächst festzustellen, welche *spezifischen Einflußfaktoren* die sprachliche Gestaltung journalistischer Texte überhaupt bestimmen (Kap. 3.2), und

— außerdem wäre die Frage zu klären, nach welchem *Gliederungsprinzip* man Analysekorpora erhält, die für die Sprachbeschreibung eine Ausgrenzung von funktional vergleichbaren und insofern genügend homogenen Texten erlauben (Kap. 3.3).

3.2. Einflußfaktoren

Ziel ist in diesem Abschnitt nicht die Diskussion bekannter Kommunikationsmodelle, noch soll die Übertragung (bzw. Übertragbarkeit) einzelner Modell-Komponenten am Beispiel 'Pressesprache' erläutert werden. Es geht konkret darum, die Auswirkung einiger spezifischer Bedingungsfaktoren zu zeigen, durch die sich die Konstitution von Pressetexten wesentlich von der anderer Gebrauchstextarten unterscheidet. Thematisiert wird dabei allein die sprachliche Ebene, nicht der Aspekt inhaltlicher Selektion.

Die für die Presse typische Kommunikationssituation läßt sich - analog zu einer Begriffsbestimmung Maletzkes (1963: 32) - grob mit folgenden Merkmalen umreißen:

— *öffentlich* (im Unterschied etwa zu privater Kommunikation prinzipiell ohne Begrenzung der Kommunikationsteilnehmer, sofern keine Sprachbarrieren oder Einschränkungen politischer Art vorliegen),

— vermittelt durch das periodisch erscheinende *Medium 'Zeitung'*,

— *indirekt* (keine gemeinsame Kommunikationssituation von Sender und Empfänger, wobei die räumliche Distanz allerdings stark variieren kann; vgl. Lokalblatt vs. überregionale Zeitung),

— *einseitig* (kein Wechsel der Kommunikationsrollen möglich; von Leserbriefen u.ä. abgesehen, praktisch "Einweg-Kommunikation").

Die Aussagen sind noch zu allgemein, um Auswirkungen auf die sprachliche Gestaltung von Pressetexten zu erklären, und daher weiter zu präzisieren.

---

1   Der Handlungsgehalt von Texten ist in der pragmatisch ausgerichteten Linguistik von verschiedenen Ansätzen her diskutiert worden. Stellvertretend seien hier nur genannt: Schmidt 1973, Sandig 1978, Motsch 1986, Holly 1990, Heinemann / Viewweger 1991 sowie, mit Blick auf Pressetexte, Bucher 1986.

Betrachtet man etwa die *medienspezifische Informationsvermittlung*, die *Kette von Bearbeitungsinstanzen*, so wird deutlich, daß bereits die Art der Texterstellung einige Besonderheiten aufweist. Im Zusammenhang mit der Verarbeitung von Agenturmeldungen (vgl. 2.1.1) wurde angedeutet, daß notwendige inhaltliche Resümierungen auch sprachliche Verdichtungen zur Folge haben können. Da diese Voraussetzung nicht nur bei Agenturtexten vorliegt, sondern auch bei Korrespondentenberichten, Reportagen und anderen Beiträgen, die der Redaktion als Rohmaterial für Kürzungen, Reformulierungen usw. dienen, ist auf der sprachlichen Ebene mit einer hohen Auftretenswahrscheinlichkeit entsprechender Strukturen zu rechnen. Als Beispiele seien genannt: die Häufigkeit komplexer Komposita, die Tendenz zum Nominalstil, das Phänomen der Blockbildung mit oft schwierigen Attributionen. Bei der Wiedergabe von Redetexten kommen bestimmte redeeinleitende oder -kommentierende Ausdrucksmittel (*nach den Worten von..., betonte, wies darauf hin, forderte* usw.), Distanzierungssignale (*...will gesagt haben*) u.ä. hinzu.

Das Angewiesensein auf andere als eigene *Informationsquellen* äußert sich sprachlich nicht allein in der Frequenz von verba dicendi; wichtige Indikatoren sind außerdem texteinleitende Angaben des Typs *dpa, ap London / Buenos Aires, khp (Eig. Ber.), dpa Bonn* oder, bei nicht verbürgtem Wahrheitsgehalt, Formeln wie *nach Angaben von, wie verlautete, ...soll erklärt haben* u.a. (Natürlich können Hinweise dieser Art auch als zusätzliche, möglicherweise bewußt eingesetzte Glaubwürdigkeitssignale fungieren, wenn sie etwa die Verläßlichkeit einer Informationsquelle betonen; vgl. *nach offiziellen Angaben, wie aus gewöhnlich gut unterrichteten Kreisen verlautet.*)

Aufgrund der im Medium 'Zeitung' vorherrschenden *aktuellen, periodischen Berichterstattung* werden beim Leser gewöhnlich bestimmte Kenntnisse aus vorangegangenen Texten unterstellt. Dies zeigt sich an der Artikelselektion ebenso wie in der Verwendung von Begriffen, die eigentlich ein ganzes Bündel zuvor gegebener Aussagen voraussetzen. So kann etwa für die Texteinleitung

(21) Neuer Anlauf zu Wirtschaftsunion
      Paris/Bonn (BZ). Die Europäische Gemeinschaft unternimmt einen neuen Anlauf zur Gründung
      einer Wirtschafts- und Währungsunion. ... (BadZ 20-5-89, 1)

angenommen werden, daß der Leser z.B. die Bezeichnung *Europäische Gemeinschaft* richtig identifiziert und auch den mit *Wirtschaftsunion* angesprochenen Sachverhalt (sowie die damit verbundenen Ziele und Probleme) zu rekonstruieren vermag. Noch deutlicher sind Auswirkungen der Nachrichten-Kontinuität an der eingeschränkten Redundanz in Überschriften ablesbar (Sandig 1971: 27ff.), wo selbst extreme Kurzformen wie

(22) Schlüsselfrage für Bush (HAZ 30-12-91, 1)

(23) Bauprogramm beschlossen (Sk 18-10-91, 1)

bei entsprechendem Kontextwissen eindeutig zugeordnet und in einen umfassenderen Geschehensablauf integriert werden.

Wie bei vielen schriftkonstituierten Texten ist die Kommunikationssituation für Sender und Empfänger verschieden. Da die Abfassung eines Artikels eindeutig vor seiner

Lektüre liegt, müssen die temporalen Ausdrücke so gewählt werden, daß für den Leser bezüglich der *Zeitreferenz* keine Schwierigkeiten auftreten. Das kann entweder bedeuten, daß personale Zeitangaben (*neulich, gestern*) zugunsten öffentlicher Zeitangaben (*am 25. Mai 1953*) zurücktreten, oder aber die temporale Deixis wird vom Textautor entsprechend uminterpretiert (vgl. Wunderlich 1970: 91ff.); die Relation von Aktzeit (t_a) und Schreibdatum (t_s) ist dann bezogen auf das Lesedatum t_l (vgl. (IX)).

(IX)

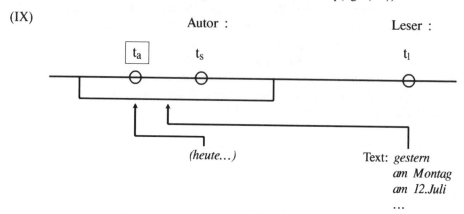

Autor :   Leser :

t_a t_s t_l

(heute...)   Text: *gestern*
                                                                          am Montag
                                                                          am 12.Juli
                                                                          ...

Schaubild (IX) geht von Beispielen aus, wo Aktzeit und Schreibdatum einem gemeinsamen Zeitrahmen oder Zeitintervall, auf den im Text u.a. mit *heute* bzw. *gestern* referiert werden kann, angehören. Es versteht sich, daß für t_a in bezug auf t_s und t_l auch Vorzeitigkeit oder Nachzeitigkeit möglich sind (*in drei Jahren findet x in ... statt*). In jedem Fall aber orientiert sich die temporale Deixis an der Rezeptionszeit t_l. Schließlich wäre, legt man Textbeispiele zugrunde, t_a noch weiter zu differenzieren. Die zeitliche Aufeinanderfolge einzelner Ereignisabschnitte stellt dabei nur einen Spezialfall dar; ebenso kommen Überlappungs- und Inklusionsbeziehungen vor (*x ereignete sich, während gleichzeitig...*). (Wie verwickelt Beschreibungen des Zeitbezugs tatsächlich werden können, zeigt eine Analyse bei Vater 1992: 138ff.; vgl. auch Kap. 4.2.3.)

Mit der Datumsangabe der Zeitung verfügt der Leser natürlich bereits über einen wichtigen Anhaltspunkt, um die gemeinten Zeitbezüge richtig zu verstehen. Lediglich bei der Wiedergabe von Zitaten oder in Interviewtexten können sich Tempora und Zeitadverbiale nicht auf die Rezeptionszeit beziehen, doch finden sich hier in der Regel klärende Hinweise zur jeweiligen Sprechsituation.

Im Falle der *lokalen Deixis* erfordert die Kommunikationssituation (räumliche Trennung von Autor und Leser) in der Regel explizite situationsunabhängige Angaben. Dagegen sind situationsabhängige Ausdrücke wie *hier, bei uns* praktisch nur möglich, wenn im Vergleich zum dargestellten Sachverhalt (z.B. Geschehen im Ausland) auf einen "naheliegenden", gemeinsamen Bezugsrahmen rekurriert werden kann.[2] - Indizien *personaler Deixis* fehlen im Gegensatz zu mündlich konstituierten Texten in Zeitungsartikeln meist; dies entspricht der anonymen Sender-Empfänger-Beziehung. Allenfalls in

---

2   Eine ganz andere Funktion haben demgegenüber lokale Angaben, wenn sie als innertextliche Verweisformen gebraucht werden (vgl. "*Im Norden des Bundesstaates Queensland* liegen immense Steinkohle- und Eisenerzlager... *Hier* versuchen drei Gesellschaften..."); sie stellen den gemeinten Bezug über den betreffenden Nominalausdruck her (*hier* → *im Norden des*... → Wirklichkeitsbezug) und lassen sich so als Formen *vermittelter Referenz* auffassen (Kallmeyer u.a. 1974: 223ff.).

kommentierenden Texten oder in Reportagen kommen gelegentlich Personalpronomina vor, die auf Autor oder Leser verweisen.

Eine hervorragende Bedeutung wird gemeinhin der Relation *Zeitung - Leserschaft* beigemessen; nach P. Bourdieu (1966: 875) liegen hier sogar klare Determinationsverhältnisse vor: Zahlreiche massenmediale Produkte seien, da eigens für ein Publikum bestimmt, auch *durch* das Publikum bestimmt, und man könne sie deshalb nahezu vollständig auf die ökonomischen und sozialen Bedingungen ihrer Produktion zurückführen. Dieser Auffassung mag man im Kern zustimmen - obgleich die pointiert formulierte und eher monokausale These sicher zu wenig die Tatsache berücksichtigt, daß jedes Massenmedium grundsätzlich an der Herausbildung von Rezeptionsgewohnheiten und mittelbar auch von Rezeptionsbedürfnissen mitwirkt. Allgemein jedenfalls besteht für weite Teile der Presse kein Zweifel hinsichtlich der Orientierung an "Gesichtspunkten der Absatzstrategie", der "Anpassung an die Entspannungs- und Unterhaltungsbedürfnisse", an die Erwartungen eines "kulturkonsumierenden Publikums" (Habermas 1971: 193ff.). Eine wichtige Rolle spielt natürlich auch die politische Ausrichtung; häufig kann man diesbezüglich mehr oder weniger starke Annäherungen oder Übereinstimmungen zwischen Leserschaft und Zeitung annehmen (speziell bei Partei- und Gewerkschaftspublikationen), aber auch der umgekehrte Fall kommt vor (vgl. etwa die BILD-ZEITUNG, wo z.B. das Wahlverhalten der Mehrheit der Leserschaft von der politischen Position des Blattes abweicht).

Konsequenzen für die Selektion und Gewichtung von Informationen sind evident; hinzu kommt häufig das Bestreben, sich an sprachliche Gewohnheiten und Erwartungen der Leserschaft anzupassen - um Verständnisbarrieren abzubauen und Identifikationsmöglichkeiten mit der Zeitung zu fördern.

Solche Überlegungen sind auch textlinguistisch von Bedeutung. So lassen sich verschiedene Textmerkmale erklären aus der Annahme über Präferenzen und Einstellungen gegebener Adressatengruppen; die Textstruktur wird dabei betrachtet "als das Ergebnis gedanklicher Operationen des Senders, die auf den Erfolg seiner sprachlichen Handlungen gerichtet sind" (Rosengren 1983: 190). Je nach (vermutetem) Wissensstand des Empfängers werden Sachverhalte mehr oder weniger detailliert dargestellt, die einzelnen Informationen unterschiedlich angeordnet, gewichtet und versprachlicht, Begründungen und Erklärungen gegeben oder nicht. Grundlegend für die Textgestaltung ist die *Antizipation möglicher Rezipientenreaktionen*, ein Prinzip also, wonach der Textproduzent "bei dem Versuch der kommunikativen Realisierung eines gegebenen Zieles Einschätzungen im Hinblick auf Wissen, soziale und institutionelle Zugehörigkeit, ideologische Haltung, kulturelle Zugehörigkeit, Situationseinschätzung u.ä. des Rezipienten vornimmt, mögliche Reaktionen auf seinen kommunikativen Beitrag beim Rezipienten antizipiert, so formuliert, daß er möglichen Reaktionen (vor allem potentiell negativen) zuvorkommt" (Zimmermann 1984: 131f.). Auswirkungen dieser antizipatorischen Tätigkeit kann man demzufolge auf allen Textebenen erwarten.

Als ein Beispiel der Rezipientenorientierung wurden bereits die umgangssprachlichen Stilzüge der Boulevardpresse genannt. Einen anderen Aspekt, nämlich die Aufnahme gruppenspezifischer Bezeichnungen und Wertungen, illustriert ein Vergleich der folgenden zwei Textabschnitte:

(24) *Wieder Straßenschlachten in Berlin*
F.A.Z. Berlin, 16. Dezember. Abermals hat es in Berlin gewalttätige Auseinandersetzungen gegeben, bei denen in der Nacht zum Dienstag vierzig Polizeibeamte und eine unbekannte Anzahl von "Demonstranten" verletzt worden sind. ...
(FAZ 17-12-80, 1)

(25) *"Laßt die Leute raus, dann ist die Demo aus"*
Erneut 36 Festnahmen, ein Bulleneinsatz, der den bisherigen Höhepunkt an Brutalität in der Auseinandersetzung zwischen Hausbesetzern und Staatsmacht darstellt, wobei es etliche Verletzte gab, sind die Bilanz einer Demonstration von Montagabend. ...
(taz 18-12-80, 1)

Die unterschiedliche Diktion spiegelt hier - außer der Position der beiden Tageszeitungen - jeweils auch die kalkulierte Lesereinstellung zum vorliegenden Sachverhalt wider. Für das Vokabular und das damit indizierte Bezugssystem des FAZ-Artikels (*wieder Straßenschlachten, gewalttätige Auseinandersetzungen, "Demonstranten"*) kann man ebenso Übereinstimmungen mit spezifischen Lesererwartungen unterstellen wie im Falle der taz-Berichterstattung (*"Laßt die Leute raus...", Bulleneinsatz, Höhepunkt an Brutalität, Demonstration*), die sich eher an eine dem Vorgehen der Polizei kritisch gegenüberstehende Leserschaft richten dürfte.

Die Einzelbeobachtungen und -feststellungen wären strenggenommen erst mit einer Analyse der inhaltlichen Schwerpunktsetzung, bezogen auf einen längeren Zeitraum, zu begründen. In diesem Zusammenhang kommt es jedoch primär auf die Veranschaulichung des Einflußfaktors 'Hypothesen über das Rezipientenverhalten' an, nicht auf den Nachweis einer konkreten Tendenz in einer bestimmten Zeitung.

Die Beispiele machen weiterhin deutlich, daß die oben genannte *Einseitigkeit der Kommunikation* faktisch nur zum Teil gegeben ist. Unabhängig von Leserbriefen und anderen Möglichkeiten der Rückmeldung basiert die Informationsvermittlung darauf, daß "die Kommunikationspartner über die in der Institution Presse eingefangenen gegenseitigen Erwartungshaltungen handelnd aufeinander bezogen sind." (Morgenthaler 1980: 94) In diesem Zusammenhang kann auch die Ausrichtung auf spezifische *Verkaufs- und Rezeptionsbedingungen*, wie sie etwa als typische Unterschiede zwischen Abonnement- und Boulevardzeitungen zum Ausdruck kommen, gesehen werden. In erster Linie handelt es sich dabei um Faktoren graphischer Präsentation, ebenso aber haben bestimmte sprachliche Strategien (z.B. appellative Wortwahl, Kurzsyntax - meist in Verbindung mit typographischen Mitteln und inhaltlichen Simplifizierungen) unter Umständen rezeptionserleichternde Funktion und begünstigen eine schnelle Erfassung des Inhalts.

Sprachliche Äußerungen kann man generell, wie sich im Anschluß an den eingangs erläuterten Text-Begriff formulieren läßt, als zielgerichtete Aktivitäten betrachten, die sowohl eine thematische als auch eine kommunikative oder intentionale Orientierung aufweisen. Der letztgenannte Aspekt gibt die *Art* der sprachlichen Handlung an, als was die Aussage in der Kommunikation gelten soll, der erste den *Inhalt*, die propositionale Komponente einer solchen Handlung. Beide Aspekte werden in der Regel sprachlichen Äußerungen unabhängig davon, ob es sich um einen einfachen Satz oder um einen ganzen Text handelt, vom Adressaten zugeschrieben. Schaubild (X) gibt einige der diesbezüglich üblichen Beschreibungsbegriffe wieder. Für die folgenden Textanalysen werden vorwiegend die Termini 'Textintention' und 'Textinhalt' verwendet (zur Begründung vgl. 3.3.2). Der Begriff 'Handlung' umfaßt dabei als wesentliche Momente also eine intentionale *und* eine inhaltliche Seite (vgl. dagegen Motsch 1986, Heinemann / Viehweger 1991).

(X)   s p r a c h l i c h e   Ä u ß e r u n g

intentionale Komponente: inhaltliche Komponente:

	intentionale Komponente:	inhaltliche Komponente:
elementare Sprachhandlung (Satz):	Illokution/ illokutive Handlung/ Handlungsgehalt/ kommunikativer Wert	Proposition/ propositionaler Gehalt/ Aussagegehalt
komplexe Sprachhandlung (Text):	Textillokution/ Textfunktion/ *Textintention*	Textproposition(en)/ Textthema/ *Textinhalt*

Die grundsätzliche *I n t e n t i o n a l i t ä t* ist nun ein weiterer wesentlicher Steuerungsfaktor, der im Zusammenspiel mit den zuvor genannten Momenten die Textgestaltung beeinflußt. Entsprechende Auswirkungen finden sich auf verschiedenen Beschreibungsebenen, sie betreffen die inhaltliche Gliederung ebenso wie die Auswahl und Kombination lexikalischer oder syntaktischer Mittel. Exemplarisch sei das an einem kurzen Kontrastvergleich der Beispiele (26) - (28) verdeutlicht.

Alle drei Texte beziehen sich auf den gleichen Sachverhalt, wenn auch in sehr unterschiedlicher Weise. Text (26) informiert darüber, daß ein konkretes Ereignis, eine Demonstration, stattgefunden hat und gibt im einzelnen Auskunft über Teilnehmer, Ort, Zeitpunkt, Ziel und Verlauf der Kundgebung sowie über anschließend abgegebene Stellungnahmen beteiligter Personengruppen. Dabei sind im vorliegenden Fall die Aussagen so formuliert, daß eine explizite Bewertung von seiten des Senders oder eine Einordnung der Inhalte in bestimmte Zusammenhänge unterbleibt:

— *Rund 10000 Menschen demonstrierten am Montagabend...*
— *Die Demonstration ... führte am späten Abend zu heftigen Auseinandersetzungen zwischen Demonstranten und Polizei.*
— *Während die Polizei erklärte, die Beamten seien ... angegriffen worden..., berichteten Augenzeugen, daß die Polizei ...*
— *Die Freiburger SPD äußerte Verständnis für das "ohnmächtige Aufbegehren" jener, deren Recht ...*

Der Artikel stellt die jeweiligen Ereignisaspekte als faktisch, als tatsächlich gegeben dar. Dies gilt prinzipiell auch für die Redewiedergaben, mit der Einschränkung jedoch, daß die Verantwortlichkeit für die gemachten Aussagen hier weiterhin den betreffenden Sprechern obliegt (vgl. den Moduswechsel und die distanzierenden Anführungszeichen). Die intentionale Qualität von (26) und vergleichbaren Texten kann man somit vereinfachend als 'Faktendarstellung' oder 'Informationsvermittlung' bezeichnen.

Demgegenüber setzen die beiden Leserbriefe den Sachverhalt schon als bekannt voraus, eine nähere Beschäftigung mit den Fakten ist insofern nicht mehr notwendig. In (27) konzentriert sich der Textautor stattdessen auf die Folgen des Ereignisses und bewertet diese nach bestimmten (hier aber nicht weiter erläuterten) Maßstäben. Man könnte daher von einer meinungskundgebenden, evaluativen Intention sprechen. Mit Text (28) versucht der Leserbriefschreiber vor allem, Einfluß auf den weiteren Geschehensablauf zu nehmen, indem er an eine Gruppe der Beteiligten appelliert, die Demonstrationen einzustellen. Das hier manifeste Bemühen, jemanden zu einem bestimmten Verhalten zu veranlassen, ließe sich als Ausdruck einer Aufforderungsintention charakterisieren.

(26) **Nach der Räumung in Freiburg**

Zehntausend demonstrieren

Von Rolf Müller

Freiburg. Rund 10 000 Menschen demonstrierten am Montagabend mehrere Stunden lang in der Freiburger Innenstadt gegen die Räumung von fünf Häusern im Polizeieinsatz am Sonntag. Die Demonstration, die zunächst friedlich verlaufen war, führte am späten Abend zu heftigen Auseinandersetzungen zwischen Demonstranten und Polizei. (Siehe Freiburg und Seite 3)

Hundert Meter vor dem Stacheldraht und den Sperrgittern der Polizei, die mit mehreren Hundertschaften die bereits unbewohnbar gemachten Häuser bewachte, fand eine Kundgebung statt.

In der Nacht zum Montag war es nach einer friedlichen Demonstration zu Auseinandersetzungen zwischen Polizei und einer kleinen Gruppe von Demonstranten gekommen. Dabei waren ein Polizist durch einen Pflasterstein und eine unbekannte Zahl von Demonstranten durch Schlagstockeinsatz der Polizei verletzt worden. Während die Polizei erklärte, die Beamten seien mit Steinen und Farbbeuteln angegriffen worden und hätten deshalb die Straße geräumt, berichteten Augenzeugen, daß die Polizei grundlos auf Demonstranten und Passanten eingeschlagen habe. Bei der Demonstration am Montagabend flogen gegen Bankgebäude und das Regierungspräsidium Steine und Farbbeutel. Dabei gingen einige Scheiben zu Bruch.

Die Freiburger SPD äußerte Verständnis für das „ohnmächtige Aufbegehren" jener, deren Recht auf Wohnraum auf der Strecke geblieben sei.

(27)

Solidarität

··· ···

Der politisch-psychologische Schaden, der hier einerseits bei den kritischen jungen Bürgern unserer Stadt und andererseits in der Entfremdung bürgerlich-demokratischer Solidarität bei den Polizisten angerichtet wurde, ist unabsehbar.

Rolf Schädler, Stadtratskandidat der Grünen

(BadZ 12-6-80, 28)

(28)

„Geht nach Hause"

„Geht nach Hause, Demonstranten!": Das freiheitliche Recht von Demonstranten findet dort ein Ende, wo Gewalt gegen Sachen angewendet wird. Wir haben keine Fußgängerzone geschaffen, damit Demonstranten dann die Pflastersteine herausreißen und damit Fensterscheiben von Geschäften oder unbeteiligten Bürgern einschmeißen.

Eugen Martin, FDP-Stadtrat

(BadZ 12-6-80, 28)

(BadZ 10-6-80, 1)

Die jeweilige intentionale Ausrichtung spiegelt sich in zahlreichen sprachlichen Merkmalen. So enthält (26) vorwiegend Ausdrücke, die der Darstellung und Situierung des betreffenden Geschehens dienen: zeitliche und räumliche Bestimmungen (*nach der Räumung, am Montagabend mehrere Stunden lang..., in Freiburg, in der Freiburger Innenstadt...*), Angaben zu den Handlungsbeteiligten (*rund 10 000 Menschen...*), Präzisierungen von Geschehensausschnitten (*Demonstration, die zunächst..., heftigen Auseinan-*

dersetzungen...) usw. Wertende Adjektive und Verben, die eigene Stellungnahmen signalisieren, werden weitgehend vermieden; referierte Meinungen sind, wie gesagt, als solche gekennzeichnet. An Satzarten kommen nur deskriptive Aussagesätze vor, und auch die Abfolge der einzelnen Textabschnitte entspricht einem tatsachenübermittelnden Informationsprinzip (zuerst ein summarischer Überblick, dann speziellere Teilinformationen). Im Unterschied dazu weisen die Leserbriefe zahlreiche wertende Passagen auf. In (27) sind dies vor allem Ausdrücke wie *politisch-psychologischer Schaden* und *Entfremdung*, die auf die Position des Textautors verweisen; in (28) markiert der einleitende Appell (Imperativsatz) die intentionale Komponente des Textes, unterstützt durch die Überschrift und zusätzlich begründet durch die normative Festlegung von Recht und Unrecht (*Das freiheitliche Recht... findet dort ein Ende, wo...*) und die antithetische Zuordnung von *Recht* und *Gewalt*, *Wir* und *Demonstranten*.

Die angeführten Merkmale verdeutlichen, obwohl nur an Einzelbeispielen gewonnen und daher nicht als für bestimmte Textklassen repräsentative Auflistung zu verstehen, die Ausprägung intentional bedingter Textgestaltung. Gleichzeitig sind sie Indizien für den spezifischen, in den Beispielen realisierten Handlungscharakter: Mit (26) informiert der Textproduzent darüber, daß ein Ereignis stattgefunden hat, (27) bewertet, was sich aus der Sicht des Autors an Folgen ergibt, in (28) wird dazu aufgefordert, die Protesthaltung aufzugeben. Der Faktor 'Intentionalität' scheint aufgrund seiner fundamentalen Bedeutung für die Textbildung somit am ehesten geeignet, als Differenzierungskriterium Texte auszugrenzen, die von ihrem Funktionszusammenhang her vergleichbar sind und eine relativ homogene Analysebasis ergeben (vgl. Kap. 3.3).

Insgesamt soll die Aufzählung einzelner Konstitutionsfaktoren nun nicht die These nahelegen, daß zwischen isolierten außersprachlichen Merkmalen und dem Sprachstil von Pressetexten einseitige Determinationsverhältnisse bestehen. Zum einen sind die Faktoren häufig wechselseitig aufeinander bezogen (die Anpassung an Lesererwartungen, die Präferenz einer bestimmten Sprachschicht beispielsweise, läßt sich nicht losgelöst sehen von intentionalen Momenten); andererseits wirkt generell auch die Art der Informationsvermittlung auf die Ebene der Situationsfaktoren zurück, etwa wenn durch die sprachliche Präsentation kurz- oder langfristig bestimmte Rezeptionsgewohnheiten verändert oder bestimmte politische Begriffssysteme beeinflußt werden.

Übung (13)

Welche sprachlich relevanten Einflußfaktoren (Intentionalität, Verkaufs- und Rezeptionsbedingungen, Position der Zeitung, vermutete Einstellung der Leserschaft) sind in dem hier verkleinert wiedergegebenen Aufmacher der BILD-ZEITUNG ablesbar?

Berlin hat die blutigste Terrornacht seit zehn Jahren hinter sich: 2500 mit Stöcken und Steinen bewaffnete Chaoten führten den Ku'damm entlang einen unglaublich brutalen "Befreiungskrieg" für 25 Gesinnungsgenossen, die nach den ersten Krawallen verhaftet worden waren: Sie zerschlugen acht Stunden lang Schaufenster und Autos, plünderten, zündeten ein Büro an. 40 Polizisten verletzt! ... ...
(BZ 17-12-80, 1; Text in Fettdruck)

Literaturhinweise:

Agnès / Croissandeau (1979: 34ff.)   Löffler (1985: 122ff.)
Habermas (1971: 193ff.)   Müller (1989: 74ff.)
Hess-Lüttich (1987: 202ff.), (1987a)   Morgenthaler (1980: 93ff.)

3.3. Intentionalität

Für die Textkonstitution erweist sich die intentionale Komponente als besonders wichtig. Die Auswahl sprachlicher Mittel und die Art der Vertextung sind zu einem großen Teil interpretierbar als Erscheinungsformen zugrundeliegender Intentionen:

"Textproduktion ist stets eine intentionale Tätigkeit, die ein Sprecher entsprechend den Bedingungen, unter denen ein Text produziert wird, ausführt und durch die sprachliche Äußerung dem Adressaten zu verstehen zu geben versucht." (Heinemann / Viehweger 1991: 89; vgl. Leist 1972: 87)

Ausgehend von dem grundsätzlichen Zusammenhang handlungsseitiger und sprachlicher Faktoren, soll nun zunächst der noch recht vage Intentionalitäts-Begriff präzisiert und an konkreten Beispielen erläutert werden. Weiterhin ist zu klären, welche Differenzierungen sinnvoll sind und in welcher Weise sie als Gliederungsbasis für den Bereich der Pressesprache in Frage kommen.

3.3.1. Begriffsklärung

Das Intentionskonzept für die Analyse von Pressetexten heranzuziehen, scheint indes nicht ganz unproblematisch zu sein. So hat z.B. Burger (1990: 30) eingewandt, daß "der sprechakttheoretische Begriff der Intention für die Beschreibung massenmedialer Kommunikation nicht brauchbar (ist), weil er ein 'Subjekt' voraussetzt, das Intentionen haben und realisieren kann." Wären also Intentionen mit subjektiven oder individuellen Absichten gleichzusetzen?

Eine solche Bestimmung würde in der Tat den Handlungsbegriff unnötig einengen. Das Verstehen sprachlicher Äußerungen hat vielmehr zur Voraussetzung, daß die Kommunikationsteilnehmer auf eingespielte soziale Regeln, auf Muster, die als bekannt unterstellt werden, zurückgreifen können. Erst dadurch wird eine singuläre Aktivität als Realisierung einer Handlung (oder genauer: eines bestimmten Handlungsmusters) rekonstruierbar; anders ausgedrückt: nur wenn im Rahmen der gegebenen Situation relevante Merkmale einer Äußerung "wiedererkannt" werden und sich einem Muster zuordnen lassen, kommt ein entsprechendes Handlungsverstehen zustande. Das heißt, sprachliche Handlungen sind keine empirischen Einheiten, als solche nicht einfach vorgegeben oder material charakterisierbar, sondern *"Interpretationskonstrukte"* (Lenk 1978: 295), die sich als "interpretierte Aktivität" (Keller 1977: 8) aus der Deutung des Adressaten oder der Beschreibung eines Beobachters ergeben.[3] Der Intentionalitätsfaktor kennzeichnet dabei, als was eine Äußerung in ihrem verbalen und situationellen Kontext gilt, z.B. als Versprechen oder als Ankündigung oder als Drohung, welche kommunikative Rolle ihr in der aktuellen Verwendung vom Adressaten zugeschrieben wird bzw. zugeschrieben werden kann.

Hierfür sind einmal die *verborgenen* oder *unbewußten Intentionen* eines Sendersubjekts unerheblich, da Intentionalität hier nicht als psychologische Kategorie zu verstehen ist. Zum andern kann für die Intentionszuschreibung bei Pressetexten generell außer Betracht bleiben, ob ein Artikel namentlich gekennzeichnet ist oder nicht, ob der Textproduzent eine Einzelperson ist oder - infolge verschiedener Bearbeitungsinstanzen - als Institution erscheint. Das Äußerungsverstehen orientiert sich nicht an individuellen, privaten Absichten eines Autors, sondern folgt, wie zuvor erläutert, intersubjektiv gültigen Interpretationsregeln.

Mit der Intentionalität unmitelbar verknüpft ist ein weiterer Aspekt: die *Z i e l - g e r i c h t e t h e i t* oder *Zweckhaftigkeit von Handlungen*. Sinnvoll erscheint eine Handlung erst dann, wenn man auch versteht, *warum* sie vollzogen wird, welches Ziel mit ihr erreicht werden soll bzw. welchen Zweck sie hat. Denn eine Äußerung wird ja in der Regel nicht allein deswegen gemacht, um eine bestimmte Sprachhandlung auszuführen, ein Interrogativsatz also nicht nur formuliert, um eine Frage zu stellen, sondern um eine gewünschte Information zu erhalten. "Die Handelnden verwirklichen in ihrem Handeln ihre Zwecke. Die einzelnen Muster bilden *Potentiale für die Realisierung von Zwecken*, derer sich die Handelnden bei ihren Handlungen bedienen." (Ehlich/ Rehbein 1979: 250)

Auf Ziele oder Zwecke wird auch zurückgegriffen, wenn es darum geht, sprachliches Handeln zu *erklären*. Dies gilt insbesondere für den *teleologischen Erklärungstyp*, wie ihn etwa von Wright (1974) im Unterschied zu Kausalitätserklärungen ("a ist der Fall, *weil* sich b ereignet hat") diskutiert. Auf die Frage, *warum* ein Verhalten oder eine Handlung stattfindet, wird typischerweise mit einer *um zu*-Formulierung und der Angabe eines intendierten Zustands geantwortet. "Wenn wir *die Handlung erklären* wollen, müssen wir [...] auf ein entferntes Ziel oder Objekt der Intention, das nicht bereits *in der Handlung selbst drinsteckt*, verweisen können." (v. Wright 1974: 115) Das Explanandum, der manifeste, sog. "äußere Aspekt" einer Handlung, wird also bei der teleologischen Erklärung zurückgeführt auf einen "inneren Aspekt", den mit der Handlung angestrebten Zustand:

"äußerer Aspekt":	A tut a (beobachtbares Verhalten)
	$\downarrow$
"innerer Aspekt":	A beabsichtigt, p herbeizuführen (Ziel, intendierter Zustand)

---

3 Vgl. hierzu bereits Schütz 1974: 74ff. und Anscombe 1957. - Einen recht detaillierten Überblick zur Diskussion des Handlungsbegriffs geben Holly u.a. 1984; vgl. auch Heringer 1974: 37f., 111ff., Ehlich / Rehbein 1979: 243ff., Holly 1990: 70ff., Franke 1991: 159ff.

Man kann das Erklärungsverfahren insofern als problematisch betrachten, als die Beziehung zwischen dem beobachtbaren und dem "inneren" Anteil einer Handlung hier noch ungeklärt bleibt. Als Verbindungsstück bemüht von Wright daher eine Annahme des Handelnden A, daß p nur dann erreicht werden kann, wenn A die Handlung a ausführt; der Zusammenhang wird dann in einem Schema des *praktischen Schlusses* wiedergegeben (1974: 93):

(PS) A beabsichtigt, p herbeizuführen.
      A glaubt, daß er p nur dann herbeiführen kann, wenn er a tut.
      Folglich macht sich A daran, a zu tun.

Das Schema entspricht, da die Aussage über a, den beobachtbaren Handlungsaspekt, nicht als Prämisse, sondern als Conclusio formuliert ist, einer "auf den Kopf gestellten" teleologischen Erklärung. Trotz der Anlehnung an die Form des Syllogismus kann der praktische Schluß jedoch nicht als logisch zwingend gelten. Denn selbst wenn beide Prämissen erfüllt sind, muß die betreffende Handlung nicht unbedingt zustandekommen; A könnte nämlich ebensogut nichts tun. Damit ist auch der Status des Schlußschemas zu revidieren: "Wenn man sich einen derartigen Fall vorstellen kann, so zeigt dies, daß die Conclusio eines praktischen Schlusses nicht mit logischer Notwendigkeit aus den Prämissen folgt. Darauf zu insistieren, wäre Dogmatismus." (1974:110) Die Geltung des praktischen Schlusses reduziert sich folglich auf eine, wie es heißt, "*ex post actu* verstandene Notwendigkeit" (ebd.), also auf eine Art nachträglicher und ad hoc postulierter Rechtfertigung eines bereits vorliegenden Handelns - was nun freilich einer "logisch schlüssigen" Herleitung (so der Anspruch) nicht mehr entspricht. Ein weiterer Einwand betrifft die Formulierung der Mittelprämisse: Man kann sich nur schwer eine Kommunikationswirklichkeit vorstellen, wo ein Handelnder "p nur dann herbeiführen kann, wenn er a tut". In der Regel bestehen bei der Äußerungsformulierung Wahlmöglichkeiten, so daß man die strikte *nur dann*-Forderung zumindest für sprachliches Handeln als nicht angemessen betrachten muß.

Aus diesen Überlegungen folgt nun keineswegs, daß das Rekurrieren auf intendierte Ziele oder Zustände aufzugeben sei (vgl. dazu auch Schecker 1976: 109ff.); sie verdeutlichen jedoch, wie problematisch die Übertragung eines an logischer Stringenz orientierten Schlußschemas auf die Analyse sprachlicher Handlungen sein kann.

Zur Veranschaulichung der hier eingeführten Begriffe sei noch einmal der Beispieltext (28) herangezogen. In Abschnitt 3.2 wurde bereits festgehalten, daß hier der Autor (S) mit seiner Äußerung *"Geht nach Hause"* an eine Gruppe appelliert, die Demonstrationen zu beenden; er führt also eine spezielle Form von Aufforderungshandlung aus. (Unter anderen Handlungsbedingungen, z.B. bei einer hierarchischen Beziehung der Kommunikationspartner, hätte mit der genannten Äußerung möglicherweise auch eine - für den Adressaten stärker verpflichtende - Anordnung oder ein Befehl gegeben werden können; all diese Handlungsmuster lassen sich unter Aufforderungen subsumieren.) Die Intention 'appellieren' ist in unserem Beispiel verbunden mit folgender inhaltlichen Komponente p: Der Autor S referiert auf eine bestimmte Personengruppe (*Demonstranten*), über die das Prädikat *nach Hause gehen sollen* ausgesagt wird. Dabei ist, wie bei Aufforderungen generell, das Referenzobjekt, auf das S Bezug nimmt, mit dem Adressaten (E) der gesamten Äußerung identisch. Es ist offensichtlich, daß nicht alle inhaltlichen Elemente explizit ausgedrückt sein müssen; sie können vom Leser aus dem Kontext, aus dem aktuellen Situationszusammenhang bzw. der weiteren Berichterstattung der Zeitung erschlossen werden. Mit seiner Appellhandlung will S schließlich erreichen, daß E sein Verhalten ändert und die Demonstrationen auch wirklich aufgibt. Die skizzierte Bedeutungszuschreibung ist noch einmal schematisch in (XI) zusammengefaßt.

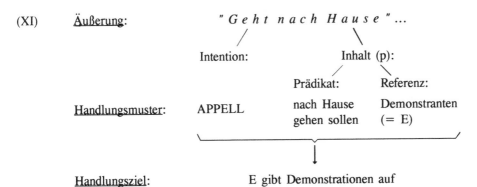

Man kann sagen, daß bei den für (28) vorliegenden Bedingungen und der gegebenen Äußerungsformulierung die obige Zuordnung von Handlungsmuster und Handlungsziel weitgehend konventionell geregelt ist. Das schließt jedoch einen gewissen Deutungsspielraum nicht aus. Zum Beispiel kann E durchaus davon ausgehen, daß in der gegebenen Auseinandersetzung die Positionen bereits mehr oder weniger verfestigt sind, kann eine solche Annahme auch S unterstellen und somit die Äußerung in (28) nicht als Appell, sondern eher als Kritik an der erhobenen Forderung verstehen, und zwar mit dem intendierten Ziel, die Gegenseite eventuell zu verunsichern oder wenigstens zu einer partiellen Korrektur der Position zu veranlassen. Das Verstehen als Appell oder als Kritik ist jeweils möglich, weil
— die Kommunikationsbeteiligten ganz allgemein über ein entsprechendes Handlungswissen verfügen, d.h. spezifische Kenntnisse darüber haben, "mit welchen sprachlichen Äußerungen in welchen konkreten Situationen welche Zustände herbeigeführt werden können, mit welchen Äußerungen einem Adressaten Absichten zu verstehen gegeben werden können" (Heinemann / Viewweger 1991: 97), und
— die vorliegenden Bedingungen (S beurteilt als falsch, daß p; S fordert, daß E x tut, wobei zwischen S und E keine asymmetrische Beziehung besteht, S über keine Sanktionsmöglichkeiten verfügt und E nicht verpflichtet ist, x zu tun) so interpretierbar sind, daß sich trotz der nur partiellen Versprachlichung die genannten Handlungsmusterzuschreibungen für E als plausibel erweisen.

Im Anschluß an die konkurrierenden Deutungen als 'Appell' bzw. als 'Kritik' kann man von *G l e i c h z e i t i g h a n d l u n g e n* sprechen (Sandig 1978: 82); die Beispieläußerung ist unter den für (28) gegebenen Bedingungen gleichzeitig nach zwei verschiedenen Mustern verstehbar. (Beide Handlungen stehen gewissermaßen gleichberechtigt auf einer Stufe: Es ist möglich, sowohl "S appelliert an E, x zu tun, und kritisiert, daß p" zu sagen als auch "S kritisiert, daß p, und appelliert an E, x zu tun".) Anders liegt der Fall, wenn eine solche Gleichrangigkeit nicht besteht. Zum Beispiel kann E aufgrund der Äußerungsform (knappe, imperativische Formulierung, 2. Pers. Plur.) die Intervention von S als herabsetzend, als eine offene Abqualifizierung auffassen. Hier wäre mit Bezug auf den Appell oder die Kritik eher die Bezeichnung *Z u s a t z h a n d l u n g* angebracht. (Man könnte wiederum sagen: "S appelliert an E, x zu tun, und behandelt dabei E herabsetzend", nicht aber: "S behandelt E herabsetzend und appelliert dabei an E, x zu tun".)

Ganz andere Deutungsmöglichkeiten ergeben sich, wenn man berücksichtigt, daß gerade in der öffentlichen Kommunikation Texte gewöhnlich nicht nur für einen Empfänger bzw. eine Empfängergruppe bestimmt sind, sondern sich prinzipiell an verschiedene Adressaten richten können. Man spricht hier meist von *M e h r f a c h a d r e s s i e r u n g* (vgl. bereits Wunderlich 1972a: 36 und bes. Dieckmann 1981); für massenmediale Texte scheint sie ein konstitutives Merkmal darzustellen. Zu betonen ist auch hier, daß es sich bei Mehrfachadressiertheit weder um eine objektiv gegebene noch von einem Sender nur subjektiv gemeinte, sondern um eine interpretativ gewonnene Eigenschaft handelt:

"Von einer Mehrfachadressierung kann dann gesprochen werden, wenn ein und dieselbe Äußerung als an mehrere und verschiedene Adressaten gerichtet beschrieben werden kann, wobei der Äußerung adressatenspezifisch jeweils andere Bedeutungen zugeordnet werden können." (Kühn 1992: 57)

Daß verschiedene Adressaten keineswegs zu gleichen Bedeutungszuschreibungen kommen müssen, zeigt wiederum ein Blick auf Text (28): Eine Gruppe von Lesern kann die Äußerung beispielsweise als Stellungnahme eines Kommunalpolitikers auffassen, mit der dieser zu verstehen gibt, in der vorliegenden Konfliktsituation die gleiche Position, die gleichen Werte zu vertreten wie seine Wählerschaft (vgl. E_2 in (XII)); aus der Sicht von Parteifreunden mag die Intervention von S zudem als eine Zurückweisung eigentumsfeindlicher Forderungen gelten. Die Unterschiede treten noch deutlicher hervor, wenn man die einzelnen Handlungsmuster auf übergeordnete Zusammenhänge bezieht: Handlungen lassen sich grundsätzlich auf verschiedenen Ebenen beschreiben und durch indem-Relationen zu einer *Intentionen-Kette* miteinander verbinden; "es gibt übergeordnete Intentionen, zu denen sich die untergeordneten als Mittel zum Zweck verhalten." (Hannappel / Melenk 1979: 14) Als Beispiel: S betreibt Selbstprofilierung, indem er sich für eine bestimmte Position seiner Partei einsetzt, letzteres tut er, indem er eine Forderung von E_1 zurückweist.

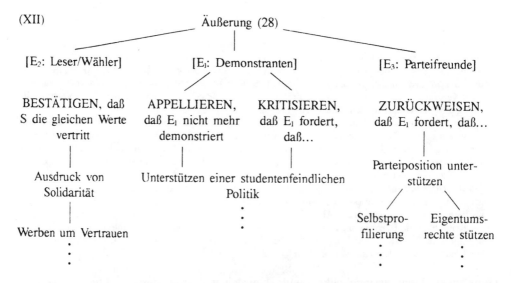

Schema (XII) deutet an, wie stark die betreffenden Handlungskontexte hier divergieren können (die Zuordnungen haben dabei nur illustrativen Charakter, welche Wissensvoraussetzungen im einzelnen gegeben sein müßten, wäre noch genauer zu prüfen). Als nützlich erscheint nun in dem Zusammenhang, wie von Bucher (1986: 56f.) vorgeschlagen, zwei Arten von Intentionen zu unterscheiden, und zwar a) *Standardintentionen*, die sich auf die elementaren Handlungen beziehen, die über indem-Relationen nicht mehr auf andere Muster zurückführbar sind (in (XII) durch Versalien gekennzeichnet), und b) *weitergehende Intentionen*, die durch wozu-Relationen (S bestätigt, daß p, um x zu tun; S tut x, um ...) zunehmend komplexe Muster markieren und damit auch, je nach Beschreibungsziel, mehr oder weniger große Zusammenhänge einbeziehen, z.B. Positionen eines Textproduzenten, Tendenzen eines Mediums u.ä.

Literaturhinweise:

Heringer (1974: 111ff.)   Motsch (1986)
Holly (1979)   Völzing (1976)
Holly u.a. (1984)   v. Wright (1974: 83ff.)
Morgenthaler (1980: 41ff.)

3.3.2. Textintentionen

Ging die bisherige Begriffserklärung praktisch nur von einem einfachen Satzbeispiel aus, so ist im folgenden auch der Textzusammenhang stärker zu berücksichtigen. Bezogen auf den Beispieltext (28) heißt das zunächst: Die Interpretation darf sich nicht nur auf den ersten Teil der Textäußerung konzentrieren, sondern muß ebenso die übrigen Textsegmente mit einbeziehen. Der Text besteht, sieht man von der Überschrift ab, lediglich aus zwei Satzgefügen und einem einleitenden Imperativsatz. Ein sinnvoller Zusammenhang der drei Segmente ergibt sich insofern, als man die zweite und die dritte Aussage (*Das freiheitliche Recht ...*, *Wir haben ...*) als Begründungen oder Rechtfertigungen für den vorausgehenden Appell auffassen kann. (Daß der Textautor dabei implizit zu verstehen gibt, die Demonstranten hätten Gewalt angewandt, Pflastersteine herausgerissen usw., und der Leser dies mitverstehen muß, um die Äußerungen überhaupt in der genannten Weise deuten zu können, sei hier nur angemerkt.) Die Einstufung einer Aussage als Rechtfertigung - diese Bezeichnung wird hier dem Terminus 'Begründung' vorgezogen, da es um einen Richtigkeits- und nicht um einen Wahrheitsanspruch geht - bedeutet gleichzeitig, ihr innerhalb des Textes einen spezifischen Status zuzuschreiben: Die rechtfertigende Aussage ist der zu rechtfertigenden untergeordnet; erstere könnte eventuell auch wegfallen, letztere, da für den Text grundlegend, nicht. Wir haben es hier also mit einer Abfolge, einer Sequenz von Sprachhandlungen zu tun, deren Bestandteile hierarchisch miteinander verknüpft sind. Die Funktion der untergeordneten, s u b s i - d i ä r e n   H a n d l u n g (e n) besteht normalerweise darin, die mit der übergeordneten, d o m i n i e r e n d e n   H a n d l u n g angestrebte Zielrealisation zu unterstützen. Die Rechtfertigungen in (28) sollen also dazu beitragen, das mit dem Appell intendierte Ziel abzusichern bzw. die Bedingungen dafür zu verbessern, daß der gewünschte Zustand erreicht werden kann.

In derartigen Handlungskomplexen spiegeln sich - wie in diversen Arbeiten ausführlich dargestellt (vgl. bereits Sandig 1978, Rossipal 1979, Motsch / Viehweger 1981, Rosengren 1983) - Einschätzungen von Voraussetzungen und Schwierigkeiten wider, die mit der Verfolgung eines Kommunikationsziels in einer konkreten Situation verbunden sein können. Dieses Bemühen, mögliche Einwände vorauszusehen und ihnen im Text sogleich zu begegnen, ist gleichzeitig ein Indiz für den interaktiven, also nicht allein senderabhängigen Charakter der Textproduktion, ein Aspekt, den man treffend auch als *Monologisierung der dialogischen Sprechweise* bezeichnet hat (Zillig 1980: 196). Das eigentliche Erfolgreichsein sprachlicher Handlungen betrifft deren "Nachgeschichte", nämlich die beim Adressaten tatsächlich bewirkten Einstellungs- oder Verhaltensänderungen (vgl. Wunderlich 1976: 115), und diese sind bekanntlich vom Textproduzenten nicht mehr direkt beeinflußbar. Will z.B. in (28) der Textautor eine aus seiner Sicht positive Reaktion auf seinen Appell bewirken, kann er dies nur indirekt versuchen, und zwar durch ein Eingehen auf diesbezügliche Bedingungen. Hier lassen sich nun drei generelle Typen von Voraussetzungen unterscheiden:

— Verstehensbedingungen,

— Akzeptierensbedingungen,

— Ausführbarkeitsbedingungen.

Diesen Bedingungen entsprechen wiederum verschiedene Stufen des Erfolgreichseins: die Ausführung der intendierten Reaktion des Adressaten als fundamentales Ziel (z^f), das Akzeptieren (z^{f-1}) und das Verstehen (z^{f-2}) des mit der Handlung angestrebten Ziels. Die Ziele sind dabei "hierarchisch geordnet in dem Sinne, daß z^{f-2} erreicht sein muß, bevor z^{f-1} erreicht werden kann, und daß z^{f-1} erreicht sein muß, bevor z^f erreicht werden kann" (Motsch / Pasch 1986: 27). Vor diesem Hintergrund läßt sich nun auch die Funktion subsidiärer Handlungen besser einordnen; sie sind auf die Verständnissicherung, die Akzeptanzförderung und die Ausführbarkeitsbedingungen bezogen, sollen möglichen negativen Faktoren prophylaktisch entgegenwirken und so den Erfolg der dominierenden Handlung, das Erreichen des damit verbundenen Ziels z^f, gewährleisten (vgl. Schaubild (XIII)).

(XIII)

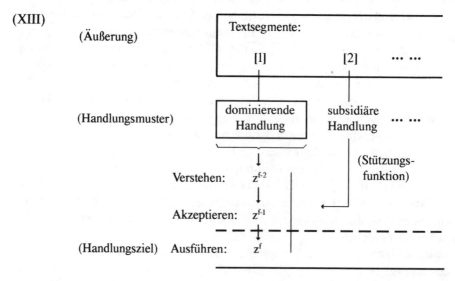

Die Rechtfertigungen in Text (28) betreffen ausschließlich die Ebene der Akzeptierensbedingungen. Der Empfänger (E_1) soll nicht nur verstehen, was die vorliegende Äußerung bedeutet, welche Intention und welcher Inhalt ihr also zuzuschreiben sind (vgl. (XI)) und welches Ziel, d.h. welche Reaktion damit anvisiert wird (= z^f). Bei E_1 muß auch die nötige Bereitschaft dazu bestehen, die geforderte Handlung zu vollziehen. Da im vorliegenden Fall kaum damit zu rechnen ist (dies gehört zum Wissen über den Adressaten), daß E_1 sich im genannten Sinne verhalten wird, führt der Textautor zusätzliche Beweggründe an, die eine solche Disposition hervorrufen oder stärken sollen (= z^{f-1}). Dabei werden, meist über implizite Sachverhaltsbehauptungen, verschiedene Gesichtspunkte ins Spiel gebracht: a) die unterstellte Gewaltanwendung, b) der dadurch bewirkte Legitimationsverlust, c) die Unangemessenheit der Maßnahmen, da gegen Unbeteiligte gerichtet, und, wiederum nur angedeutet, d) die fehlende Resonanz bei der Bevölkerung, als deren Sprecher (vgl. das *wir*) der Autor hier auftritt. Alle Argumente sind interpretierbar als Maßnahmen, die Position von E_1 zu schwächen, als Versuch, das Teilziel z^{f-1} doch noch zu erreichen (vgl. die schematische Darstellung in (XIV)).

Übung (14)

Wie könnte man in Anlehnung an die obige Beschreibung die folgenden Textauszüge charakterisieren? Mit welchen Äußerungen werden übergeordnete, mit welchen untergeordnete Handlungen ausgeführt, welche Intentionen lassen sich zuordnen?

(a) *Der ungewisse Weg*

[...] [1] Die Szene aus den baltischen Demonstrationen beleuchtet schlagartig die Dimension der Aufwallungen an den sowjetischen Grenzen - [2] nicht nur deshalb, weil die Anrede "Genosse" neuerdings verpönt ist. [3] In die Menschenkette, [4] die die drei Baltenrepubliken über 620 Kilometer von Nord nach Süd miteinander verband, [3] hatten sich Abordnungen aus sinnesverwandten Bewegungen in der Ukraine, in Moldawien und in Georgien eingereiht. ...
(Sk 25-8-89)

(b) *Die Natur schlug zurück*

[...] [1] Zum ersten Mal in der Geschichte der Erde haben wir es mit einem neuen Klimafaktor zu tun, [2] der in seiner Unberechenbarkeit möglichereise alle anderen übertrifft: [3] mit den "anthropogenen", [4] den von Menschen stammenden [3] Einflüssen auf die Atmosphäre. [5] Dazu gehört vor allem die zunehmende Anreicherung von Kohlendioxid (CO_2) in der Luft. ...
(Sk 17-3-90)

Zur Handlungsstruktur gehören weiterhin Aspekte, wie sie bereits in Kap. 3.3.1 unter dem Begriff 'Zusatzhandlungen' angesprochen wurden. Es sind kaum Texte vorstellbar, die nicht auch im Hinblick darauf interpretierbar wären, was sie etwa für die Beziehung der Kommunikationspartner oder für die Selbstdarstellung des Autors oder des Mediums bedeuten. (In Schaubild (XIV) wird dies unter 'Beziehungsmuster' nur angedeutet.) Das Bild verkompliziert sich zusätzlich, wenn man noch den Faktor 'Mehrfachadressiertheit' mitberücksichtigt. Texte sind also äußerst vielschichtige Sprachhandlungskomplexe (oder genauer: Handlungspotentiale), deren Analyse leicht Gefahr läuft, uferlos zu werden. Komplex heißt jedoch nicht strukturlos. So kann man im Anschluß an die obigen Überlegungen noch einmal Folgendes festhalten:

a) In der Regel ist zu unterscheiden zwischen Handlungsmustern, die für einen Text *konstitutiv* sind, und solchen, auf die diese Eigenschaft nicht zutrifft. In einem Appelltext wie (28) sind beispielsweise in dem gegebenen öffentlichen Diskussionszusammenhang die image- und beziehungsorientierten Handlungen nur *"zusätzlich"*, und zwar insofern, als sie für das Appellieren weder spezifisch noch bestimmt sind (zum unterschiedlichen Status von Zusatzhandlungen vgl. auch die Umstellprobe in 3.3.1).

b) In Abhängigkeit von den verfolgten Zielen werden sprachliche Handlungen meist zu größeren, hierarchisch geordneten Sequenzen verknüpft; 'hierarchisch' heißt dabei, daß es *übergeordnete / dominierende* und *untergeordnete / subsidiäre Handlungen* gibt. Letztere werden häufig deshalb ausgeführt, um die Erfolgsbedingungen der dominierenden Handlung zu verbessern (vgl. (XIII)). Typische Beispiele sind Begründungen,

Rechtfertigungen, Erläuterungen. (Zur Unterscheidung dominierender und subsidiärer Handlungen kann man zudem die Weglaßprobe heranziehen.)

(XIV)

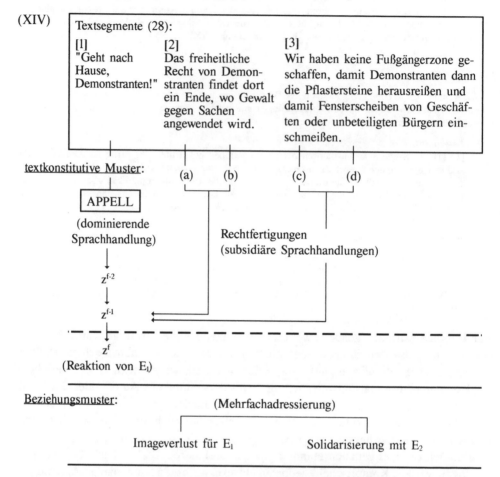

Texte sind, wie mehrfach betont, eingebettet in Kommunikationszusammenhänge, fungieren als Mittel zur Erreichung bestimmter Ziele und können als solche unterschiedlich komplex sein. Im Gefolge dieser instrumentellen Textauffassung geht man nun verstärkt davon aus, einen Text "in seiner Ganzheit als *einen* Kommunikationsakt mit *einer* zentralen Botschaft" zu betrachten (Rossipal 1979: 172; vgl. Rosengren 1980: 280). Unabhängig davon, ob ein Text aus einer Sequenz von Handlungen oder aus einer Abfolge von Sequenzen besteht, wird angenommen, daß sich wenigstens eine Handlung als übergeordnet interpretieren läßt; übliche Bezeichnungen hierfür sind u.a.: wesentliche / zentrale Texthandlung, Textillokution, Textfunktion. Wie sich die übergeordnete Texthandlung aus der Struktur des Gesamttextes ergeben kann, wurde oben anhand eines einfachen Beispiels gezeigt. (Ob es allerdings in jedem Fall berechtigt und notwendig ist, für das Textverständnis nur *eine* "zentrale Botschaft" anzunehmen, sollte erst nach weiteren Textanalysen entschieden werden.)

Der dominierenden Handlung muß im Text nicht immer eine spezielle Äußerungsform entsprechen. Will man als Analysierender - im Sinne eines teilnehmenden Beobachters - eine solche Zuordnung nachvollziehen, kann man zunächst ausgehen von der
Frage: "Was tut ein Sender S im Hinblick auf den Empfänger E, wenn er in einer bestimmten Kommunikationssituation (zum Zeitpunkt t) den Text T äußert?" Für den Beispieltext (28) wäre etwa folgende Antwort plausibel: "Indem S Text (28) äußert, appelliert er an E, die Protestaktionen aufzugeben", oder allgemeiner: "S appelliert an E, daß
p". Konzentriert man sich lediglich auf den intentionalen Aspekt der Handlung, was u.a.
für die Gewinnung homogener Textkorpora sinnvoll wäre, könnte man in diesem Fall
von der Intention 'appellieren' sprechen. Eine solche Intention, die einem Text insgesamt zuschreibbar ist, wird im folgenden T e x t i n t e n t i o n genannt. Sie gibt an, was
ein Textproduzent mit seinem Text im Hinblick auf den Empfänger tut, als was eine
Äußerung in der gegebenen Situation gilt bzw. welche kommunikative Rolle ihr in der
aktuellen Verwendung zugeordnet werden kann.

Bezüglich der *Operationalisierung* von Intentionen kann man auf einen detaillierten Vorschlag Stegers
(1978) zurückgreifen. Um Intentionen sichtbar zu machen und voneinander abzugrenzen, werden nach
Art performativer Formeln *Testsätze* formuliert und jeweils als Paraphrase für die betreffenden intentionalen Komponenten eingesetzt (z.B. "ich fordere dich dazu auf, mir bekanntzugeben / anzuzeigen,
wie folgender Sachverhalt benannt wird / identifiziert werden kann" für 'Auffordern mit der Erwartung einer Information' oder "ich fordere dich dazu auf, zu handeln / dich zu verhalten: a) aktional, b)
sprachlich" für 'Auffordern mit der Erwartung eines Handelns') (1978: 141). Eine ähnliche Auffin-
dungsprozedur findet sich bei Schwitalla (1981: 211f.): Als Ausgangspunkt dient hier die Frage,
"warum und wozu ein Text geschrieben bzw. gesprochen wurde"; von hier aus wäre dann weiter zu
fragen, mit welcher übergeordneten Handlung das Ziel angestrebt wird bzw. welche Textintention
dabei dominiert ("was tut S, um Z zu erreichen?").
    Es ist offensichtlich, daß für die Zuordnung von Intentionen sprachliche Indikatoren allein nicht
ausreichen; oft wird der intentionale Aspekt im Text auch gar nicht explizit zum Ausdruck gebracht.
Die Interpretation ist vielmehr angewiesen auf einen *sinnverstehenden Zugang*: Der analysierende Be-
obachter muß von seinem Gegenstand, dem sprachlichen Handeln in Pressetexten, bereits vorgängig
etwas verstanden haben, bevor er ihn wissenschaftlich beschreiben kann, er muß - in seiner Rolle als
Kommunikationsbeteiligter - bereits die sozialen Regeln für die Bedeutungszuschreibung anwenden,
die er - als Linguist - erst untersuchen will: "Es kennzeichnet eine kommunikative Analyse, daß ihre
Ergebnisse als Deutungen des Analysierenden erkennbar werden. Der Sprachwissenschaftler hat nämlich zur Presseberichterstattung prinzipiell keinen anderen Zugang als jeder Zeitungsleser." (Bucher
1986: 5)
    Der Zirkel zwischen einem Vorverständnis auf der Basis des Alltagswissens und einem theoriege-
leiteten Verstehen des Wissenschaftlers ist grundsätzlich nicht aufhebbar (vgl. Habermas 1970: 138ff.
und, mit Blick auf die kommunikationsorientierte Linguistik, Dittmann 1975: 7ff.). Es kann somit für
die Textanalyse primär nur darum gehen, methodisch kontrollierte und, soweit möglich, intersubjektiv
überprüfbare Interpretationsverfahren zu fordern. Von daher auch, wie oben skizziert, das Bemühen
um geeignete Auffindungsprozeduren.

Im Zusammenhang mit der Differenzierung von Standardintention und weiterführenden
Intentionen wurde bereits betont, daß Intentionen oder - bezieht man die propositionale
Seite mit ein - sprachliche Handlungen auf verschiedenen Ebenen interpretierbar sind;
je nachdem, welchen Wirklichkeitsrahmen man wählt, ergeben sich über indem-Relationen mehr oder weniger weitgefaßte Zuordnungen (vgl. (XII)). In Ergänzung dazu ist
nun eine weitere Festlegung notwendig. Es leuchtet ein, daß die Standardintention mit
ihrer Bindung an den Einzeltext als Klassifikationskriterium nicht geeignet ist. Von daher liegt es nahe, eine Abstraktionsstufe zugrundezulegen, die es erlaubt, eine größere

Menge von Texten zu erfassen. Eine solche Stufe, die sich aus der schrittweisen Verallgemeinerung text- und situationsspezifischer Faktoren ergibt, wird häufig als Grundin-
tention oder als *I n t e n t i o n s t y p* bezeichnet (Steger 1978, 1983). Noch einmal verdeutlicht am Beispiel:

    (a) S appelliert zum Zeitpunkt t an E_1, daß E_1 sein Verhalten ändern soll

    (b) appellieren, daß E x tut

    (c) appellieren

    (d) auffordern

Für Text (28) erhält man die Stufen (a) - (c) durch Abstrahieren, (d) ist eine weitere
Generalisierung insofern, als 'appellieren' einen Spezialfall von 'auffordern' darstellt
(neben 'bitten', 'anweisen', 'befehlen' usw.). Mit (d) ließe sich bereits eine Klasse von
Texten ausgrenzen; im Unterschied dazu wäre eine Stufe

    (e) sprachlich handeln

natürlich zu allgemein, da praktisch alle Texte umfassend. (In (XV) sind die Zuordnung
weiterführender Intentionen und stufenweises Verallgemeinern schematisch gegenübergestellt.)

(XV)

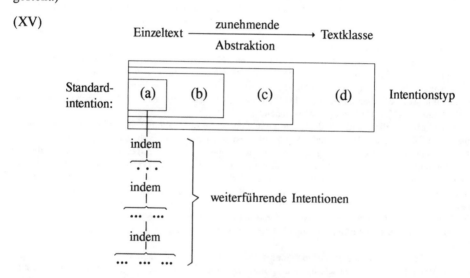

Um Textklassen abzugrenzen, geht man in der Literatur vielfach auch von *Textfunktionen* (z.B. Große 1974), *textuellen* oder *elementaren Grundfunktionen* (z.B. Brinker 1985,
Heinemann / Viehweger 1991) aus. Demgegenüber hier nun am Intentionalitäts-Kon-
zept festzuhalten, mag somit unbegründet und überflüssig erscheinen. Andererseits gibt
es kaum einen Begriff, der so häufig auf verschiedenen Beschreibungsebenen und in unterschiedlichen theoretischen Zusammenhängen bemüht wurde wie der Funktions-Be-
griff; von daher stellt sich zumindest die Frage, ob es unbedingt sinnvoll ist, ihn auch
noch für die Kennzeichnung des kommunikativen Aspekts sprachlicher Handlungen zu
verwenden. Hinzu kommt, daß beim Gebrauch des Begriffs 'Textfunktion' nicht immer
klar unterschieden wird zwischen dem, was oben als die einer Äußerung zuschreibbare

intentionale Komponente bezeichnet wurde, und der Zielorientiertheit sprachlichen Handelns, also dem, was z.B. ein Text in der Kommunikation bewirken soll (vgl. (XIII)); nicht selten findet man, mit Bezug auf vergleichbare Texte, Funktionszuweisungen wie 'einen Sachverhalt darstellen und kommentieren', 'den Leser von etwas überzeugen', 'eine Einstellung beeinflussen', 'zu einer Handlung bewegen' u.ä. Die hier vorgeschlagene Terminologie hat immerhin den Vorteil, solcher Begriffsvermischung von vornherein zu entgehen.

Übung (15)

Welche Gesichtspunkte, welche Merkmale stehen bei den folgenden Ausführungen zur Textfunktion bzw. Kommunikationsintention im Vordergrund? Worin bestehen wichtige Unterschiede gegenüber dem oben erläuterten Intentions-Begriff?

(a) "Wir definieren *Textfunktion* als die sich im Text ausprägende Kommunikationsabsicht des Textproduzenten. Die Kommunikationsabsicht wird in dem entstehenden Text kodiert; der Textrezipient, der - anders als der Textproduzent - die Kommunikationsabsicht in der Regel nicht kennt, ist darauf angewiesen, diese aus dem Text zu dekodieren. [...] Wir gehen davon aus, daß sich die beim Textproduzenten gegebene Kommunikationsabsicht und die im Text objektivierte Textfunktion prinzipiell entsprechen." (Schmidt u.a. 1981: 42)

(b) "Die Textfunktion hat eine Aufgabe innerhalb eines Ganzen, des Textes: die zentrale Aufgabe nämlich, den Hörer oder Leser darüber zu instruieren, als was er den Gesamttext auffassen soll, z.B. als auffordernden oder als informationstransferierenden ('sachinformierenden') Text." (Große 1976: 26)

(c) "Einem Text liegen auf der Seite des Sprechers gemeinhin ein Anlaß und eine Intention zugrunde. [...] Man darf annehmen, daß die Kommunikationsintention (etwa: überzeugen wollen) zu einer bestimmten Kommunikationsstrategie (etwa: überzeugen wollen durch Argumentation) führt." (Gülich / Raible 1977: 30)

Literaturhinweise:

Brinker (1983), (1985: 86ff.)   Motsch / Pasch (1986)
Holly (1990: 88ff.)   Rossipal (1979)
Linke u.a. (1991)   Steger (1978)
Lüger (1985)

3.3.3. Textklassen

Pressetexte weisen zwar eine Reihe medienbedingter Gemeinsamkeiten auf, sie stellen aber trotzdem eine in vielerlei Hinsicht heterogene Menge von Texten dar. Um diese Vielfalt nun klassifizierend zu ordnen, kommen zwei grundsätzlich verschiedene Vorgehensweisen in Betracht. Im Rahmen eines *deduktiv* orientierten Verfahrens etwa geht man von einem globalen Modell als Basis aus und versucht, hieraus weitere Unterscheidungsmerkmale abzuleiten und so zu einer möglichst systematischen und umfassenden Typologie zu gelangen. Ein bekanntes Beispiel ist der Rückgriff auf das Bühlersche Organon-Modell, mit dem eine Einteilung in drei bzw. sechs globale Grundfunktionen postuliert wird; andere Ansätze entwickeln zunächst eine Typologie genereller Textbasen (z.B. als narrative, deskriptive, expositorische, argumentative oder instruktive Grundmuster bei Werlich (1975)) oder legen, in Kombination mit weiteren Kategorien, die Illokutionstypen der Sprechakttheorie zugrunde (vgl. Franke 1987). Ziel solcher Verfahren "von oben" ist es, ein möglichst breites Spektrum von Textvorkommen typologisch zu erfassen. Umgekehrt kann man mit einer *induktiven* Vorgehensweise, einem Verfahren "von unten", versuchen, bestimmte Gliederungsprinzipien von der Textebene aus zu entwickeln und dadurch den spezifischen Merkmalen des Untersuchungsgegenstands stärker Rechnung zu tragen.

Im vorliegenden Fall wird ein kombiniertes Verfahren gewählt. Es geht nicht um die Erarbeitung einer übergreifenden, prinzipiell für alle Texte geltenden Typologie. Untersucht wird nur ein begrenzter Kommunikationsbereich, nämlich Texte der Tagespresse, und hierfür ist zunächst, wie mehrfach erläutert, ein geeignetes Klassifikationsmodell zu erstellen. Als induktiv kann man die Methode insofern bezeichnen, als die folgenden Gliederungsfaktoren nicht einem vorgegebenen globalen Funktions- oder Intentionskonzept entstammen, sondern auf Beobachtungen an konkreten Pressematerialien basieren. Andererseits gehen in die Begrifflichkeit natürlich auch verschiedene texttheoretische Grundannahmen mit ein, wie sie u.a. im Zusammenhang mit der Diskussion des Handlungsbegriffs genannt wurden. Eine rein induktiv oder rein deduktiv bestimmte Vorgehensweise scheint hier in der Tat nicht angemessen und nicht praktikabel.

Zur Textklassifikation heißt es bereits bei Peter Hartmann (1964: 23):

> "Wenn die Textbildung die allein mögliche Form ist, in der sich jemand mit Sprache äußern kann, und wenn folglich alle Vorkommen sprachlicher Äußerungen als je spezielle Texte anzusehen sind, dann liegt es nahe, Sprachvorkommen überhaupt in *Textklassen* zu ordnen. Die Klassen oder, faktisch, Mengen von Texten mit bestimmten Eigenschaften, vereinigen danach Sorten von Spracherscheinungen, sofern diese faktisch vorkommen. Allgemein gesprochen, werden alle zu bildenden Klassen alle möglichen Textsorten umfassen."

Die programmatischen Ausführungen Hartmanns verweisen auf zwei wesentliche Differenzierungsebenen, die der *Textklassen* und die der *Textsorten*. Dies wird im folgenden am Beispiel von Pressetexten noch weiter zu präzisieren sein.

Als erstes klassenbildendes Kriterium bietet sich nun der Faktor der Intentionalität an. Die zugrundeliegende Textintention (bzw. genauer: der Textintentionstyp) ist nicht nur eine maßgebliche Einflußgröße für die gesamte Textgestaltung, sondern kenzeichnet auch, welche kommunikative Rolle den betreffenden Texten in ihrem Kontext zugeschrieben werden kann, welche Handlungsmuster sich mit ihrer Äußerung ausführen lassen. Gleichzeitig dürfte so auch die Homogenitäts-Forderung (vgl. Isenberg 1983) erfüllt sein, da ja mit dem Intentionalitätsbegriff zumindest auf dieser Ebene eine einheitliche Basis für die Textklassifikation gegeben ist.

Die Vielfalt der mit Pressetexten realisierten Intentionen kann man auf wenigstens fünf Grundtypen zurückführen, denen wiederum entsprechende Klassen von Texten zuzuordnen sind.

a) Informationsbetonte Texte

Die mit Abstand umfangreichste Klasse bilden informationsbetonte Texte. In Pressetexten dieses Typs werden primär Informationen über Sachverhalte vermittelt; ausdrückliche, vom Sender verantwortete Bewertungen fehlen dagegen meist, oder aber sie stehen, da der Intentionstyp 'informieren' dominiert, nicht im Vordergrund. Die betreffenden Sachverhalte - Handlungen, Ereignisse, Geschehensabläufe, von deren Relevanz für die Adressaten man auf seiten des Textproduzenten ausgeht - werden im allgemeinen als verbürgte Fakten, als tatsächlich existierend dargestellt.

Als Paraphrase des Intentionstyps kann man angeben: "Ein Sender S informiert einen Empfänger E darüber, daß p" - wobei p für den dargestellten Sachverhalt steht. Abkürzend: INF (p) bzw., um die Vielzahl von Aussagen zu betonen, INF ($p_1...p_x$); aus Gründen der Vereinfachung werden hier die Referenzstellen für S und E nicht mitnotiert. Hinzu kommt als weitere Komponente eine bestimmte *Einstellung*, die ein Verfasser zum dargestellten Sachverhalt einnimmt, wenn er äußert, daß p. Er hält seine Aussagen für wahr, er ist davon überzeugt, daß sie einen realen Sachverhalt wiedergeben. Solche Einstellungsbekundungen kann man generell als Urteilsoperatoren betrachten, mit denen die Gültigkeit eines Satz- oder Textinhalts p bzw. $p_1...p_x$ festgelegt wird. Die wahrheitsbezogene (epistemische) Einstellung braucht in informationsbetonten Texten nicht durch besondere Formulierungen (wie etwa Satzadverbien oder Präsätze) ausgedrückt zu sein, hier ist sie u.a. mit dem Satzmodus konventionell verknüpft (vgl. v. Polenz 1985: 213, Motsch 1987: 49ff.). Aussagen mit der Einstellungsbekundung 'Gewißheit' oder 'für wahr halten' werden auch als *Assertionen* bezeichnet; von daher kann man den obigen Formelausdruck durch eine zusätzliche Variable 'assertorisch' ergänzen: INF (ass ($p_1...p_x$)).

Das mit Assertionen verfolgte Ziel besteht, allgemein gesprochen, in der Wissensvermittlung, also vor allem darin, daß der Empfänger E einen bestimmten Sachverhalt zur Kenntnis nimmt: INF (ass ($p_1...p_x$)) → WISSEN (e, ass ($p_1...p_x$)). Der Zweck ist, so Ehlich / Rehbein (1979: 264), "die Veränderung einer Wissensdefizienz auf seiten eines Handelnden"; erreicht wird dies natürlich nur in dem Maße, wie E das betreffende Wissen von S mit Hilfe des Textes übernehmen kann und auch von der Faktizität des Ausgesagten überzeugt ist.

Über die Art der zu erwartenden Information erhält der Leser vielfach schon eine erste Orientierung in der Überschrift. Beispiele wie

(29) Millionen Ungarn im Warnstreik (SchwäbZ 19-8-89)

(30) JUGOSLAWIENS ARMEE STARTET GROSSANGRIFF
Überall Kämpfe in Kroatien - Uno-Sitzung gefordert (WAZ 21-9-91),

die "semantisch gesehen eine reduzierte Paraphrase des folgenden Textes" darstellen (Dressler 1972: 18), lenken die Aufmerksamkeit auf das zentrale Thema und die dominierende Fakteninformation. Je nach Explizitheitsgrad kommen zur Identifizierung des Textgegenstandes weitere Präzisierungen in Ober- und Untertitel hinzu, eventuell auch einzelne wertende oder relativierende Elemente, die aber den vorherrschenden Intentionstyp 'informieren' nicht infragestellen.

b) Meinungsbetonte Texte

Im Unterschied zur vorangehenden Textklasse geht es hier um Texte, die eine Einstufung, eine Kommentierung eines gegeben Sachverhalts zum Ausdruck bringen. Den zugrundeliegenden Intentionstyp kann man mit 'bewerten' oder 'evaluieren' angeben. Entscheidend ist dabei, daß vom Sender einem Bewertungsgegenstand (z.B. einem Ereignis, einem Verhalten, einer Handlungsweise...) ein bestimmtes Bewertungsprädikat zugeordnet wird. Wenn etwa in (27) der Textautor schreibt: *Der politisch-psychologische Schaden ... ist unabsehbar*, dann signalisiert er mit dem Gebrauch der Ausdrücke *Schaden, unabsehbar*, in welcher Weise der betreffende Sachverhalt (hier: der nach einer

Häuserräumung entstandene Zustand) aus seiner Sicht zu bewerten ist. Beschreibt man den gegebenen Bewertungsgegenstand als Folge von Propositionen (in Anlehnung an (27) etwa: *die jungen Bürger haben kein Vertrauen mehr...*, *die Polizisten sind der Solidarität entfremdet...*), ergibt sich als mögliche Grundstruktur: EVAL ($p_1...p_x$), paraphrasierbar als "S bewertet den Sachverhalt $p_1...p_x$ als positiv / negativ..." (Von einer zusätzlichen Einbettung der Bewertung in eine informierende Handlung - S informiert E darüber, daß S den Sachverhalt $p_1...p_x$ als positiv / negativ bewertet -, wird hier, da unnötig verkomplizierend, abgesehen.)

Außerdem wäre noch festzuhalten, nach welcher *Bewertungsdimension* (Sager 1982) die jeweilige Zuordnung erfolgt. Beim obigen Beispiel könnte man sagen, der Autor bewertet den Sachverhalt nach einem Maßstab der politischen Angemessenheit. Andere Bewertungsmöglichkeiten basieren auf einer Einschätzung der Durchführbarkeit (*es wird kaum möglich sein, daß...*), der moralischen oder ästhetischen Qualität (*x zu tun, war unverantwortlich, eine gekonnte Vorstellung*), der Relevanz, der Nützlichkeit für den Adressaten oder für bestimmte soziale Gruppen (*wichtig ist vor allem,...*) oder der Quantität (*x zog sich länger hin als erwartet*), um nur einige Kriterien zu nennen (zur Art der Versprachlichung vgl. Sandig 1979, Kaiser 1979, Morgenthaler 1980: 117ff.). Die Bewertungsdimensionen spezifizieren also die Intentionskomponente meinungsbetonter Texte: EVAL {ästhet/moral/quant...} ($p_1...p_x$).

Als eine Art Übergangsphänomen werden in diesem Zusammenhang die unterschiedlichen Einschränkungen von Faktizität betrachtet. Gemeint sind Äußerungen wie: *Der Trend wird vielleicht / vermutlich / wahrscheinlich anhalten; möglicherweise wird es dazu kommen, daß...* u.ä. Die verschiedenen Abstufungen von Wahrscheinlichkeit und Gewißheit seien hier - gegenüber rein assertorisch verstandenen Aussagen: INF (ass (p)), z.B. *der Trend hält an* - summarisch mit der Variablen 'subj' und als Spezifizierung des informierenden Intentionstyps vermerkt: INF (subj (p)).[4] Typische Ausdrucksformen wären Satzadverbien, Modalverben, wertende Adjektive, Partikeln, grammatische Modi. Einen anderen Status haben dagegen Fälle, wo die Faktizitätseinschränkung im Zentrum des Satzes steht, z.B. *ich denke / glaube, daß...*; hier sollte man eher von subjektiven Vermutungen oder Annahmen, notierbar als SUBJ (p), sprechen und nicht mehr von speziellen Informationshandlungen (vgl. 4.3.1).

> In Texten sind klare, eindeutige Zuordnungen bekanntlich nicht immer möglich. Ob eine Äußerung als 'informierend' oder eher als 'bewertend' verstanden wird, hängt meist auch vom Textzusammenhang und den Wissensvoraussetzungen des Empfängers ab. Von daher spricht sicher einiges dafür, im Rahmen einer globalen, nicht speziell auf Pressetexte bezogenen Klassifikation die Unterscheidung zu relativieren bzw. nicht als textklassenbildend zu betrachten, so bei Brinker (1985: 99):
>
> "Die informative Textfunktion kann sich aber auch mit der 'evaluativen' Einstellung (*etwas gut / schlecht finden*) verbinden. Der Emittent gibt dem Rezipienten dann seine (positive bzw. negative) Bewertung eines Sachverhalts kund (ohne ihn in seiner Haltung beeinflussen zu wollen!)."

---

4 Das breite Spektrum von Einstellungsbekundungen kann hier nicht näher erläutert werden. Eine Systematik metapropositionaler Faktoren hat im Rahmen einer Theorie der Textfunktionen Große (1976: 44ff.) entwickelt; vgl. ebenfalls Steger 1978, Lang 1981, Pasch 1985, Rosengren 1985, v. Polenz 1985: 218ff. und, für die Analyse meinungsbetonter Texte, Klein 1992. In der Sprechakttheorie wurden Urteilsoperatoren auch unter dem Begriff 'Positionstypen' analysiert; vgl. Wunderlich 1976: 73ff.

Wie sinnvoll eine solche Betrachtungsweise in bestimmten Kommunikationsbereichen sein kann, hat etwa Schwitalla anhand von Flugschriften demonstriert. Da sich für seinen Untersuchungszeitraum kaum Beispiele ohne bewertende Stellungnahmen finden ließen, brauchte dann auch für die Textklassifikation nicht weiter nach informierender und wertender Intention differenziert zu werden (1983:46).

Bei der Untersuchung von Pressetexten das Bewerten lediglich als Variante oder Teil der informierenden Intention aufzufassen, würde jedoch bedeuten, von einer geradezu klassischen Unterscheidung in der journalistischen Berichterstattung, nämlich der Trennung von Tatsachenmitteilung und Kommentierung, von vornherein zu abstrahieren. Selbst wenn man mit Heinemann / Viehweger (1991: 149) davon ausgeht, daß praktisch jeder Text auch Bewertungen ausdrückt, erscheint für diesen Bereich eine Differenzierung von primär faktenübermittelnden Texten und solchen, in denen es um eine Evaluierung nach bestimmten Maßstäben geht, fundamental und unverzichtbar. Diese Trennung schließt natürlich implizite Wertungen in informationsbetonten Texten, z.B. durch Selektion, Anordnung und Gewichtung in der Sachverhaltsdarstellung, keineswegs aus; der Anspruch prinzipieller Sachdominanz, verbunden mit weitgehender Verifizierbarkeit des Übermittelten, bleibt davon unberührt. (Auf die zusätzliche Bestimmung "ohne ihn [= den Rezipienten] in seiner Haltung beeinflussen zu wollen", wird weiter unten eingegangen.)

Die Darstellung der Sachverhalte, der Bewertungsgegenstände, auf die sich die evaluierenden Stellungnahmen beziehen, erfolgt normalerweise in separaten Beiträgen, oft auf der gleichen Seite der Zeitung. Für das Verstehen meinungsbetonter Texte wird die Kenntnis solcher Fakten mehr oder weniger vorausgesetzt, davon zeugen auch gelegentliche Querverweise auf vorangehende Informationen. In den meisten Fällen aber stellen noch resümierende, in den Text integrierte Kurzfassungen die Anknüpfung an das erwartete Vorwissen her.

Pressetexten mit der dominierenden Intention 'bewerten' läßt sich einmal das Ziel zuordnen, daß der Adressat erfahren und damit wissen soll, wie ein Sachverhalt zu interpretieren ist, wie man ihn aus der Sicht des betreffenden Mediums oder Autors beurteilt ($\rightarrow$ WISSEN (e, EVAL (s, $p_1...p_x$)), wobei e wiederum auf den Empfänger, s auf den Sender verweist). Hinzu kommt im Kontext der Pressekommunikation, daß eine Stellungnahme im allgemeinen nicht um ihrer selbst willen formuliert wird; eine Bewertung soll nicht nur zur Kenntnis genommen, sondern auch anerkannt, vom Empfänger übernommen werden:

EVAL ($p_1...p_x$) $\rightarrow$ WISSEN (e, EVAL (s, $p_1...p_x$)) & EVAL (e, $p_1...p_x$).

Die angestrebte Zustimmung stellt sich dabei aber nicht gleichsam automatisch ein, wie das folgende Zitat nahelegen könnte:

> "Die Valuation [= Bewertungshandlung, H.H.L.] erzeugt in einem zweiten Kommunikator eine Einschätzung, die der Einschätzung des ersten Kommunikators äquivalent ist. D.h. aufgrund der Valuation des ersten Kommunikators wird im zweiten Kommunikator eine Präferenzdisposition gegenüber dem betreffenden Objekt erzeugt." (Sager 1982: 40)

Wie in Kap. 3.3.2 erläutert (vgl. (XIII)), wird das mit einer Sprachhandlung verbundene Ziel (z^f) erst über bestimmte Teilziele erreicht. Die Verstehensbedingung (z^{f-2}) muß erfüllt sein, und insbesondere muß der Kommunikationspartner bereit sein, die vorgebrachten Bewertungen gelten zu lassen (z^{f-1}). Und gerade in dieser Hinsicht werden von seiten des Textproduzenten verschiedene Anstrengungen unternommen; die einzelnen Begründungen und Erklärungen etwa dienen vor allem dazu, die Einschätzung eines Sachverhalts plausibel zu machen, beim Leser dazu ein "affirmatives Verhalten" (Große 1974: 420) zu bewirken und potentielle Vorbehalte gegen die im Text vertretene Position auszuräumen. Den Aufbau meinungsbetonter Texte prägen also zu einem nicht unerheblichen Teil die vom Autor antizipierten Widerstände des Adressaten gegen die Übernahme der jeweiligen Wertzuschreibungen.

Im Rahmen der Presseberichterstattung insgesamt nehmen informations- und meinungsbetonte Texte eine hervorragende Stellung ein. Mit ihnen werden die zentralen Aufgaben der Tageszeitung wahrgenommen, nämlich a) über aktuelle Geschehnisse zu berichten und b) dazu bewertende, einordnende Stellungnahmen zu liefern. Von daher liegt es nahe, diese beiden Klassen in Kap. 4 auch ausführlicher zu behandeln als die übrigen Textvorkommen.

c) Auffordernde Texte

Texte der bisher skizzierten Textklassen zielen ab auf Veränderungen des Kenntnisstandes bzw. auf eine Beeinflussung von Einstellungen. Darüber hinaus gibt es nun Texte, auch in der Presse, mit denen direkt auf das Verhalten, auf das Handeln der Adressaten oder einer Adressatengruppe eingewirkt werden soll. Bevorzugtes sprachliches Mittel hierzu sind Aufforderungen:

> (31) Ihr Völker der Welt, freut euch mit uns! ... (BZ 19-3-90)

> (32) Wiedervereinigung jetzt! ... (DNZ 17-11-89)

Pressebeiträge, denen der dominierende Intentionstyp 'auffordern' zugeordnet werden kann, seien hier *auffordernde Texte* genannt. (Diese Redeweise ist verkürzend insofern, als natürlich nicht Texte auffordern, sondern immer nur Textproduzenten, indem sie Texte äußern.) In auffordernden Texten geht es nicht mehr darum bzw. nicht mehr primär darum, daß ein Autor einem Sachverhalt irgendein Bewertungsprädikat zuschreibt (wie in meinungsbetonten Texten), sondern daß mit der Äußerung eines Textes an den / die Empfänger appelliert wird, eine bestimmte Haltung einzunehmen (vgl. (31)) oder eine bestimmte Handlung zu vollziehen ((32), vgl. auch (28)). Das Ziel solcher Texte besteht also in der Ausführung einer entsprechenden Reaktion auf seiten des Empfängers, wobei mit 'Reaktion' auch emotionale Zustände und Haltungen eingeschlossen sein sollen: AUFF $(p_1...p_x) \rightarrow$ AUSF $(e, p_1...p_x)$.

Bei der Diskussion von Beispiel (28) wurde der Zusammenhang von dominierender Intention und Textstruktur bereits eingehend erläutert, so daß sich weitere Ausführungen hier erübrigen.

Eine klare Abgrenzung meinungsbetonter und auffordernder Texte kann mitunter schwierig sein. Brinker (1985: 102) postuliert hier sogar eine gemeinsame Klasse mit appellativer Grundfunktion. Während nun einerseits Äußerungen im Imperativ oder mit dem Modalverb *sollen* in der Regel als Aufforderungen interpretierbar sind und die Verwendung evaluativer Ausdrücke oder bestimmter Subjektivitätssignale auf Bewertungen hindeutet, gibt es andererseits eine Reihe von Äußerungsformen, deren Zuordnung recht unterschiedlich ausfallen kann. Sind z.B. Qualifizierungen von Handlungen als notwendig, erlaubt usw. eher als Aufforderungen oder als Bewertungen zu verstehen? Die Möglichkeit eindeutiger, mechanisch vorgehender Klassifikation ist in solchen Fällen eher die Ausnahme, und sicherlich wäre es plausibler, hier einen Übergangsbereich zwischen beiden Textklassen anzunehmen (vgl. (XVI)). Und auch die Einteilung

Belkes (1973: 105ff.) in wertende Texte, bei denen die "subjektive Sicht des Autors" vorrangig sei, und in appellierende Texte, die "direkt in die Wirklichkeit eingreifen, indem sie das Bewußtsein des Adressaten beeinflussen und ihn gegebenenfalls zum Handeln veranlassen", bietet keine Klärung, zumal intentionale Qualität und Bewirkungsziele nicht auseinandergehalten werden.

(XVI)

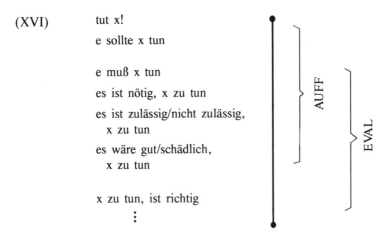

d) Instruierend-anweisende Texte

Weiterhin enthalten fast alle Tageszeitungen Rubriken oder Spezialseiten mit ratgebenden Texten, praktischen Hinweisen, Anleitungen u.ä. Man mag nun darüber streiten, ob solche Texte überhaupt dem genuin journalistischen Bereich zuzurechnen sind; fest steht jedoch, daß Texte dieser Art auch in überregionalen Abonnementzeitungen vorkommen und somit in einem Überblick zur Pressesprache nicht unerwähnt bleiben sollten. Es ist wiederholt darauf hingewiesen worden, daß hier eine Abgrenzung von redaktionellem und nichtredaktionellem Teil kaum noch möglich ist - dazu seien die Annäherungen an den Werbesektor zu offensichtlich:

> "Die enge Verzahnung von werblichen und redaktionellen Anteilen zeigt sich besonders augenfällig in Wochenendbeilagen zu Tageszeitungen, in denen Hinweise zur Hausfinanzierung oder Gartengestaltung mit Immobilienanzeigen umrahmt oder Montageanleitungen zur Wärmedämmung durch Anzeigen des örtlichen Installationsgewerbes illustriert sind." (Hess-Lüttich 1987: 227; vgl. Albert 1991: 49ff.)

Typisch für den Aufbau der betreffenden Texte ist im allgemeinen ihre Zweigliedrigkeit: Ausgangspunkt kann entweder die Darstellung einer Situation, die als nachteilig, als für den Adressaten problematisch gesehen wird, sein oder die Angabe eines Zustands, der als vorteilhaft, als erstrebenswert gilt. Der Hauptteil des Textes konzentriert sich dann auf die Vermittlung von Maßnahmen und Handlungen, mit deren Befolgung sich die genannte Problemsituation verbessern oder der angestrebte Zustand erreichen läßt.

Die Angaben zum Verhalten des Adressaten könnte man zunächst verallgemeinernd als *Anweisungen* bezeichnen. Sie werden gewöhnlich, vor allem aus sprechakttheoretischer Sicht, unter Aufforderungen oder Direktiva subsumiert. Diese Zuordnung läßt jedoch eines außer acht, nämlich daß es in Texten wie (33) oder (34) gar nicht primär darum geht, den Empfänger zu einem bestimmten Verhalten aufzufordern. Vielmehr sollen für den Fall, daß z.B. eine entsprechende Problemsituation vorliegt, geeignete Maßnahmen zur Kenntnis gebracht werden, mit denen sich der Ausgangszustand verändern läßt. Bei solchen Texten wäre daher auch treffender von einem *instruierend-anweisenden Intentionstyp* zu sprechen.

(33) Wenn es einen tierischen Schädling gibt, der in der Lage ist, den Gärtner zur Verzweiflung zu bringen, dann ist es mit ziemlicher Sicherheit die Wühlmaus. ...
Trotz alledem rät das Pflanzenschutzamt jetzt, ...
(EZ 17-12-80)

(34) *Wein und Deftiges auf den Teller*
Ein Streifzug durch den Steigerwald
Man verbinde auf der Landkarte die Städte Schweinfurt, Bamberg und Bad Windsheim. In dem spitzwinkeligen Dreieck liegt der Steigerwald, das gemütvoll schlagende "Herz Frankens". Es ist eine deutsche Bilderbuchidylle: Alte Eichen und Buchen in ausgedehnten Wäldern ...
Motorisierte "Wanderer" kommen auf der Autobahn Würzburg-Nürnberg...
Die Nordroute führt zunächst nach Ebrach...
Und sehenswert ist natürlich Bamberg...
Auskünfte: ... [es folgen Adressenangabe und verschiedene Preishinweise]
(GT 7-10-89)

Die zitierten Beispiele machen weiterhin deutlich, daß jeweils eine implizite *wenn-dann-Relation* zugrundeliegt: Wenn man etwas gegen Gartenschädlinge unternehmen will, dann sollte man die folgenden Ratschläge beachten, wenn jemand die Idylle einer Landschaft kennenlernen möchte, dann sollte er folgende Route wählen, folgende Orte besichtigen usw. (vgl. auch Brinker 1985: 104 sowie Wunderlich 1976: 175ff.). Zwischen den skizzierten Textteilen besteht also ein *konditionaler Zusammenhang*, wobei man als Antezedens die angenommene Ausgangsbedingung p, das jeweilige Ziel, und als Konsequens die mit den Anweisungen bezeichnete Handlungsabfolge $q_1...q_x$ auffassen kann.

Für den Leser kommt es darauf an, daß der behauptete Zusammenhang auch tatsächlich zutrifft, der Text folglich das Wissen vermittelt, mit dem sich der präferierte Zustand erreichen läßt. Hierin liegt nun durchaus eine gewisse Ähnlichkeit mit informationsbetonten Texten; die Grundstruktur instruierend-anweisender Texte kann man insofern wie folgt wiedergeben: INF (kond (wenn p, dann $q_1...q_x$)). Die Formel bringt gleichzeitig zum Ausdruck, daß Texte mit instruierend-anweisender Intention hier nicht als Untergruppe von Aufforderungen oder Appellen behandelt werden - wie u.a. bei Küster (1982: 115) oder Burger (1990: 324). Das allgemeine Bewirkungsziel läßt sich so umschreiben, daß der Empfänger mit der Textlektüre schließlich ein Wissen darüber verfügt, welche Handlungen man ausführen muß bzw. welche Zustände $q_1...q_x$ man herbeiführen sollte, wenn die Bedingung p gegeben ist; z^f: WISSEN (e, kond (wenn p, dann $q_1...q_x$)).

e) Kontaktorientierte Texte

Neben den bereits genannten Klassen von Texten noch eine 'kontaktorientierte' anzunehmen, mag zunächst überraschen. Ein Blick auf die Titelseite vieler Zeitungen zeigt jedoch, daß keineswegs immer nur eine Information über Sachverhalte intendiert ist, sondern daß - in Verbindung mit besonderen graphischen Mitteln, der Verwendung von Illustrationen usw. - Wortwahl und Syntax dazu beitragen sollen, beim potentiellen Leser Aufmerksamkeit und Interesse zu erzeugen. Ähnlich wie bei der vieldiskutierten phatischen Sprachfunktion geht es hier also vor allem um die Schaffung oder Verbesserung von Kommunikations*voraussetzungen*. Insofern sind kontaktorientierte Texte auch auf einer anderen Ebene anzusiedeln als die übrigen Textklassen.

Als kontaktorientiert können nun solche Äußerungen bezeichnet werden, denen die dominierende Intention zuschreibbar ist, die Aufmerksamkeit des Empfängers auf eine bestimmte Information (bzw. Aspekte davon) oder auf den Informationsträger selbst zu lenken. Bevor die eigentliche Informationsvermittlung stattfinden kann, muß auf Adressatenseite erst die "kommunikative Verfügbarkeit" (Bublitz/ Kühn 1981) gesichert sein; dies geschieht, wie bereits angedeutet, üblicherweise durch verschiedene Maßnahmen der *H e r v o r h e b u n g* , z.B. mit Hilfe von Fotos, auffälliger Typographie, entsprechender Plazierung oder lesewerbender sprachlicher Präsentation. Die Tendenz zu elliptischer Kurzsyntax und zum Einsatz weiterer rhetorischer Stilmittel ist daher in kontaktorientierten Texten besonders ausgeprägt. Im folgenden Beispiel sind Überschriftenkomplexe aus dem Innenteil der Zeitung (35b) der Ankündigung auf der Titelseite (35a) gegenübergestellt:

(35a)

Seite 11
(N 9-7-82, 1)

(35b) — *Im Inneren Israels wächst Widerstand*
Der lange Krieg sorgt für Unruhe
... ...
— *Interview mit PLO-Vertreter Abdullah Franghi*
"Sie glaubten uns schon oft am Ende..."
... ...
— *Solidarität mit der PLO*
... ...
(N 9-7-82, 11)

(35a) deutet den zugrundeliegenden Sachverhalt nur an, betont wird dagegen, durch eine verkürzte, aus der Unauffälligkeit herausgehobene Formulierung, der Kontrast zwischen *totgesagt* und *lebt*. Der Leser darf also mit einer Information rechnen, die vom Erwartbaren, vom allgemein Geglaubten abweicht. *Was* die Zeitung genauer berichtet, bleibt unklar, dazu wird auf die Beiträge im Innenteil (35b) verwiesen; die Titelseite hebt lediglich hervor, *daß* die Zeitung über eine politische Gruppe, die PLO, etwas Ungewöhnliches zu berichten hat. Diese auf das Informieren selbst bezogene Intentionaliät sei hier mit dem Formelausdruck HERVORH (INF ($p_1...p_x$)) zusammengefaßt. (Als Paraphrase kann man formulieren: "Indem der Sender S einen Text wie (35a) äußert, macht er darauf aufmerksam / hebt er hervor, daß er darüber informiert, daß $p_1...p_x$.") In der Regel wird die kontaktorientierte Intention nicht isoliert, nicht ohne eine Vermittlung von Inhalten realisiert. Aber je mehr dabei die Aufmerksamkeitssteuerung in den Vordergrund rückt, um so weniger wird man im gegebenen Kontext die betreffende Äußerung noch als sachinformierend betrachten können.

Kontaktorientierte Texe sollen, wie gesagt, den Leser auf ein bestimmtes Informationsangebot aufmerksam machen - mit den weiterführenden Zielen: Lektüre der Beiträge bzw. Kauf der Zeitung. Primäres Ziel ist also zunächst die Kontaktherstellung, nämlich daß der Empfänger überhaupt wahrnimmt, daß der Sender über einen bestimmten Sachverhalt informiert: WAHRN (e, INF $(p_1...p_x)$).

Wenn in verschiedenen textlinguistischen Arbeiten von 'Kontaktintention', 'Kontakttexten' usw. die Rede ist, dann liegt meist ein Begriffsgebrauch zugrunde, der auch die Aufrechterhaltung oder Regulierung kommunikativer Beziehungen, einschließlich der Kommunikationsbeendigung, mit umfaßt (vgl. u.a. Ermert 1979: 71, Brinker 1985: 111f.). Natürlich spielen diese Faktoren ebenfalls in Pressetexten eine Rolle, etwa wenn bei der Äußerungsgestaltung bestimmte Stilmittel bemüht werden, um eine Darstellung für den Leser anschaulicher oder "attraktiver" zu machen. Dennoch dürfte es berechtigt sein, an dieser Stelle den aufmerksamkeitssteuernden, kontakt*stiftenden* Aspekt stärker zu betonen, da sich hieraus in der Presse ja spezielle Textausprägungen ergeben.

Eine gewisse Entsprechung kann man auch im Illokutionstyp *Vokativ* bei Wunderlich (1976: 79, 85) sehen; gemeint sind sprachliche Handlungen, die - wie etwa bei Ausdrücken im lateinischen Anredekasus - die Aufmerksamkeit des Adressaten auf Äußerungen oder Handlungen eines Senders lenken sollen. Dies kann, so in der unter (31) zitierten Aufforderung, über bestimmte Anredeformen geschehen, wobei die Anrede meist in eine andere Handlung eingebunden ist. Auf Texte übertragen, sind es häufig die einleitenden Phasen: So haben z.B. Anrede und Begrüßung in Reden oder Aufruf und Anrede in Stellenanzeigen eine "vokative Funktion" (Ortner 1992: 15); dem übergeordnet ist normalerweise die betreffende Textintention. Bei kontaktorientierten Texten im oben genannten Sinn steht dagegen die Aufmerksamkeitssteuerung, verknüpft mit dem Ziel der Kontaktherstellung, im Mittelpunkt.

Das folgende Schema (XVII) faßt die unterschiedenen Textklassen noch einmal zusammen. Kontaktorientierte Texte sind dabei an den Anfang gestellt, da sie - über die Aufmerksamkeitssteuerung und Lesemotivation - zur Verbesserung der Kommunikationsvoraussetzungen eingesetzt werden (die Ziffer (0) betont diese Sonderstellung).

Die skizzierten Textklassen erfassen einen relativ großen Ausschnitt journalistischer Texte. Unberücksichtigt bleibt dennoch eine Reihe von Textarten, die man entweder als nicht typisch journalistisch betrachten kann oder die - etwa im Falle visueller Darstellungen - eine wesentliche Erweiterung des Analyserahmens erfordern würden: fiktionale Texte (Zeitungsromane, Kurzgeschichten), speichernde Texte (Tabellen, Programmverzeichnisse), populärwissenschaftliche, historiographische u.a. Darstellungen, Werbetexte, Rätsel, visuelle Informationen (Karikaturen, Fotos, Schaubilder), Comics. Hierzu sei auf ausführlichere Arbeiten bzw. auf Spezialliteratur verwiesen; Hinweise geben Gülich / Raible (1972), Römer (1973), Große (1974), Murialdi (1975), Knilli u.a. (1976), Schmidt u.a. (1981), Mouillaud / Tétu (1989), Heinemann / Viehweger (1991), Große / Seibold (1994).

Übung (16)

Welche Verteilung kann man grob für die einzelnen Textklassen in der Tagespresse feststellen, wenn man a) Abonnement- und Boulevardzeitungen sowie b) Wochenend- und Normalausgaben miteinander vergleicht?

Es empfiehlt sich, im Anschluß an die erläuterte Gliederung noch eine weitere Differenzierung vorzunehmen. Denn innerhalb der nach Textintentionstypen unterschiedenen Klassen existieren auf der Ebene der Textbildung noch zahlreiche Kompositionsmuster oder, um einen Begriff von Schmidt (1969: 65f.) aufzugreifen, *Schemata des Informationsumsatzes*, die wiederum spezifische sprachliche Dominanzbildungen aufweisen. Solche Schemata, gemeinhin als T e x t s o r t e n bezeichnet, unterliegen häufig einer starken konventionellen Festlegung und zeichnen sich durch mehr oder weniger erwartbare Merkmalskonstellationen aus; sie können, wie noch im einzelnen zu belegen, die Art und die Abfolge sprachlicher Handlungen, die Textgliederung allgemein betreffen oder sich aus weiteren konstitutiven Faktoren wie Zeitbezug, Textthema u.ä. ergeben. Die

(XVII)

Textklassen	Intentions- und Zieltypen

(0) Kontaktorientierte
Texte

HERVORH (INF ($p_1...p_x$)) $\longrightarrow$

WAHRN (e, INF ($p_1...p_x$))

---

(1) Informationsbetonte
Texte

INF (ass ($p_1...p_x$)) $\longrightarrow$ WISSEN (e, ass ($p_1...p_x$))

- -

(2) Meinungsbetonte
Texte

EVAL ($p_1...p_x$) $\longrightarrow$ WISSEN (e, EVAL (s, $p_1...p_x$))

& EVAL (e, $p_1...p_x$)

- -

(3) Auffordernde
Texte

AUFF ($p_1...p_x$) $\longrightarrow$ AUSF (e, $p_1...p_x$)

- -

(4) Instruierend-
anweisende Texte

INF (kond (wenn p, dann $q_1...q_x$)) $\longrightarrow$

WISSEN (e, kond (wenn p, dann $q_1...q_x$))

Zuordnung zu Klassen oder Sorten erfolgt normalerweise problemlos, da wir als Kommunikationsteilnehmer bezüglich der Strukturierungsprinzipien von Texten über bestimmte Kenntnisse verfügen (vgl. van Dijk 1980: 183ff., Heinemann / Viehweger 1991: 129ff.); aufgrund unseres *Textsortenwissens* sind wir z.B. in der Lage, gegebene Textexemplare intuitiv als Kommentar, Reportage oder Wetterbericht einzustufen. Die hier angesprochene vortheoretische, "naive Typisierungsfähigkeit" (Steger 1983: 28) mag in vielerlei Hinsicht begrenzt sein - dennoch erscheint es angebracht, erst auf der Ebene von Textsorten relativ homogene Sprachstile anzunehmen, bei der Beschreibung von Pressesprache hier anzusetzen und sodann nach zusätzlichen Präzisierungen und Unterscheidungen zu fragen.

Für das anschließende Vorgehen ergibt sich nunmehr folgendes Gliederungsprinzip: *Vergleichbare Beschreibungen journalistischer Texte erfolgen im jeweiligen Rahmen von Textintentions- und Textsortenzugehörigkeit*; alle weiteren Differenzierungen nach Rubrik, Zeitungstyp usw. sind dem nachgeordnet. Eine Übersicht möglicher Zuordnungen gibt (am Beispiel der Textsorte 'Kommentar') das folgende Schaubild (XVIII).

Das Gliederungsschema enthält einige Idealisierungen. Zunächst legt es eine durchgehende, eindeutige Klassifizierbarkeit nahe; diese wird jedoch normalerweise aufgrund zahlreicher *Mischformen* journalistischen Textvorkommens relativiert, ein

Phänomen, welches in der Boulevardpresse vielfach selbst die Unterscheidung nach Textklassen problematisch macht. Die vorgenommene hierarchische Abstufung abstrahiert zudem von der Tatsache, daß sich verschiedene konstitutive Faktoren oft überlagern, daß in konkreten Texten Einflüsse inhaltlicher Art (der Rubrik, des speziellen Textthemas) und z.B. zeitungs(typ)spezifische Momente nicht isoliert voneinander und nicht allein auf einer Beschreibungsebene analysierbar sind. Nichtsdestoweniger erscheint das Schema jedoch geeignet, für den gegebenen Untersuchungsbereich noch einmal die grundsätzliche Abhängigkeit von Homogenitätsgrad und Differenzierungsniveau herauszustellen sowie eine systematische Einordnung der im folgenden charakterisierten Textsorten-Ebene zu geben.

(XVIII)

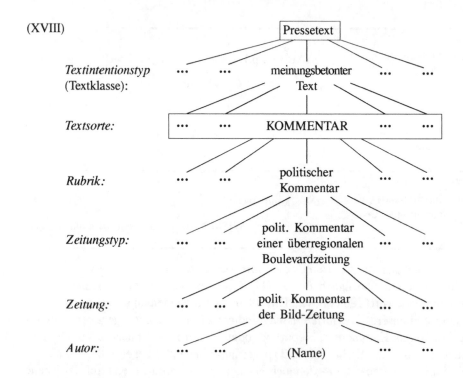

Literaturhinweise:

Große (1974: 63ff.), (1976)   Ripfel (1987)
Heinemann / Viehweger (1991: 129ff.)   Schwitalla (1981), (1984)
Hundsnurscher (1984)   Steger (1983: 32ff.)
Mortara Garavelli (1988)

4. Journalistische Textsorten

Wie bereits angedeutet, reicht das Kriterium der Intentionalität in seiner allgemeinen Ausprägung noch nicht aus, die vielfältigen journalistischen Textvorkommen im Sinne des genannten Beschreibungsziels zu klassifizieren. Die vorläufige Einteilung in Textklassen ist deshalb durch eine verfeinerte Differenzierung nach Textsorten (wie z.B. Nachricht, Reportage, Interview usw.) zu ergänzen. Im Anschluß an eine kommunikationsorientierte Text-Konzeption lassen sich die Textsorten als Sprachhandlungsschemata auffassen, die mit bestimmten Textmustern und -strategien jeweils spezifische Vermittlungsaufgaben erfüllen.

Der Status solcher Muster wird häufig als *konventionell* angegeben: "Textmuster sind Konventionen für das Bilden von Texten." (Sandig 1978: 19) Das ist zunächst insofern plausibel, als in der Tat für die Textbildung bestimmte Regeln existieren, deren Befolgung normalerweise erwartbar ist - man denke etwa an den Aufbau von Zeitungsnachrichten, das Vorkommen bestimmter Bewertungshandlungen in Kommentaren oder an das weitgehende Pronominalisierungsverbot bei Eigennamen in Rundfunknachrichten. Doch trifft dieser Fall nicht generell zu. Texte sind nicht durchweg nach bestimmten Abfolgeschemata strukturiert, weil sie damit einer vorgegebenen Konvention folgen, sondern weil diese Muster unter den konkreten Situationsbedingungen als geeignet für die betreffende Intentionsverwirklichung angesehen werden oder sich als solche im Laufe der Zeit etabliert haben. Als relativ verbreitete Regel kann man beispielsweise im Schlußteil von Kommentaren die Abfolge 'Bewertung - Begründung - Empfehlung' feststellen; das Sequenzmuster geht dabei auf eine textsortenspezifische Intentionsverfolgung, nicht auf eine Konvention im eigentlichen Sinne zurück. Prinzipiell liegt also noch eine Zweck-Mittel-Relation vor, auch wenn diese infolge des Routinierungseffekts mitunter nicht mehr wahrgenommen wird. Aus diesem Grunde erscheint es ratsamer, im folgenden nicht nur von konventionalisierten, sondern allgemeiner von *standardisierten Textmustern*, die unter Umständen auch konventionell sein können, zu sprechen.

Beschreibung und Klassifikation journalistischer Textvorkommen können nicht, wie ausführlich in Kap. 3 dargestellt, ausschließlich anhand textinterner Merkmale erfolgen. Die Identifizierung von Textintentionen, -strategien, -mustern usw. wird - im Rahmen eines sinnverstehenden methodologischen Ansatzes, der auch das Alltagswissen des Beschreibenden für die Interpretation mitvoraussetzt - ebenso auf Faktoren textexterner Art zurückgreifen müssen. Da explizite metatextuelle Hinweise bei Presseartikeln nicht die Regel sind, müssen die Zuordnungen nicht immer eindeutig sein. Ein erstes Entscheidungskriterium liefern jedoch sog. *Präsignale*. Hinweise wie "Nachrichten", "Kurz berichtet", "Meinung und Meldung", "Gastkommentar" zeigen dem Leser (und dem Analysierenden) vor der eigentlichen Textlektüre an, als was er die nachfolgenden Informationen verstehen soll, ob beispielsweise als primär informationsbetont oder eher als meinungsbetont. Vielfach ergeben sich solche rezeptionssteuernden Instruktionen aus Überschriften und bestimmten drucktechnischen Konventionen; doch weisen längst nicht alle Zeitungstexte solche Indizien mit präsignalisierender Funktion auf. Außerdem ist zu bedenken, daß die in den Hinweisen enthaltenen Kennzeichnungen keineswegs immer in systematischer Weise gebraucht werden, d.h., nicht unbedingt eine Textklasse oder Textsorte im hier verstandenen Sinn benennen (vgl. Müller 1989: 87).

Für die Unterscheidung von Textsorten dürfte außerdem die Betrachtung satzübergreifender *Makrostrukturen* von Bedeutung sein. Nach Gülich / Raible entsprechen sie der spezifischen Organisation von Teiltexten: "Textsorten wären dadurch zu charakterisieren, daß man die Art, die Abfolge und die Verknüpfung ihrer Teiltexte beschreibt." (1977: 53) Die Autoren haben die Relevanz solcher Makrostrukturen für die Beschreibung bestimmter Textsorten in mehreren Arbeiten nachgewiesen, so daß die Übertragung des Kriteriums auch auf den journalistischen Bereich naheliegt. Fraglich ist jedoch, ob man 'Makrostrukturen' in jedem Falle als Phänomene der Textoberfläche, die an einer Reihe von formalen, hierarchisch geordneten Gliederungssignalen ablesbar sind (1977: 54), auffassen sollte. Im folgenden werden Makrostrukturen in einem weiteren Sinne verstanden, und zwar als Abfolgemuster, die sich vor allem aus der Kombination bestimmter sprachlicher Handlungen oder Handlungssequenzen ergeben. Natürlich können hier zur Verdeutlichung spezielle Gliederungssignale (*dann, darüber hinaus, aus diesem Grunde...*) oder eine entsprechende typographische Anordung (z.B. Gliederung in Unterabschnitte, Einfügen von Zwischentiteln) hinzukommen; oft müssen die Relationen aber erst vom Leser erschlossen werden. Die Makrostruktur von Texten gibt also eine Gliederung in konstitutive Sinneinheiten wieder, wobei jeweils ein Zusammenhang, eine spezifische Geordnetheit dieser Einheiten angenommen wird. Ob die makrostrukturelle Komponente allerdings ein durchgängiges Differenzierungskriterium ergibt bzw. ob außerdem noch andere Kriterien zu berücksichtigen sind, wird erst im Verlauf der weiteren Betrachtung zu klären sein.[1]

Ein weiterer Gesichtspunkt sei schließlich noch erwähnt, die Tatsache nämlich, daß es in der Presse außer monologischen auch *dialogische Textsorten* gibt (z.B. Interview-Texte). Beiträge dieser Art werden im folgenden je nach dominierender Intention einer der genannten Textklassen zugeordnet; die Annahme einer separaten Klasse scheint hinsichtlich des Intentionalitäts-Kriteriums in der Tat nicht zwingend (vgl. Burger 1990: 323).

Die Differenzierung journalistischer Textvorkommen hat zum Ziel, zunächst einige Invarianten der Textbildung zu beschreiben, sodann ihre Funktion im medienspezifischen Kontext und ihre sprachstilistischen Ausprägungen zu erfassen. Nicht angestrebt werden dabei eine allgemeine Textklassifikation (pressesprachliche Texte stellen nur einen kleinen Teilbereich dar) oder die Vorbereitung einer deduktiv vorgehenden Texttypologie (vgl. Werlich 1975, Isenberg 1983). Aus Raumgründen muß sich die Charakterisierung einzelner Textsorten meist auf kurze Skizzen beschränken; ausführliche Beschreibungen bleiben Spezialuntersuchungen vorbehalten. Eine etwas detailliertere

---

[1] Auf die Funktion, die Makrostrukturen für die Memorisierbarkeit und Resümierbarkeit von Texten haben, kann hier nicht eingegangen werden; vgl. dazu u.a. van Dijk 1980, de Beaugrande / Dressler 1981, Strohner 1990.

Darstellung erfolgt lediglich bei den informations- und meinungsbetonten Textsorten - eine Schwerpunktsetzung, die sich insbesondere aufgrund der journalistischen Praxis rechtfertigen läßt.

4.1. Kontaktorientierte Texte

Mit dem Begriff 'Kontaktorientierung' sei auf den Umstand verwiesen, daß man sich in der Presse spezifischer Mittel bedient, um die Aufmerksamkeit und das Interesse der Leser zu gewinnen. Die gebotene Information kann ihre Adressaten schließlich nur dann erreichen, wenn das Produkt 'Zeitung' überhaupt wahrgenommen (und gegebenenfalls auch erworben) wird. Von daher dient die Titelseite als wichtiges Werbemittel; sie bekommt praktisch die Funktion eines Plakats, und ihre Gestaltung ist in diesem Sinne dann optimal, wenn sie auf den Leser / Käufer eine anziehende Wirkung ausübt. (In der Hinsicht unterscheiden sich Presseprodukte nicht von anderen Gegenständen der Warenwerbung.)

Dort, wo Zeitungen in unmittelbarer Konkurrenz zueinander angeboten werden (z.B. am Kiosk), erhält die Gestaltung der Titelseite natürlich ein besonderes Gewicht. Dies gilt vor allem für Boulevardzeitungen; dennoch wäre es unzutreffend, die Bedeutung von Aufmerksamkeitssteuerung darauf zu begrenzen. Grundsätzlich finden sich kontaktorientierte Maßnahmen in allen Zeitungstypen, wenn auch in verschiedener Dosierung und mit unterschiedlichen Mitteln realisiert. Ebensowenig sollte man sich ausschließlich auf die Titelseite beschränken; auch im Innenteil der Zeitung spielt das Bemühen um Aktivierung von Leseinteresse eine wichtige Rolle - nur wird man hier weniger von speziellen Texten als vielmehr von kontaktorientierten Maßnahmen oder Mitteln sprechen können. Insgesamt lassen sich wenigstens vier Bereiche oder Ebenen unterscheiden:

(XIX)

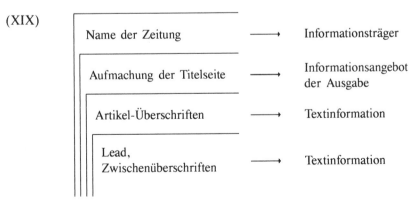

Name der Zeitung	$\longrightarrow$	Informationsträger
Aufmachung der Titelseite	$\longrightarrow$	Informationsangebot der Ausgabe
Artikel-Überschriften	$\longrightarrow$	Textinformation
Lead, Zwischenüberschriften	$\longrightarrow$	Textinformation

Im Vordergrund steht generell das Bemühen, auf ein bestimmtes Informationsangebot aufmerksam zu machen, oder anders formuliert: hervorzuheben, daß darüber informiert wird, daß $p_1...p_x$, wobei der Ausdruck '$p_1...p_x$' je nach Ebene eine unterschiedlich große Menge von Sachverhalten bezeichnet. Auch der Name des Mediums ist in dieser Weise interpretierbar. Durch ihn werden spezifische Vorerwartungen bezüglich der inhaltlichen Ausrichtung, der Art der Informationsgebung und der Position innerhalb des Zeitungsspektrums aktualisiert (vgl. Mouillaud / Tétu 1989: 101ff.).

Das *A u f f ä l l i g m a c h e n* des Informationsträgers und des betreffenden Informationsangebots erfolgt durch

— den Einsatz visueller Mittel (Illustrationen, Typographie),

— die sprachliche Präsentation und

— die Auswahl bestimmter Inhalte.

Übung (17)

> Wie lassen sich in dieser Hinsicht die FRANKFURTER ALLGEMEINE, die SÜDDEUTSCHE ZEITUNG und die ABENDPOST miteinander vergleichen? Wie sind die Unterschiede zu erklären?

Auf die Kombination aller drei Register - nämlich: Selektion von Inhalten, Sprachgestaltung, Hinzuziehung visueller Mittel - greifen insbesondere Boulevardblätter zurück (vgl. (36)). Größte Bedeutung kommt hier, neben großflächigen Fotos, jedoch den *t y p o - g r a p h i s c h e n   V e r f a h r e n* zu: Farbdruck, extreme Variation von Schriftgröße und -typ, Negativzeilen (weiße Lettern auf schwarzem Grund) oder Typozeichen (Pfeile, Punkte) tragen jeweils zur Hervorhebung der Zeitung selbst wie auch des gebotenen Informationsspektrums bei. Aufgrund der starken visuellen Akzentsetzung wird der Grundtextanteil weitgehend zurückgedrängt, oft auf weniger als 20 % des Satzspiegels.

> Strategien der Aufmerksamkeitssteuerung werden um so wichtiger, je schärfer die Konkurrenzbedingungen sind. Dies zeigt sich vor allem dort, wo der Verkauf über Abonnements nur eine untergeordnete Rolle spielt, wie etwa bei der französischen Tagespresse (vgl. die Beispielanalysen von Mouillaud / Tétu 1989, Freytag 1992). Der Titelblattgestaltung fällt hier u.a. die Aufgabe zu, mit entsprechenden Hervorhebungen sowohl die Attraktivität des Informationsangebots wie auch das Profil, die Position der betreffenden Zeitung für den potentiellen Leser / Käufer in möglichst kurzer Zeit erkennbar zu machen.
>
> Die graphisch-drucktechnische Gestaltung und die Anordnung der Beiträge stellen aus der Sicht des Lesers gleichzeitig ein wichtiges Indiz für die Bedeutungszuschreibung eines Ereignisses dar. Kniffka (1980: 85ff.) hat hierfür den Begriff *'Phänotyp'* einer Berichterstattung reserviert und als Meßinstrument für die jeweilige Gewichtung einer Information eine zehnteilige Skala vorgeschlagen (u.a.: $\pm$ ganze Titelseite, $\pm$ 'Banner'-Schlagzeile, $\pm$ Titelgeschichte (Aufmacher) ...).

Charakteristisch für die Dominanz einer kontaktorientierten Intention ist ebenfalls der hohe Anteil von *B i l d i n f o r m a t i o n e n* ; hierzu trägt - wie in (36) - oft auch die Vielzahl von Anzeigen bei. Die Titelseite erhält auf diese Weise Merkmale eines Werbeplakats. Die Illustrationen erhöhen den Aufmerksamkeitswert, veranschaulichen häufig die verbal gegebene Mitteilung, machen diese semantisch eindeutig und damit schneller erfaßbar. Dieser Effekt der Vereindeutigung gilt jedoch auch umgekehrt (vgl. Barthes 1961): Viele der in der Regel "essentiell vieldeutigen" Illustrationen werden erst durch den sprachlichen Kontext eindeutig, d.h. sie bekommen mit der verbalen Informa-

(36)

(BZ 13-12-91, 1)

tion eine bestimmte Lesart zugewiesen.[2] So wird z.B. in (36) mit der Überschrift *Honekker verkriecht sich in Chile-Botschaft...* das auf dem dazugehörigen Foto abgebildete Verhalten interpretierbar als 'Honecker verbirgt sein Gedicht hinter seinem Hut' (im Unterschied zu 'H. hat den Hut abgenommen' o.ä.); hinzu kommt eine Übertragung der mit dem Ausdruck *Feigling* gegebenen negativen Bewertung.

Alle bisher genannten Textbeispiele dienen offensichtlich auch der Vermittlung von Inhalten. Sie dennoch als primär kontaktorientiert (und nicht etwa als informationsbetont) einzustufen, ergibt sich daraus, daß man solche Texte als in erster Linie auf die Kommunikationsvoraussetzung bezogen ansehen kann. Die Aufmerksamkeitssteuerung, die Hervorhebung dessen, *daß* über etwas informiert wird, ist der informierenden Intention, der eigentlichen Sachverhaltsdarstellung, vorgeordnet. Anders ausgedrückt: Durch das Auffälligmachen eines Beitrags kann dieser vom Adressaten leichter wahrgenommen werden, und ist diese Bedingung erfüllt, läßt sich dann auch das mit der Informationshandlung verbundene Ziel, nämlich die tatsächliche Kenntnisnahme des betreffenden Sachverhalts, eher erreichen. Ein Beispiel aus der oben wiedergegebenen Titelseite mag dies veranschaulichen:

> (36a) Streit um Kanalgebühr
> *Bauer erschießt Bürgermeister*
> Ein Bauer aus Schleswig-Holstein hat sein vermeintliches Recht in die eigenen Hände genommen - mit einem furchtbaren Ende: drei Menschen sind tot. [...]
> Das ganze Drama - Seite 5

Die eigentliche Sachverhaltsdarstellung befindet sich im Innenteil der Zeitung. Die Angaben auf der Titelseite (36a) betonen für den Leser die Attraktivität des Informationsangebots, bauen Spannung auf und sollen so für die Lektüre des ausführlicheren Beitrags motivieren. Die Überschrift nennt lediglich die wichtigsten Ereigniskomponenten; auch der anschließende sechsspaltige Kurztext beschränkt sich auf eine Überblicksdarstellung. Diese Informationen reichen also nicht aus, um etwas über die (interessanteren) näheren Umstände und die Handlungsbeteiligten zu erfahren. Hierfür ist, gleichsam in einem zweiten Zugang, der angekündigte Artikel (Hinweis: *Das ganze Drama*) vorgesehen.

Ebenso als kontaktorientiert sind Ankündigungen interpretierbar, die in noch knapperer Form auf eine Berichterstattung verweisen. In (37) zum Beispiel finden sich mit den typographisch hervorgehobenen Überschriften *Durchschnittlich, Humanitäter* Vorweginformationen, deren Bezug zu einer Sachverhaltsdarstellung lediglich aus einer - und für den Leser keineswegs immer eindeutigen - zusammenfassenden Aussage oder Angabe besteht. Anders als bei Fällen wie (36a) könnte man hier einwenden, daß es sich nicht mehr um Texte im herkömmlichen Sinn, sondern allenfalls noch um "Grenzfälle von 'Text'" handelt (Burger 1990: 323). Dieser Einwand würde gleichermaßen für reine Titelankündigungen wie

---

2   Eine ausführliche Diskussion der Bild-Text-Komplementarität und der Steuerungsmöglichkeiten durch Bild-Montagen kann hier nicht erfolgen. Nützliche Hinweise, zum Teil mit Blick auf eine allgemeine Semiotik, enthalten die Arbeiten von Barthes 1961, Preisendanz 1971, Kloepfer 1976, Mouillaud / Tétu 1989, Eberleh 1990; zu Wahrnehmungsabläufen allgemein vgl. auch Klenkler 1982: 81ff.

(37a) *Vignette hilft den deutschen LKWs* Seite 4
(37b) *Was kommt nach dem Paragraphen 175?* Seite 5

gelten. Selbst wenn man von einem weiten Text-Begriff ausgeht, bleibt festzustellen, daß die genannten Äußerungen aus (37) keine selbständigen Texte darstellen; sie können ohne die Haupttexte, auf die sie sich beziehen, normalerweise nicht separat vorkommen. Schwitalla (1981: 217) bezeichnet solche Phänomene, wozu außerdem noch Vorworte, Inhaltsverzeichnisse, Korrigendalisten u.ä. zu rechnen wären, daher als *"Anhangstexte"*.

Sind in (36a) und (37a, b) die Äußerungen also auf die Existenz eines nachfolgenden Haupttextes angewiesen, ist dies bei Artikeln wie *Komm raus, Feigling* in (36) oder *Kupfer als Alteisen beiSeite geschafft* in (37) nicht unbedingt der Fall; sie wären - trotz der Fortsetzungsbeiträge im Innenteil - auch als eigenständige Texte denkbar. Man kann sie in dem Maße als kontaktorientiert einordnen, wie sie mit spezifischen Mitteln die Aufmerksamkeit auf die gegebenen Sachverhaltsdarstellungen lenken. Gleichzeitig sind sie jedoch als informationsbetont interpretierbar, und zwar insofern, als sie zu den betreffenden Ereignissen bereits eine Reihe von Aussagen liefern. Diesen Doppelcharakter versucht das folgende Schema (XX) mit dem Nacheinander zweier Lesarten (a) und (b) wiederzugeben (zur Notation vgl. Kap. 3.3.3).

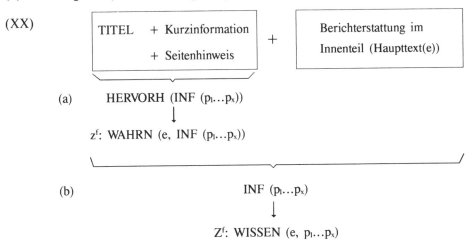

Der Aufmerksamkeitswert kontaktorientierter Texte hängt natürlich eng zusammen mit der *Relevanz des Mitgeteilten*. Diese kommt, wie oben skizziert, einem Ereignis oder einem Thema nicht als solchem zu, sondern ergibt sich für den Rezipienten auch aus der jeweiligen Aufmachung und Gewichtung. Hinzu kommen weitere Faktoren, z.B.:

— die Kontrastwirkung, die eine Mitteilung, eine Schlagzeile oder eine Illustration im gegebenen Zusammenhang auslösen,

— der Überraschungswert, also die "Inkongruenz aus subjektiver Erwartungswahrscheinlichkeit und objektivem Eintritt" des vermittelten Ereignisses (Merten 1973: 218),

— die Zeitdauer, die seit Eintreten des Ereignisses verstrichen ist,

— der Grad des Betroffenseins auf seiten des Lesers.

Vignette hilft den deutschen LKWs Seite 4

Was kommt nach dem Paragraphen 175? Seite 5

die tageszeitung

Kupfer als Alteisen beiSeite geschafft

■ Ein halbes Jahr nach der Brandnacht in Rostock muß Innenminister Lothar Kupfer endlich seinen Koffer packen

Berlin (taz) – „Der Innenminister hat hervorragende Arbeit geleistet": Bis vor drei Tagen ließ Mecklenburg-Vorpommerns Ministerpräsident Berndt Seite auf Lothar Kupfer nichts kommen. „Selbst wenn in einzelnen Phasen des Polizei-Einsatzes in Rostock Fehler gemacht worden sein sollten, halte ich die Rücktrittsforderung für unberechtigt." Schließlich: „Kein Asylbewerber und kein Anwohner ist in diesen Tagen brutaler Gewaltausbrüche verletzt worden. Gestern morgen gab Seite dennoch die Entlassung Lothar Kupfers aus dem Amt des Innenministers bekannt. Da Kupfer den ihm nahegelegten Rücktritt nicht akzeptieren wollte – er habe „klipp und klar abgelehnt –, wurde er gefeuert: wegen „übergeordneter landespolitischer Interessen".

Ausdrücklich betonte Seite jedoch erneut, die Entlassung sei keine Entscheidung gegen die Person Kupfer, da dem Minister nicht die Schuld an den Ereignissen in Rostock zugewiesen werden könne. Es sei ihm außerdem „schwergefallen", sich von Kupfer zu trennen. „Man legt seine Freunde nicht so einfach zur Seite", verteidigte der Regierungschef im Fernsehen sein langes Zögern, dem Parteifreund den Stuhl vor die Kabinettstür zu stellen.

Spekulationen, die Entlassung Kupfers sei zuletzt dadurch beschleunigt worden, daß brisante Akten aus dem Innenministerium auf einer Müllhalde gefunden wurden, wiesen Seite und die CDU zurück. Schließlich waren die Akten schon vor Amtsantritt Clinton, Christopher Kupfers im März vergangenen Jahres entsorgt, aber erst jetzt der Öffentlichkeit präsentiert worden.

Hauptmotiv für die Entlassung Kupfers dürften Seites Karriereinteressen sein: durch das Festhalten an seinem Innenminister geriet er selbst in den Mittelpunkt der Kritik. Der kleinere Koalitionspartner FDP hatte nach den letzten Auftritten Kupfers im Untersuchungsausschuß Seite schriftlich aufgefordert, seine Verantwortung wahrzunehmen und „Schaden vom Land abzuwenden"; aus Bonn, wurde als Gerücht gestreut, mit Angela Merkel habe die CDU ja eine passable Ersatzkandidatin für Schwerin ... Als dann noch seine Umweltministerin Petra Uhlmann zur Ablösung vorgeschlagen wurde, sah Seite offenbar seine Macht dahinschwinden. Den letzten Anstoß gab eine Kabinettssitzung am Dienstag, auf der es Seite nicht gelang, den *Weltjournalisten* Werner Kalinka, der sich kürzlich mit einem Buch zur Rehabilitation Uwe Barschels profilierte, als neuen Regierungssprecher durchzusetzen. Der Entlassung Kupfers will Seite sich nach Auffassung von SPD-Fraktionsvorsitzenden Harald Ringstorff nun „bis Ende der Legislaturperiode Luft verschaffen". Als Nachfolger Kupfers kündigte Seite statt des bisher genannten CDU-Fraktionsvorsitzenden Rehberg nun einen Mann aus dem Westen an: der frühere rheinlandpfälzische Innenminister Rudolf Geil, der in Schwerin genannt wurde, aber noch nichts wußte von seinem Glück.

Die Landtagsfraktion der CDU widmete Kupfer in ihrem Nachruf nur zwei äußerst trockene Zeilen: „Wir akzeptieren die Entscheidung der Ministerpräsidenten. Wir danken Kupfer für seine Arbeit in schwieriger Zeit." Seiten 3 und 10

Wenn Sie dieses Gesicht bis heute noch nicht kennen, können Sie es auch gleich wieder vergessen.   *Foto: Frank Hormann/Nordlicht*

Clintons Seifenblase ist geplatzt

■ Keine Alternativkonzepte zu Owen/Vance

Washington (taz) – Nachdem US-Außenminister Christopher die Bosnien-Vermittler Vance und Owen der „vollen Unterstützung" der Clinton-Regierung versichert hat, versuchen diese wieder, die drei Kriegsparteien zur Unterschrift unter ihr Abkommen zu bewegen. Mit einem Bosnien-Beschluß des UNO-Sicherheitsrates sei „frühestens in einigen Wochen zu rechnen", erklärte der Sprecher von Vance und Owen am Donnerstag. Gegen das von den beiden Vermittlern vorgelegte Abkommen für Bosnien-Herzegowina hatten Präsident Clinton, Christopher und Pentagonchef Les Aspin in den letzten Wochen immer wieder den Vorbehalt angemeldet: es zementiere die ethnische Teilung Bosnien-Herzegowinas auf Kosten der Muslime und belohne die serbische Aggression. Zeitweise erweckte die Clinton-Administration den Eindruck, sie entwickle Alternativkonzepte und sei auch bereit, diese – notfalls mit militärischen Mitteln – durchzusetzen. „Diese Seifenblase ist nun geplatzt", kommentierte ein enger Vertrauter von Vance und Owen den Auftritt Christophers vom Mittwoch. Neu waren lediglich die nunmehr offizielle Absage an eine Aufhebung des Waffenembargos gegen die Muslime sowie die Benennung eines US-Sonderbeauftragten. Dieser bringt jedoch wieder ein neues Verhandlungskonzept noch eine zugunsten der Muslime verändernde Karte für die Provinzaufteilung Bosnien-Herzegowinas mit. **Andreas Zumach**   Seiten 9 und 10

Nach New York statt Mogadischu

■ Erste Lufthansamaschine seit 1985 entführt

Hannover (taz/AP) – Zum zehnten Mal ist gestern ein Flugzeug der Lufthansa entführt worden. Ein immer noch unbekannter Einzeltäter brachte einen Airbus mit 104 Menschen an Bord in seine Gewalt. Die Maschine war auf dem Flug von Frankfurt über Kairo nach Addis Abeba, als der bewaffnete Mann sie über Österreich zum Kurswechsel zwang. Nachdem das Flugzeug bei einer Zwischenlandung in Hannover aufgetankt worden war, startete es wieder mit Ziel New York.

Nach Angaben der Polizei handelt es sich um einen einzelnen Entführer, der den Piloten im Cockpit mit einer Schußwaffe bedrohe. Der Mann wolle sich in New York den Behörden stellen und keinen Widerstand leisten, erklärte ein Besatzungsmitglied des Airbusses in einem Gespräch zwischen Cockpit und Tower in Hannover.

Auf einer Pressekonferenz erläuterten Staatsanwaltschaft und Lufthansa, warum man den Jumbo wieder starten ließ: Aus Zeitgründen – der Entführer, der mit dem Piloten englisch sprach, habe nur wenige Minuten zum Tanken warten wollen – sei es nicht möglich gewesen, eine Polizeiaktion vorzubereiten. Schließlich habe der Pilot die Lage als „akut bedrohlich" eingeschätzt, der Entführer habe sofort weiterfliegen wollen und „ultimativ mit der Erschießung seiner Geiseln" gedroht. Über die Zahl der Passagiere wollte die Staatsanwaltschaft „aus Sicherheitsgründen" keinerlei Angaben machen. ü.o.

Durchschnittlich

■ Das größte Dorf der Pfalz dient als Testmarkt für Zeitungs- und Fernsehwerbung. Eine Reportage von Heide Platen auf   Seite 11

Humanitäter

■ Die Euro-taz heute: Europas Militär ist mit Blauhelmen und Hilfsflügen weltweit im Einsatz.   Seiten 12 und 13

■ Sozialdumping im Binnenmarkt

In Frankreich rächt sich schon jetzt, daß der EG-Binnenmarkt ohne einheitliche Arbeitsschutzregeln begonnen hat. Grundig und Hoover verlegen Fabriken in rückschrittliche Gegenden des EWR.   Seite 7

Römischer Scherbenhaufen

Italiens Staatspräsident Scalfaro, assistiert von der Oppositionspartei PDS, hat die Regierung in Rom noch einmal vor dem Zusammenbruch gerettet. Der Rücktritt von Justizminister Martelli wg. einer Korruptionsaffäre sei dessen „Privatsache", beschwichtigte er. Schwerer wiegt die Affäre hingegen in der Sozialistischen Partei. Dort galt der gestrauchelte Martelli als Saubermann mit großer politischer Zukunft. Sein Weggang hinterläßt gähnende Leere an der Parteispitze.   Seiten 8, 10 und 11

Ödipaler Grenzfall

Hätten Einar Schleef und Rolf Hochhuth, Regisseur und Autor des sozialen Dramas „Wessis in Weimar", sich auf gewisse Schnittmengen ihres Schaffens wie auch auf mögliche wechselseitige Beförderungen ihrer Reputation einigen können – es hätte der Beginn einer wunderbaren Freundschaft werden können. Konnten sie aber nicht, schließlich ging es um eine Tragödie. Warum also am Berliner Ensemble alles so kommen mußte, wie es kam, auf   Seite 15

Kontaktorientierte Texte werden demgemäß Präsentationsformen bevorzugen, die auf die Rezeptionsbedingungen und -gewohnheiten abgestimmt sind, und vorwiegend solche Inhalte aufgreifen, die nach den obigen Gesichtspunkten die angestrebte Wirkung haben können. In Boulevardzeitungen betreffen die gewählten Themen daher vorzugsweise die Bereiche Kriminalität, Sex, Sport, Politik, wobei politische Sachverhalte in der Regel einer starken Personalisierung unterliegen (vgl. (36)). Die plakative Aufmachung sowie die Aufnahme möglichst vieler Informationseinheiten bringen es mit sich, daß die Themen nur kurz "angerissen" und die Leser meist auf weitere Informationen im Innenteil verwiesen werden. Das ständige Bemühen um textwerbende Originalität hat außerdem zur Folge, daß viele thematische Ankündigungen sich auf Andeutungen oder bewußt vieldeutige Formulierungen beschränken. Überschriften wie *Clintons Seifenblase ist geplatzt, Ödipaler Grenzfall* in (37) nennen gerade nicht den zu erwartenden Textgegenstand; dies geschieht dann entweder im (typographisch weniger hervorgehobenen) Untertitel oder bleibt offen.

Zur Aufmerksamkeitswirkung trägt nicht zuletzt auch die *Syntax der Schlagzeilen* bei. Der absolute Zwang zur Kürze (viele Themen, große Lettern), führt zu einem äußerst komprimierten Satzbau: Nominalsyntagmen (*Gold!*), einfache, meist verblose Kurzsätze (*Beifall für Papst-Stück*), also schnell überschaubare Satzformen überwiegen; Satzgefüge und kompliziertere Strukturen werden gemieden. Bezeichnend sind insbesondere auch die *zweigliedrigen Hervorhebungsformeln* (*Gesucht: 14jähriger als Frauenmörder!* oder *Trainer enthüllt: Wir wetteten auf Niederlage*), die - so Ortner (1982: 123) - "durch ein Eingangssyntagma mit progredienter Intonation sowie durch eine 'Staupause' [...] nach diesem Syntagma" gebildet werden und durch diese Anordnung die Erwartung betont auf das Folgende lenken. Die zunächst an Bildunterschriften gemachte Beobachtung Ortners betrifft in der Tat ein in kontaktorientierten Texten verbreitetes Phänomen und erinnert noch einmal an Parallelen mit dem Sprachgebrauch in der Warenwerbung (zu solchen Affinitäten vgl. besonders Dittgen 1989, Wilss 1989 und, mit französischen Beispielen, Grunig 1990).

Zu nennen sind weiterhin syntaktische und morphosyntaktische Verfahren, mit denen gezielt vom alltäglichen, routinierten Sprachgebrauch abgewichen wird. Ein bekanntes Mittel ist die *Abwandlung fester Formeln*. So verweist etwa ein Aufmacher wie *Blick voraus im Zorn* (taz 2-1-93) auf den Titel eines Schauspiels von John Osborne (*Blick zurück im Zorn*). Anspielungen dieser Art können dann, wenn der Leser sie nachvollzieht und das jeweilige Bezugselement kennt, durchaus als Aufmerksamkeitsverstärker fungieren. Normalitätsabweichend im genannten Sinne wären ebenfalls Beispiele wie:

(38)   Alles zu Späth (Z 18-1-91),

(39)   Der Mann ohne Eigenschaften (Z 22-10-82)

In der Lautform von (38) klingt einerseits die Wendung *(es ist) alles zu spät* mit der Bedeutung 'die Lage scheint hoffnungslos, es ist nichts mehr zu machen' an; die primäre Bedeutung jedoch, die auch durch die Schreibweise gestützt wird, besteht in der Ankündigung von Informationen zum Sturz des baden-württembergischen Ministerpräsidenten. Aufgrund der graphischen Form wäre zwar nur die letztgenannte Bedeutungszuschreibung korrekt, aber die Pointe beruht bei (38) gerade auf der Möglichkeit der zusätzlichen, mitgemeinten Lesart. Den unter (39) angeführten Titel wird man zunächst mit dem bekannten Musil-Roman assoziieren; durch den Untertitel erfährt der Leser dann allerdings, daß hier eine Charakterisierung des neugewählten Kanzlers Kohl gemeint ist. Die Modifikation betrifft also nicht den Wortlaut des vorgeprägten Ausdrucks, sondern den Verwendungskontext (zum Verfahren vgl. auch Burger 1991).

Wie die Beispiele zeigen, lassen sich mit solchen Formelabwandlungen und den damit verbundenen intertextuellen Bezügen zusätzliche Effekte erzielen. Sie stellen einmal die Unbeachtetheit, die fraglose Gültigkeit der Alltagssprache - Bedingungen, wie sie in Sachtexten normalerweise gegeben sind - in Frage und lenken die Aufmerksamkeit auf die sprachliche Ebene selbst; die "normale Sicht der Dinge" (Schwitalla 1976) wird kurzfristig suspendiert zugunsten einer mehrdeutigen, für den Leser möglicherweise reizvolleren Präsentation. Es handelt sich, wie Wilss (1989: 56) es formuliert, gewissermaßen um _textuelle Überschußphänomene_, welche dazu beitragen, "effektvolle 'Störstellen' aufzubauen, die nach dem Prinzip des 'delectare' die Beziehung zwischen Leser und Text u.U. erheblich intensivieren und evozierende, assoziationsstimulierende Kraft besitzen." Man kann hier auch von _Z u s a t z h a n d l u n g e n_ sprechen: Indem der Textproduzent vorgeprägte Ausdrücke abwandelt bzw. abweichend gebraucht, macht er das vor allem durch Typographie und Illustration Hervorgehobene zusätzlich originell oder unterhaltend und damit gegebenenfalls für die Lektüre attraktiver (vgl. die Zusammenfassung in (XXI)).

Die Art der verwendeten Mittel kann dabei von Zeitung zu Zeitung variieren. Der Einsatz literarischer Anspielungen z.B. ist dort eher wahrscheinlich, wo mit einer entsprechenden Sensibilität der Adressaten gerechnet wird. In anderen Fällen können "einfachere" Formen, deren Verständnis kein spezielles Wissen erfordert, überwiegen (vgl. z.B. Sprichwort-Verkürzungen wie _Ehrlich währt..._ (BZ 29-11-89, 1)). Ebenso kommen _Variationen der Wortbildung_ nur in bestimmten Pressemedien vor: Sie setzen Vergnügen an originellen Wortkompositionen, am spielerischen Umgang mit Sprache voraus; ihre Frequenz ist in der Regel nicht sehr hoch oder ihr Gebrauch auf wenige Textsorten beschränkt. Eine Ausnahme stellt in dieser Hinsicht DIE TAGESZEITUNG dar, wo Wortbildungsverfahren gerade auch zur Optimierung kontaktorientierter Texte bemüht werden.

In (37) etwa deutet der Ausdruck _Humanitäter_ auf eine politische Kontroverse hin: Sind Militäreinsätze zu humanitären Zwecken sinnvoll bzw. als solche überhaupt möglich? Die vorliegende _W o r t - v e r s c h m e l z u n g_ von _humanitär_ + _Täter_, die zweifellos nicht zum üblichen Lexikon gehört, unterbricht den linearen Lektüreverlauf und fordert vom Leser eine zusätzliche Analyse in die beiden Konstituenten:

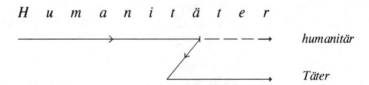

Dadurch wird die Aufmerksamkeit sowohl auf die Ausdrucksebene wie auch auf die gegensätzliche Bewertung konzentriert: Dienen die Aktionen humanitären Zwecken, oder handeln die Verantwortlichen - unter dem Deckmantel des Humanitären - als kriminelle Täter? (Zu solchen Wortbildungsverfahren allgemein vgl. Grésillon 1983, Grunig 1990.) Ähnlich aufmerksamkeitssteigernd wirken die _W o r t s p i e l e_ des Aufmachers in (37). _Kupfer als Alteisen..._ mag zwar zunächst ein wörtliches Verständnis nahelegen ("Kupfer-Gegenstände werden als oder wie Alteisen beiseitegeschafft") und die gemeinte Lesart in den Hintergrund rücken. Der aktuelle Ereigniszusammenhang, das verfremdende Foto und der Untertitel machen den gegebenen Sachverhalt, die Entlassung des mecklenburgischen Innenministers, aber dennoch klar identifizierbar. Betrachtet man nur den Haupttitel, erfordert spätestens die Abwandlung des Präpositionalausdrucks *beiseite* zu *beiSeite* eine Bezugnahme auf die beiden Politiker Kupfer und Seite:

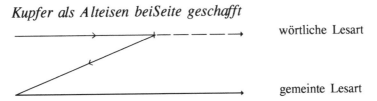

Kupfer als Alteisen beiSeite geschafft

wörtliche Lesart

gemeinte Lesart

Das Spiel mit verschiedenen Lesarten ist eines der Mittel, mit denen der Lektüreanreiz erhöht werden soll. Gleichzeitig dient es der Selbstprofilierung der betreffenden Zeitung: nämlich sich als geistreich und kritisch, als alternativ von konventionellen Konkurrenzblättern abzuheben.

Abschließend sei noch ein weiteres spezifisches Merkmal kontaktorientierter Texte genannt: die sog. *semantische Gestaltung des Druckbildes*. Je mehr typographische Anordnung und graphische Hervorhebungen mit den semantischen Einheiten einer Äußerung korrespondieren, um so leichter erfaßbar ist die betreffende Information (Teigeler 1968: 45). Das Prinzip wird in der Regel äußerst konsequent durchgeführt; "semantische Brüche", bei denen die Druckanordnung semantisch Zusammengehöriges trennt, sind eher selten. Ein Negativbeispiel in dieser Hinsicht wäre etwa die folgende Überschrift eines Werbetextes: *Gute Nachricht für / alle, alle, deren / geplagte Füße / weh tun* (BZ 30-3-82, 1), da hier Syntagmen wie *für alle* oder *deren ... Füße* getrennt werden. Ebensowenig entspricht der oben zitierte Aufmacher aus (37) den Kriterien der semantischen Druckbildgestaltung, doch ist hier aufgrund der Wortspiele eine schnelle Erfaßbarkeit der Äußerungsinhalte auch gerade nicht von primärer Wichtigkeit.

Die besprochenen kontaktorientierten Verfahren sind nun nicht mißzuverstehen als Aussagen über konkrete Rezeptionsprozesse. Sie deuten aber an, wie ein differenziertes Gefüge sprachlicher und nichtsprachlicher Aktivitäten dazu beitragen kann, das übergeordnete Ziel, das Erzeugen von Leseinteresse bzw. von Kaufbereitschaft, zu erreichen oder die Bedingungen dafür zu verbessern. Die wichtigsten Momente seien (unter Hinweis auf Schaubild (XXI)) noch einmal zusammengefaßt:

a) Die Verwendung geeigneter *typographischer Mittel* sowie die Hinzufügung von *Illustrationen* sorgen dafür, eine Information besonders hervorzuheben. Mit diesem Auffälligmachen soll bewirkt werden, daß der potentielle Leser / Käufer das betreffende Informationsangebot überhaupt wahrnimmt und für interessant hält.

b) Durch eine *Wortwahl* und eine *Syntax*, die sich an den sprachlichen Erwartungen der Leser orientieren, wird die Darstellung vereinfacht, damit die Verständlichkeit erhöht, was wiederum den Lektüreanreiz positiv beeinflussen kann. Verständlichkeitsfördernd sind vielfach auch die *Illustrationen* und die *semantische Gestaltung des Druckbildes*.

c) Mit *zusätzlichen Stilmitteln* (wie z.B. Wortspielen, Abwandlungen fester Formeln) wird vom normalen Sprachgebrauch abgewichen und auf diese Weise die Originalität der Berichterstattung unterstrichen.

d) Auf der *inhaltlichen Ebene* kann u.a. die Auswahl überraschender oder sensationeller Fakten die Relevanz oder die Exklusivität des Berichteten zusätzlich betonen.

(XXI)

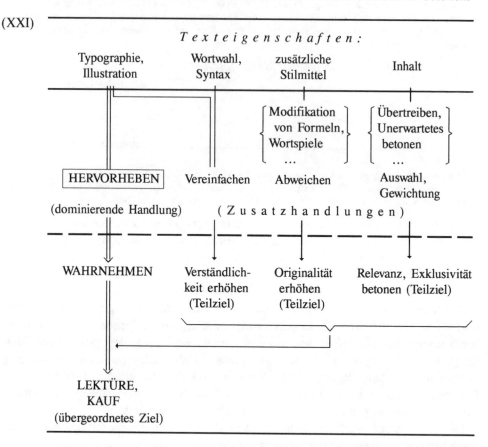

Die unter (b) bis (d) genannten Maßnahmen lassen sich nun als zusätzlich stützende Handlungen in Bezug auf die dominierende Handlung des Hervorhebens (a) interpretieren. Sie betreffen in erster Linie die Voraussetzungen der übergeordneten Zielrealisation: In dem Maße, wie das Informationsangebot als bedeutsam oder exklusiv gilt und die sprachliche Präsentation verständlich oder originell erscheint, erhöht sich auch die lesewerbende Wirkung auf den Adressaten.

Literaturhinweise:

Dittgen (1989: 13ff.)   Roloff (1985)
Lüger (1987)   Teigeler (1968: 36ff.)
Peytard (1975)   Wilss (1989: 44ff.)
Püschel (1985), (1987)   Zimmermann (1968)

4.2. Informationsbetonte Texte

In der Übermittlung von Tatsacheninformation, Ereignisdarstellungen usw. bestand in der Geschichte der Tagespresse lange Zeit die vorrangige publizistische Aufgabe von Zeitungen. Der Journalist hatte, da staatliche Zensur offene Meinungsäußerungen in der Presse untersagte, bis zur Mitte des 19. Jahrhunderts vor allem die Rolle eines "bloßen Registrators von Neuigkeiten" (Schönbach 1977: 17). Referierende Berichterstattungen ohne Bewertungen und Kritik, ohne meinungsbildendes Räsonnement machten so den Hauptinhalt journalistischer Tätigkeit aus. Dieser Hintergrund mag andeuten, weshalb informationsbetonte Texte, bei aller Diversifizierung des Beitragsangebots, bis heute den Kernbereich der Tagespresse ausmachen. Von daher dürfte es auch einleuchten, wenn diese Textklasse in der anschließenden Beschreibung einen breiteren Raum einnimmt als die übrigen.

4.2.1. Meldung

Als die wohl elementarste Textsorte innerhalb der informationsbetonten Klasse kann man die *Meldung* betrachten. Sie besteht im Kern aus einer einfachen Sachverhaltsdarstellung. Dies läßt sich exemplarisch an den unter (40) zusammengestellten Beiträgen ablesen.

(40)

Auf einen Blick

Straßenbahnfahrer tot: Beim Zusammenstoß zweier Straßenbahnen auf einem eingleisigen Streckenabschnitt im Mainzer Stadtteil Finthen ist einer der beiden Fahrer ums Leben gekommen.

Bleifrei in Jugoslawien: In dieser Sommersaison wurden in Jugoslawien 60 neue Tankstellen mit bleifreiem Benzin eröffnet. Damit hat sich die Zahl auf 152 erhöht.

Verheerende Zustände: Verdorbene Lebensmittel, Insekten und Kleintiere in der Küche, unhygienische Duschen und Toiletten sowie fehlende Genehmigungen wurden bei Kontrollen auf italienischen Campingplätzen gefunden.

Seltsames Wiedersehen: Eine ägyptische Mutter hat 22 Jahre, nachdem ihr Kind verschwunden war, den Sohn jetzt als Bettler wiederentdeckt. Der Sohn hatte einst nicht mehr nach Hause gefunden.

Mafia weiter aktiv: In den ersten sechs Monaten dieses Jahres sind in Süditalien 428 Menschen von der Mafia ermordet worden. Diese Bilanz veröffentlichte die italienische Regierung.

Teure Krankheiten: Durchschnittlich 4271 Mark im Jahr kosten jeden Bundesbürger Krankheiten. Die gesamten Ausgaben für Behandlung und Krankheitsfolgen lagen 1987 mit 261 Milliarden Mark 4,4 Prozent höher als 1986.

Verspätung droht: Die Elektroniker bei der französischen Luftverkehrskontrolle haben beschlossen, zu streiken. Jetzt drohen größere Verspätungen im Urlauber-Flugverkehr in und über Frankreich.

Wegen Mordes angeklagt: Knapp acht Monate nach dem Tod des brasilianischen Umweltschützers und Gewerkschafters, Chico Mendes, hat ein Gericht zwei Nachbarn von Mendes wegen Mordes angeklagt.

Hebammen schwanger: Die Geburtsstation eines Krankenhauses in der englischen Stadt Wolverhampton muß vorübergehend geschlossen werden. Der Grund: 15 der dort beschäftigten Hebammen sind schwanger.

Lieber daheim: Deutschland bleibt für die Deutschen das beliebteste Reiseland. Knapp zehn Millionen Bundesbürger verbrachten im vergangenen Jahr ihren Urlaub in der Heimat.

(Sk 11-0-89, 4)

Der Leser erfährt im wesentlichen nur, *daß* ein Ereignis stattgefunden hat (vgl. *Wegen Mordes angeklagt*), *daß* ein bestimmter Zustand eingetreten ist (vgl. *Teure Krankheiten*) oder eintreten wird (vgl. *Verspätung droht*); weitere Aspekte bleiben ausgespart. Von einer *einfachen* Sachverhaltsdarstellung kann man hier insofern sprechen, als die Texte keine oder nur eine minimale thematische Entfaltung aufweisen. Unter Umständen besteht eine Meldung nur aus einem einzigen Satz (vgl. *Straßenbahnfahrer tot*).

Letzteres darf allerdings nicht darüber hinwegtäuschen, daß sog. Einfachsätze auch mehrere Aussagen enthalten können. Oft sind es Nominalisierungen, mit denen syntaktische Einbettungen vorgenommen werden. So ließe sich in dem genannten Beispiel die präpositionale Angabe *beim Zusammenstoß zweier Straßenbahnen* auch als selbständige Aussage formulieren: *zwei Straßenbahnen sind zusammengestoßen*. Ähnlich wären in (40) Ausdrücke wie *fehlende Genehmigungen, bei Kontrollen, größere Verspätungen* interpretierbar: Die zugrundeliegenden Aussagen oder Prädikationen werden jeweils zu Bestandteilen einer übergeordneten Aussage.[3] Eine weitere Komprimierung ergibt sich aus der Anlagerung situierender Angaben; kennzeichnend ist in der ersten Meldung aus (40) z.B. die Attributkette *beim Zusammenstoß* + GenAttr + 2 PräpAttr. (Auf das Phänomen der Blockbildung wurde bereits ausführlich in Kap. 2.1.1 hingewiesen.) Noch ein dritter Aspekt sei erwähnt: Manche Meldungen setzen zu ihrem Verständnis ein bestimmtes Vorwissen voraus. Wenn beispielsweise in dem mit *Wegen Mordes angeklagt* eingeleiteten Text von "*dem* Tod *des* brasilianischen Umweltschützers..." die Rede ist, dann signalisiert u.a. der definite Artikel, daß hier vom Leser entsprechende Vorkenntnisse, eventuell aus einer früheren Berichterstattung, erwartet werden; jedenfalls liefert der vorliegende Artikel keine Informationen mehr über den angesprochenen Sachverhalt und dessen Vorgeschichte. Die genannten drei Faktoren - die Aussagen-Einbettung, die syntaktische Komprimiertheit, das geforderte Vorwissen - zeigen, in welchem Maße das Verständnis von Meldungen erschwert sein kann:

> "Insgesamt betrachtet stellen Meldungen, die isoliert gebracht werden, größere Anforderungen an den Zeitungsleser als ausführliche Berichte. Sie sind Angebote für Spurenleser, die aufgrund ihrer Routine und Versiertheit diejenigen relevanten Zusammenhänge rekonstruieren können, die Voraussetzung sind für ein sinnvolles Verständnis des Gemeldeten." (Bucher 1986: 89)

Eine für den Leser sinnvolle Einordnung der mitgeteilten Sachverhalte ist also aufgrund der punktuellen Informationsgebung nicht immer möglich. Dieser Einwand erübrigt sich nun, wenn Meldungen nicht lediglich als isolierte Informationsangebote, sondern als *Ankündigungstexte* eingesetzt werden.

(41) **Hans Albers würde 100 Jahre**

Der „blonde Hans" war der Liebling ganzer Generationen, der Held unzähliger Filme. Unvergessen seine Rolle als leicht angeschlagener Seemann in „Große Freiheit Nr. 7". **KULTUR**   (WAZ 21-9-91, 1)

---

3 Auf eine genauere Beschreibung der syntaktischen Verfahren und der Konsequenzen für die Textverständlichkeit kann hier nicht eingegangen werden. Ausführlicher zur Tendenz mangelnder Explizitheit und semantischer Vagheit sowie zur Funktion von Prädikat-Anhebung und Agens-Schwund: v. Polenz 1985: 231ff.; vgl. auch Schwarze 1973: 224ff.

So mag in (41) vielen Lesern unklar sein, welcher historische Kontext hier angesprochen ist, worauf sich der genannte Filmtitel genauer bezieht, warum der "blonde Hans" der "Liebling ganzer Generationen" war usw. Durch einen Zusatz am Schluß des Artikels wird der Leser jedoch auf den Kulturteil der Zeitung und damit auf eine ausführlichere Information hingewiesen.

Mit der Rolle als Ankündigungstext hängt weiterhin zusammen, daß *Überschriften* von Meldungen häufig auch eine lesewerbende Aufgabe erfüllen. Das heißt, mit ihnen wird nicht allein das Textthema bzw. ein Aspekt davon angekündigt, sondern gleichzeitig die Attraktivität der gegebenen Information hervorgehoben; noch eindeutiger kontakt-orientiert sind Beispiele des Typs (42) oder (43), wo es mit ausgefallenen, auf den ersten Blick gerade nicht themenbezogenen Formulierungen um aufmerksamkeitssteigernde Effekte geht:

(42) Der Vater des V (taz 30-12-92, 1)
(43) Schweiß verbindet (taz 2-1-93, 1)

Doch sind solche Beispiele nicht der Regelfall. Gewöhnlich wird dem Artikel eine zentrale Text-Aussage vorangestellt. Hierin spiegelt sich ein generelles Merkmal der Textsorte wider: Meldungen beschränken sich jeweils auf die Angabe eines Sachverhalts; was zählt, sind Fakten, nicht Zusammenhänge oder Hintergründe. Bucher (1986: 86) spricht daher auch von "Ergebnisberichterstattung". Explizite Wertungen werden weitgehend vermieden.

Die für Meldungen dominierende sprachliche Handlung ist - im Unterschied etwa zu Feststellungen, Ankündigungen oder Behauptungen - die *M i t t e i l u n g* : Der Textautor macht Aussagen über einen Sachverhalt, den er für gegeben, für verbürgt hält; gleichzeitig wird angenommen, daß die Aussagen für den Adressaten relevant bzw. noch nicht bekannt sind und außerdem kein Anlaß besteht, die Tatsächlichkeit des Sachverhalts und die Wahrheit der Aussagen anzuzweifeln (vgl. Motsch 1987: 54). Festzuhalten ist, daß in Mitteilungen der assertorische Charakter, die propositionale Einstellung 'für wahr halten' jeweils vorausgesetzt und daher, wie in Kap. 3.3.3 erläutert, auch nicht eigens versprachlicht wird. Typische Äußerungsbeispiele wären: *428 Menschen sind ermordet worden, die Elektroniker haben beschlossen zu streiken* - formelhaft zusammengefaßt als MITT (ass (p)). Eine Paraphrase könnte lauten: "Der Textproduzent teilt (seinen Lesern) den Sachverhalt p als tatsächlich gegeben mit."

Im Rahmen des übergeordneten Handlungstyps 'informieren, daß p' nehmen Mitteilungen schon rein quantitativ eine zentrale Stellung ein. Von Ankündigungen und Feststellungen unterscheiden sie sich nun vor allem hinsichtlich des Aussagegehalts. Während Mitteilungen sich in der Regel auf zurückliegende oder noch andauernde Geschehnisse und Ereignisse beziehen, betreffen *Ankündigungen* Sachverhalte, die in der Zukunft liegen. Dabei kann die Einstellung zum Wahrheitswert der Aussagen stark variieren:

— *ab morgen wird gestreikt*   ANKÜN (ass (p))
— *es ist damit zu rechnen, daß ab morgen gestreikt wird*   ⎫
— *zweifellos wird ab morgen gestreikt*   ⎬ ANKÜN (subj {...} (p))
— *ab morgen wird wohl gestreikt*   ⎭

Mit dem Operator 'subj {...}' soll angedeutet werden, daß der Textproduzent den asser-torischen Charakter seiner Aussage auf verschiedene Weise einschränken oder aufheben kann; mit Präsätzen (*es ist damit zu rechnen / es ist sicher, daß*...), Modaladverbien (*zweifellos, vielleicht*), Partikeln (*wohl, ja*...) läßt sich eine ganze Skala "vermu-tender Faktizitätswertungen" (Große 1976: 46) realisieren. Es erübrigt sich der Hinweis, daß die genannten Verfahren nicht spezifisch für Ankündigungen sind, sondern ebenso Mitteilungen relativieren können - nur tritt letzteres in Texten der Textsorte 'Meldung' weniger häufig auf.

Etwas anders gelagert ist dagegen ein Beispiel aus (40): *Jetzt drohen größere Verspätungen im Urlau-ber-Flugverkehr in und über Frankreich.* Hier gibt der Autor einerseits den mit *größere Verspätungen* zusammengefaßten Sachverhalt als vermutlich oder wahrscheinlich eintreffend zu verstehen; insofern wäre die Äußerung als ANKÜN (subj (p)) interpretierbar. Darüber hinaus weist der Beispielsatz mit dem Prädikat *drohen* aber noch eine weitere Einstellungsbekundung auf: Der vermutlich oder wahr-scheinlich eintreffende Sachverhalt wird von seiner Qualität, von seinen Folgen her als negativ charak-terisiert. Da diese Einstellung hier übergeordnet ist, erscheint es somit angemessener, die Äußerung als 'bewertend' und nicht als 'informierend' einzustufen: EVAL {-} (subj (p)).

Gegenüber Mitteilungen und Ankündigungen ist für *Feststellungen* kennzeichnend, daß sie Aussagen wiedergeben, die sich aus anderen, meist konkreten Sachverhalten ergeben und als solche auch eher überprüfbar und einsichtig sind. So kann z.B. in

(40a) [1] In dieser Sommersaison wurden in Jugoslawien 60 neue Tankstellen mit bleifreiem Benzin eröffnet. [2] Damit hat sich die Zahl auf 152 erhöht.

die mit [2] geäußerte Feststellung als gesichert gelten, wenn man die Eingangsvoraussetzungen, die betreffenden Zahlenangaben, kennt. Ein solcher Geltungsanspruch läßt sich bei *Behauptungen* nicht ohne weiteres erheben. Gewißheit ergibt sich hier gewöhnlich nicht aus sinnlich Wahrnehmbarem, empirisch Überprüfbarem, sondern ist abzuleiten aus Normen, Verallgemeinerungen, Interessenlagen u.ä. (Steger 1978: 155f., Hindelang 1978). Von daher sind Behauptungen häufig strittig und bedürfen normalerweise zusätzlicher Begründung:

(40b) [1] Lieber daheim: [2] Deutschland bleibt für die Deutschen das beliebteste Reiseland. [3] Knapp zehn Millionen Bundesbürger verbrachten im vergangenen Jahr ihren Urlaub in der Heimat.

Da die einleitende Behauptung in [1] bzw. explizit in [2] für den Leser keineswegs evident sein muß, folgt in [3] ein Hinweis auf das zugrundegelegte Gültigkeitskriterium. Mit dieser Äußerung versucht der Autor der Meldung a) zu erklären, wie er zu der Behauptung kommt, und b) mögliche Einwände auszuräumen und so seine Einschätzung bezüglich der Reiseprioritäten plausibel zu machen.

Die genannten Informationsarten lassen sich nun wie folgt zusammenfassen:

$$
\text{INF} \left\{
\begin{array}{l}
\text{MITT (ass (p))} \\
\quad + \\
\text{ANKÜN (ass/subj (p))} \\
\text{FESTST (ass (p))} \\
\text{BEH (ass (p))} \\
\ldots
\end{array}
\right.
$$

Die Art der Anordnung gibt gleichzeitig die textsortenspezifische Bedeutung wieder. Eine weitere Differenzierung, wie sie etwa von Motsch (1987) mit Blick auf institutionsspezifische Bedingungen vorgeschlagen wird, erübrigt sich für die Analyse informationsbetonter Zeitungstexte. Aufschlußreich erscheint dagegen zu fragen, welche Inhalte Meldungen typischerweise vermitteln. Es wurde eingangs bereits erwähnt, daß es hier um recht elementare Sachverhaltsdarstellungen geht, deren Kernaussagen noch um weitere situierende Angaben ergänzt sein können. Die im einzelnen zu erwartenden Informationen lassen sich, einem Vorschlag Buchers (1986: 82) folgend, mit einer Reihe von Ergänzungssätzen wiedergeben, die die propositionale Komponente p präzisieren:

a) mitteilen, was sich ereignet hat,
b) mitteilen, wo
c) mitteilen, wann ⎫
d) mitteilen, wie ⎬ etwas passiert ist,
e) mitteilen, weshalb ⎭
f) mitteilen, wer an dem Ereignis beteiligt war.

Natürlich müssen nicht alle Angaben in einem Meldungstext vorkommen, die Liste umreißt vielmehr ein mögliches Spektrum. Weiterhin ist anzumerken, daß die Komplementsätze in modifizierter Form auch auf Ankündigungen und Behauptungen zutreffen; lediglich bei Feststellungen ist die Vielfalt möglicher Ergänzungen eingeschränkt (z.B.: feststellen, welcher Zustand erreicht ist / welche Folgen ein Sachverhalt hat...).

Mit der Auflistung wird bereits angedeutet, wie die einzelnen Aspekte in einem Text miteinander verknüpft sind. Wir haben in der Regel eine zentrale Mitteilungs- oder Ankündigungshandlung des Typs "X hat sich ereignet / wird sich ereignen", auf die dann mit weiteren Aussagen Bezug genommen wird. Kerninformation und Zusatzangaben stehen dabei in einem *S p e z i f i k a t i o n s z u s a m m e n h a n g* (XXII):

(XXII)

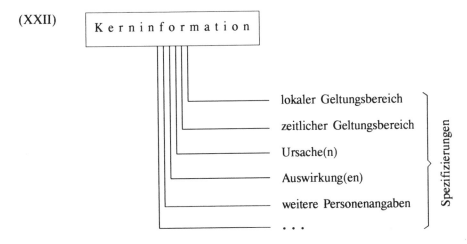

'Spezifizierung' (bzw. als Resultat: 'Spezifikation') wird hier als übergreifende Bezeichnung für die Informationshandlungen gebraucht, welche eine bestimmte Aussage unter verschiedenen Aspekten näher charakterisieren. Rein inhaltlich kann man die Art der Informationsverknüpfung auch als Bündel von *Kontiguitätsrelationen* betrachten (vgl. Brinker 1971: 234f.): Auf die Kerninformation folgen weitere Textsegmente zur Vorgeschichte, zu den raum-zeitlichen Bedingungen, den Konsequenzen usw. Zumindest dann, wenn ein Text nur Mitteilungen enthält, die intentionale Komponente also gleich bleibt, braucht zur obigen Beschreibung kein Widerspruch zu bestehen.

Daß diese Informationsstruktur auch in Ein-Satz-Texten, insbesondere über die Anlagerung von Attributen und präpositionalen Angaben, zugrundeliegt, wurde an Beispielen demonstriert.

Das Themenspektrum von Meldungen ist so gut wie unbegrenzt, es reicht von politischen Sachverhalten bis zu human interest-Motiven; und werden Meldungen aus dem Bereich 'Politik' aufgenommen, dann häufig mit marginalen Informationen, die jeglicher politischen Dimension entbehren (z.B. *Verbissene Mienen, Der Kanzler spart*). Im Französischen hat sich hier der treffende Begriff *fait divers* eingebürgert: "Accident, délit ou événement de la vie sociale qui n'entre dans aucune des catégories de l'information politique ou spécialisée." (Voyenne 1967: 4) Natürlich wäre hier noch nach Zeitung bzw. Zeitungstyp zu differenzieren.

Übung (18)

Aus welchen sprachlichen Handlungen besteht der folgende Text?

[1] *Sommermaut teurer*
[2] Ab sofort müssen Autotouristen auf der Tauernautobahn und auf der Felbertauernstraße tiefer in die Tasche greifen: [3] Pro PkW werden auf der Tauernautobahn 190 Schilling (rund 27 Mark) fällig - [4] das sind 70 Schilling mehr als im vergangenen Winter. [5] Die Benutzung der Teilstrecken kostet nun 100 statt 60 Schilling. [6] Für eine Fahrt über die Felbertauernstraße werden 180 statt 110 Schilling berechnet. (W 8-5-92)

4.2.2. Harte Nachricht

Der hier zu beschreibende Nachrichtentyp gilt gleichsam als die "Urzelle" der Zeitung, als eine Darstellungsform, die am klarsten die Informationsaufgabe des Mediums verkörpert. Nachrichten sollen - so die Auskunft in publizistischen Handbüchern - den Leser aktuell, sachlich, d.h. ohne Beigabe von Kommentierungen, und prägnant informieren; angestrebt wird die "Vermittlung von Informationen in möglichst knapper, unparteilicher Weise" (Weischenberg 1988: 16). Thematisch geht es vor allem um "Angelegenheiten von großer politischer, wirtschaftlicher und kultureller Bedeutung" (Dovifat / Wilke 1976: I,171), wobei der Textaufbau, wie noch zu zeigen, einem relativ festen Prinzip folgt. Im Unterschied dazu bestehen für den Typ der sog. *weichen Nachricht*, welcher sich überwiegend auf die Darstellung von Unglücksfällen, Verbrechen u.ä.

konzentriert, sowohl im Hinblick auf die Textstruktur wie auch bezüglich der Formulierungsweise wesentlich größere Variationsmöglichkeiten (vgl. 4.2.3).

Der Begriff 'Nachricht' kann normalerweise in zweifacher Hinsicht gebraucht werden:
— einmal als Bezeichnung von Textinhalten (Nachrichten wären demnach alle Informationen, die für ein Publikum neu oder relevant sind),
— zum andern als Bezeichnung einer bestimmten Art journalistischen Textvorkommens (Nachrichten wären demnach alle Texte, denen sich eine Menge spezifischer Merkmale zuordnen läßt).
Dieser Doppelcharakter hat bei einigen Autoren dazu geführt, die Redeweise von einer Textsorte 'Nachricht' ganz aufzugeben; teilweise wurde auch auf die Unterscheidung gegenüber 'Meldung' und 'Bericht' verzichtet. Im folgenden wird dagegen der Begriff 'harte / weiche Nachricht' ausschließlich als Textsortenbezeichnung verwendet.

Zwischen Meldungen und harten Nachrichten bestehen nun in der Tat einige Ähnlichkeiten. Dazu gehören insbesondere die wertungsneutral wirkende Darstellungsweise und der achronologische Textaufbau. Ausgangspunkt ist auch hier zumeist eine zentrale Aussage, die dann - nach dem Muster von (XXII) - zusätzliche Erweiterungen erhalten kann. Diese Art der Textbildung wird in der publizistikwissenschaftlichen Literatur gewöhnlich als *top-heavy-form* oder als *inverted pyramid* veranschaulicht (im Anschluß an Warren 1934/1953): Das Wesentliche kommt dabei zuerst. Die für den Leser nach Einschätzung des Textproduzenten wichtigste Information, das Neue, steht im Titel und in dem durch Fettdruck hervorgehobenen Vorspann (*Lead*). Im Haupttext (*Body*) folgen - nach dem Prinzip abnehmender Wichtigkeit - Zusatzinformationen und Einzelheiten (vgl. Schulze 1991: 125):

(XXIII)

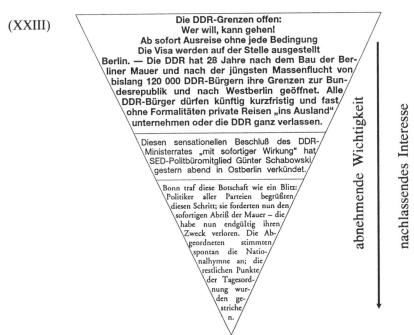

Die Anordnung, die vielfach noch durch die typographische Gestaltung (Schriftgröße, Fettdruck) unterstützt wird, hat zwei Vorteile. Dem Leser erleichtert sie die schnelle und übersichtliche Lektüre; er erhält bereits mit der Texteinleitung ein Maximum an Information, und bei nachlassendem Interesse kann er die Lektüre abbrechen, ohne auf wichtige Informationen verzichten zu müssen (Gaillard 1975: 88). Zum andern können beim Umbruch eventuelle Kürzungen vom Schluß her vorgenommen werden, ohne daß Wesentliches verlorenginge oder der gesamte Text geändert werden müßte.

> Man hat versucht, für harte Nachrichten noch eine zusätzliche Differenzierung nach *fact story* (→ Tatsachen), *action story* (→ Ereignisabläufe) und *quote story* (→ Zitate) vorzunehmen (Warren 1934: 88; vgl. Dovifat / Wilke 1976: I,170ff.; Weischenberg 1988: 36ff.). Doch ergeben sich dabei gerade für die makrostrukturelle Gliederung keine wesentlichen Unterschiede. In der *fact story* und der *action story* werden die Informationen wie üblich nach der vom Autor vorgenommenen Wichtigkeitsabstufung gegeben, die wichtigste Mitteilung steht also jeweils am Anfang. In der *quote story* (auch 'Zitatenbericht' genannt) liegt praktisch der gleiche Textaufbau vor, nur sind die einzelnen Textpassagen von Redewiedergaben unterbrochen. Die wichtigkeitsorientierte Informationsabfolge liegt also bei allen Subtypen zugrunde, und es erübrigt sich daher, hier Unterschiede auf der Textsortenebene anzunehmen. Außerdem muß bezweifelt werden, daß die an amerikanischen Pressetexten gewonnenen Nachrichtensorten in dieser Form überhaupt übertragbar sind.

Den Textaufbau harter Nachrichten allein mit dem Prinzip der Wichtigkeitsabstufung erklären zu wollen, ist nun nicht ganz unproblematisch. Denn was wichtig und was unwichtig ist, kann man nicht einfach als von vornherein feststehende Eigenschaft einer Information betrachten, sondern ergibt sich erst aus dem Rezeptionszusammenhang. Das heißt, bezieht man diese Perspektive mit ein, das Prädikat 'wichtig' oder 'relevant' kommt einer Mitteilung aufgrund des Textverständnisses und der Interessenlage des Lesers zu. Eine generelle Überblicksinformation muß insofern nicht unbedingt bedeutsamer sein als ein ergänzender Zusatz. Wie sehr mitunter die Wichtigkeitszuordnung zwischen Textproduzent und -rezipient divergieren kann, hat ausführlich Bucher (1986: 166ff.) anhand von Leserbriefreaktionen gezeigt. Darüber hinaus ist das Wichtigkeitskriterium nicht genau genug, um auch im Detail die Informationsverknüpfung eines Textes zu erfassen. Dies sei an einem Beispiel näher erläutert (vgl. (44)).

Titel und Untertitel vermitteln die zentralen Aussagen der Nachricht, sie verleihen dem Text "einen ersten, unvollständigen Sinn" (Hess 1980: 69). Der Leser erfährt, daß es in Lettland eine politische Veränderung gegeben hat und worin sich diese äußert. Bezeichnend für diese Funktion ist auch die sprachliche Form: Nachrichtenüberschriften bestehen durchweg aus vollständigen Sätzen (oder lassen sich zu solchen ergänzen); semantisch entsprechen sie Prädikationen mit Referenzteil (hier: *Letten, Parlament*) und Prädikat. Daß dabei syntaktisch einfache Formulierungen oft kompliziertere Aussagengefüge enthalten, sei an dieser Stelle nur angedeutet (z.B. läßt sich in (44) der Untertitel als zweifache Einbettungsstruktur rekonstruieren, paraphrasierbar als: "das Parlament bewirkt, daß die KP nicht mehr fordern kann, daß sie das Land (?) führt"; worauf sich dagegen im Haupttitel das Konjunktionaladverb *auch* genau bezieht, kann der Leser vorerst nur aufgrund seines Vorwissens ergänzen).

Textabschnitt [1], der Lead, nimmt die Titelinformation wieder auf und erweitert diese geringfügig; u.a. wird mitgeteilt, welchem Land sich Lettland mit seinem neuen Kurs angeschlossen hat und wie der politische Wechsel konkret umgesetzt wurde. Diese Angaben sind gleichsam Antworten auf Fragen, wie sie sich aus der Sicht des Lesers nach der Titellektüre ergeben können. Überhaupt erscheint es sinnvoll, den Informati-

onsablauf auch vor dem Hintergrund *impliziter Frage-Antwort-Beziehungen* zu sehen
(Hellwig 1984: 15):

> "Zu jedem Aussagesatz in einem monologischen Text gibt es eine implizite, zuweilen auch im Text
> selbst explizit gemachte Frage, auf die der Satz eine Antwort ist. [...] Der Autor nimmt in Gedanken
> vorweg, was der Leser an bestimmter Stelle fragen könnte oder müßte, und beantwortet es im voraus.
> Größere Sinneinheiten resultieren daraus, daß eine Frage erst endgültig beantwortet ist, wenn auch die
> Fragen, die die Ausführungen wiederum nach sich ziehen, behandelt worden sind."

(44)

[0] # Auch Letten wollen Mehrparteiensystem

Parlament streicht KP-Führungsanspruch

[1] Riga/Moskau, 29. 12. (dpa/AP) Nach Litauen hat auch die baltische Sowjetrepublik Lettland den Weg zu einem Mehrparteiensystem geebnet. Eine dazu erforderliche Änderung der Verfassung beschloß der Oberste Sowjet (Parlament) Lettlands in Riga.

[2] In der neuen Fassung des Artikels sechs, in dem bisher die führende Rolle der Kommunistischen Partei festgeschrieben war, wird jeder gesellschaftlichen Organisation „einschließlich der KP" auferlegt, im Rahmen der Verfassung und der Gesetze zu wirken.

[3a] Neufassungen anderer Artikel der Republikverfassung sichern den Bürgern Lettlands das Recht, sich zu Parteien und anderen gesellschaftlichen Organisationen zusammenzuschließen, die „einen gewaltsamen Sturz der bestehenden Gesellschaftsordnung nicht zu ihrem Ziel" erklären.

[3b] Wie Estland und Litauen erhält Lettland durch Beschluß seines Obersten Sowjets ein eigenes Außenministerium. Zum Minister für Auswärtiges wurde Eijen Jotsch ernannt.

[4] Wie die sowjetische Parteizeitung „Prawda" am Freitag schrieb, mußte die Tagesordnung des Parlaments wegen zahlreicher zusätzlicher Vorschläge der Abgeordneten erheblich erweitert werden. Wegen der Feiertage unterbrach der Oberste Sowjet seine Sitzung bis Anfang Januar.

[5] In der litauischen Hauptstadt Wilna sowie den Städten Kaunas und Klaipeda (Memel) hatten am Donnerstag Zehntausende von Menschen für die Entscheidung der Kommunistischen Partei Litauens demonstriert, sich organisatorisch von der KPdSU zu trennen.

(EZ 30-12-89, 1)

In diesem Sinne würde Abschnitt [2] auf die sich in [1] ergebende Frage antworten, wie
denn die Verfassungsänderung bezüglich der alten Führungsrolle der KP im einzelnen
aussieht. [3a] gibt anschließend Auskunft darüber, ob die in [2] genannte Neufassung
noch durch andere Maßnahmen gestützt wird bzw. - und diese Frage ließe sich schon an
[1] anschließen - auf welche Weise die Verfassung das Mehrparteiensystem überhaupt
festschreibt. Abschnitt [4] teilt etwas über den organisatorischen Ablauf der Parlamentsarbeit mit: Unter welchen Rahmenbedingungen entstanden die in [0] - [3a] genannten Beschlüsse, und wie geht es weiter? Etwas loser mit den übrigen Informationen
verknüpft sind die Aussagen in [3b] und [5]: [3b] kann man - über die Frage "Was wurde
außerdem beschlossen?" - als Erweiterung der vorangehenden Mitteilungen verstehen.
Insgesamt ergibt sich somit ein sukzessiv erweiterter Informationsstrang: [0] → [1] → ([2]
+ [3a] + [3b]) → [4]. Gleichzeitig werden aber, und zwar sowohl in [3b] wie auch in [5],

die im Titel (*auch...*) und im Lead (*nach Litauen...*) nur angedeuteten Parallelen wieder aufgenommen. Der Leser erhält Informationen über vergleichbare Entwicklungen in den anderen baltischen Ländern, wobei allerdings speziell im Falle von [5] die Anbindung an den übrigen Text eher künstlich erscheint. (Letzteres mag u.a. darauf zurückzuführen sein, daß dem Artikel verschiedene Agenturmeldungen zugrundeliegen; hierauf verweisen auch die Quellenangaben zu Beginn des Textes.)

Die Beschreibung läßt erkennen, daß der Textaufbau nicht allein mit dem Wichtigkeitskriterium erklärbar ist. Als dominierend erweist sich vielmehr ein Verknüpfungsprinzip, welches darauf basiert, daß der fortlaufende Text eine im Titel oder im Titelgefüge vermittelte Kerninformation zunehmend erweitert, präzisiert, ergänzt, kurz: *spezifiziert*. Dabei wird diese Kerninformation, so Morgenthaler (1980: 173), "schrittweise mit immer detaillierteren Informationen angereichert bzw. bildet die Voraussetzung für die Erwähnung peripherer werdender Informationen, bis schließlich ein Punkt erreicht wird, an dem ein Textproduzent die Ausführung einer Information unter diesem Leitthema für nicht mehr vertretbar hält. Dies führt dann zum Abbrechen der Vertextung unter einem Leitthema." Einen solchen Übergangspunkt stellte diesbezüglich in (44) z.B. der Abschnitt [5] dar.

Der genannte Spezifikationszusammenhang bildet das für harte Nachrichten allgemein wesentliche makrostrukturelle Prinzip. Dabei ist sicher weniger von Bedeutung, ob man diese Struktur nun als *inverted triangle* oder mit konzentrischen Textplankreisen wiedergibt. Der skizzierte Textaufbau ist weitgehend verbindlich, wenn auch bestimmte Modifikationsmöglichkeiten bestehen. Nur selten umfassen Nachrichtentexte mehr als vier Abschnitte, in der Regel stellen vierzig bis fünfzig Zeilen die Obergrenze dar.

Wie schon einleitend erwähnt, berichten harte Nachrichten aufgrund des Textaufbaus grundsätzlich nicht in chronologischer Reihenfolge über ein Ereignis: "Der Lead-Stil ist das Gegenteil von Chronologie." (v. LaRoche 1975: 78) Die spezifizierende Teiltextabfolge und die daraus resultierende Informationsgewichtung begünstigen jedoch eine rasche Rezipierbarkeit; insofern sind Nachrichtentexte auch nicht notwendig auf Ganzlektüre hin angelegt.

Der einleitende Abschnitt, der Lead, dient üblicherweise der Spezifizierung der Titelinformation, und zwar durch verschiedene Angaben, die den eingeführten Sachverhalt genauer situieren. Dies entspricht der Beschreibung, wie sie in 4.2.1 für Meldungen gegeben wurde (vgl. Schaubild (XXII)). Das heißt, die Vorspanntexte längerer Nachrichten wären, für sich genommen, in einer Zeitung grundsätzlich auch als Meldungen verwendbar (und umgekehrt wird damit die Kennzeichnung der Meldung als Kurznachricht oder als Mikroform der Nachricht plausibel).

Der oben skizzierte Versuch, Textgliederung und Informationsfortschritt mit Hilfe von Frage-Antwort-Beziehungen nachzuzeichnen, ließe sich noch um einen weiteren Aspekt ergänzen, um die Frage nämlich, wie der Nachrichtentext gestaltet sein muß, um die betreffenden Sachverhaltsaussagen in optimaler Weise zu übermitteln. Einem informationsbetonten Text kann man generell das Ziel zuordnen, auf seiten des Adressaten ein Wissensdefizit zu beseitigen (vgl. Kap. 3.3.2). Auf harte Nachrichten übertragen: Der Leser soll a) die gebotene Tatsacheninformation rein sprachlich verstehen (= z^{f-2}), b) bereit sein, die Faktizität der Sachverhaltskomponenten anzuerkennen (= z^{f-1}), und c) die mit dem Text gewonnenen neuen Kenntnisse auch tatsächlich in bereits vorhandene Wissensbestände integrieren (= z^f). Es mag zwar grundsätzlich problematisch erscheinen, bezüglich des Erfolgreichseins von Informationshandlungen noch zwischen Verstehens-, Akzeptierens- und Ausführungsbedingungen zu unterscheiden (vgl. Rosengren 1983: 172). Da aber im Text Verfahren bemüht werden, die sich auf unterschiedliche Erfolgsbedingungen beziehen, soll die Differenzierung zunächst beibehalten werden. Natürlich geht der Textproduzent bei der Abfassung des Textes von zahlreichen Vorkenntnissen aus, die der Leser für die Rezeption normalerweise aktivieren kann. Dazu gehören u.a.:

— *sprachliches Wissen* (Kenntnis des Wortschatzes und der Syntax-Regeln, aber auch der betreffenden Textsorte einschließlich der damit verknüpften Erwartungen),
— *enzyklopädisches Wissen*, Vorkenntnisse bezüglich bestimmter Termini und Sachverhalte, sog. Schema-Kenntnisse (daher brauchen Begriffe wie 'Verfassung', 'Mehrparteiensystem', 'Parlament' nicht weiter erläutert zu werden),
— *episodisches Wissen*, Kenntnis des Aktualitätszusammenhangs, Vorinformationen über die dargestellten Ereignisse (in (44) z.B. zur Umbruchsituation in den baltischen Ländern).

Wenn nun spezielle Ausdrücke auf Schwierigkeiten stoßen bzw. der Textproduzent hier Mißverständnisse für möglich hält, können weitere Hinweise zur Bedeutungserklärung gegeben werden. In diesem Sinne dienen beispielsweise in (44) einige Klammerzusätze primär der *V e r s t ä n d n i s s i c h e r u n g* : *der Oberste Sowjet (Parlament) Lettlands, den Städten Kaunas und Klaipeda (Memel).*

Um die Verläßlichkeit der Informationen zu betonen und deren Akzeptierbarkeit zu erhöhen, werden häufig bestimmte *G l a u b w ü r d i g k e i t s s i g n a l e* eingesetzt. Ein bekanntes Mittel ist in dem Zusammenhang die Aufwertung der Quelle (*wie es in Expertenkreisen heißt...* u.ä.). In (44) kommen zwar solche Signale direkt nicht vor, aber die texteinleitende Nennung der Nachrichtenagenturen als Informationsquellen sowie die Wiedergabe mehrerer Zitate aus der geänderten Verfassung lassen sich ebenfalls in dieser Richtung interpretieren: Sie unterstreichen Seriosität, Genauigkeit, teilweise auch Überprüfbarkeit und fördern gegebenenfalls die Bereitschaft des Lesers zur Übernahme der Sachverhaltsdarstellung. (Von einer anderen Lesart, nämlich die betreffenden Signale eher als Zeichen von Scheinobjektivität, als "in Wirklichkeit subjektivierende Formeln" zu begreifen, sei hier einmal abgesehen; vgl. Jaenicke 1971: 186.)

Weiterhin haben Textgliederung und Informationspräsentation einen Einfluß darauf, wie die betreffenden Mitteilungen verarbeitet werden, d.h. wie der Textrezipient auf der Basis bereits vorhandener Kenntnisse die neuen Informationen aufnimmt, zu einer bestimmten Vorstellung des Sachverhalts verarbeitet und dadurch möglicherweise bereit ist, andere Sachverhaltsvorstellungen zu korrigieren oder zu ergänzen. Es leuchtet ein, daß kurze und relativ abstrakt bleibende Informationen weniger geeignet sind, auch langfristig wirksame Veränderungen von Wissensstrukturen herbeizuführen, als Mitteilungen, die zusätzliche Details, Erläuterungen, Hintergründe liefern. Um nun das verfolgte Ziel eher zu erreichen, wird der Textproduzent im allgemeinen seinen Text so zu gestalten versuchen, daß dieser möglichst auf die Verarbeitungsbedingungen abgestimmt ist. Auf Nachrichten übertragen: Welche Informationen müssen gegeben werden, damit der Leser die Sachverhaltsdarstellung in der gewünschten Weise verarbeiten kann? Die Art der spezifizierenden Informationsabfolge wäre demnach *ein* solcher Weg zur *S i c h e r u n g   d e r   T e x t v e r a r b e i t u n g*, zum Erreichen des Kommunikationsziels. Dem steht nicht entgegen, daß das Spezifikationsprinzip weitgehend standardisiert ist und zu den textsortenspezifischen Merkmalen harter Nachrichten gehört. Unerheblich ist diesbezüglich auch, ob die Texterstellung durch einen einzelnen Journalisten oder über verschiedene redigierende Instanzen erfolgt.

Die einzelnen Textkomponenten sind in Schaubild (XXIV) noch einmal zusammengestellt. Eine begrenzte Zahl von Mitteilungshandlungen bildet normalerweise den Informationskern; Ankündigungen, Feststellungen, Behauptungen bleiben von untergeordneter Bedeutung. Hinzu kommen verständnissichernde Erklärungen, Stärkungen der Glaubwürdigkeit und vor allem Spezifizierungen der Kerninformation, Maßnahmen also, die auf verschiedenen Ebenen den Erfolg der Kommunikation stützen. Die Stützungshandlungen und der daraus resultierende Textaufbau machen auch den Hauptunterschied gegenüber Meldungen aus.

(XXIV)

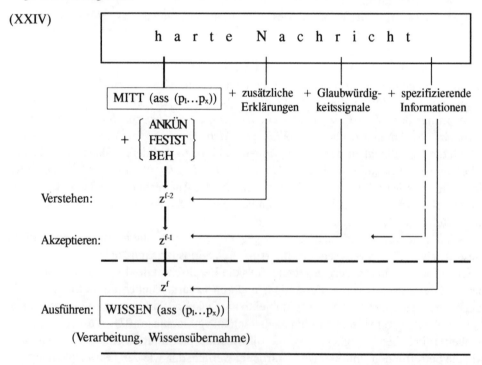

Bezüglich der syntaktischen Gestaltung muß man sich zunächst vergegenwärtigen, daß Zeitungsnachrichten häufig auf Agenturmeldungen zurückgehen. Welche Folgen dies sprachlich hat, wurde bereits im Zusammenhang mit der Textsorte 'Meldung' angedeutet. Von daher kann es nicht überraschen, die gleichen Erscheinungen verstärkt auch in Nachrichtentexten zu finden (vgl. ebenfalls die Beschreibung in Kap. 2.1.1). Das Bestreben, Informationen zu komprimieren, Sachverhalte unter verschiedenen Aspekten ein-

zuordnen und die Kommunikationsgegenstände genau identifizierbar zu machen, begünstigt u.a. folgende Tendenzen:
— die Verwendung von Nomina, die aus Verben abgeleitet wurden (vgl. in (44): *Änderung, (Neu-)Fassung, Sturz, Beschluß, Vorschläge, Entscheidung*),
— die Bildung relativ komplexer Sätze mit zusätzlichen Attribuierungen und präpositionalen Angaben (vgl. in (45) *am Dienstag, in Genf, auf ein Abkommen, zur Verringerung*... oder in (46) die vielen Linksattribute),
— eine hohe Frequenz von Adverbien, Partizipien und meist nicht steigerbaren Adjektiven (vgl. besonders (46)).

> (45) Genf (dpa/ap) - Die USA und Rußland haben sich am Dienstag in Genf auf ein weiteres Abkommen zur deutlichen Verringerung der strategischen Atomwaffen geeinigt. US-Präsident George Bush, der am 20. Januar von Bill Clinton als Präsident abgelöst wird, und Rußlands Präsident Boris Jelzin werden das Abkommen laut russischen Angaben möglicherweise Anfang Januar im Schwarzmeer-Badeort Sotschi unterzeichnen. [...] (HB 30-12-1992, 1)

> (46) Windhuk, 14. November. Bei den international überwachten ersten freien Wahlen in der Geschichte Namibias hat die linke Befreiungsorganisation SWAPO einen klaren Sieg errungen. [...] (FR 15-11-89, 1)

Hinzuzufügen wären als spezifisches Merkmal noch die häufigen *Redeerwähnungen* (vgl. Hoppenkamps 1977, Dieckmann 1985). Hier kommt es gerade bei der nicht-wörtlichen Wiedergabe oft zu mehrstufigen Einbettungen:

> (47) Laut Parteichef Otto Graf Lambsdorff will die Partei erfahren, ob Möllemanns Darstellung richtig ist, die Empfehlungsschreiben an Supermarktketten für ein von einem angeheirateten Vetter vertriebenes Produkt seien ohne sein Wissen auf Minister-Briefbögen mit Blanko-Unterschrift verfaßt worden. (HB 31-12-92)

Auf diese Merkmale gehen nun in erster Linie die komplizierte Satzstruktur und die hohe durchschnittliche Satzlänge in Nachrichtentexten zurück. Sie widersprechen, da stark von den sprachlichen Erwartungen der Leserschaft abweichend, eindeutig den Voraussetzungen einer um Verständlichkeit bemühten Informationsvermittlung. Zu nennen sind in dem Zusammenhang ebenso noch die Tendenz zu komplexer Wortbildung und zu lexikalischer Varianz, d.h. der Verwendung verschiedener Ausdrücke für gleiche Sachverhalte (Straßner 1975a, Sandig 1980). Die Syntax von Nachrichten steht darüber hinaus in krassem Gegensatz zu bestimmten Stilforderungen journalistischer Handbücher:

> "Die Klarheit erwächst aus dem kurzen Satz. Der lange Satz ist in der Zeitung nirgends, am wenigsten in der Nachricht am Platze. Je mehr geschachtelt wird, um so unklarer wird der Ausdruck, auch dann, wenn grammatikalisch richtig geschachtelt ist und das Werk den Schachtelschreiber tief befriedigt." (Dovifat / Wilke 1976: I,169; vgl. außerdem v. LaRoche 1975: 113f., Gaillard 1975: 91, Weischenberg 1988: 48)

Aufgrund der geforderten unkommentierten Faktendarstellung dominieren in Nachrichten vor allem assertorische Mitteilungen. Sie präsentieren Sachverhalte in der Regel als tatsächlich gegeben; Einschränkungen des Gewißheitsgrades werden entsprechend kenntlich gemacht (*nach Darstellung von, soll ... ausgelöst haben*). Explizite Wertungen fallen dagegen kaum ins Gewicht. Die Trennung von Nachricht und expliziter Kommentierung war der Ausgangspunkt einer langen Diskussion über die *Objektivität journali-*

stischer Berichterstattung. Dabei wurde die Einhaltung der Trennungsnorm zur unabdingbaren Voraussetzung journalistischer Arbeit überhaupt. (Nach Dovifat stellte die Vermischung von Nachricht und politischer Wertung sogar eine Eigenart totalitärer Journalistik dar.) Der immer wieder erhobene Objektivitäts-Anspruch ist nun aus verschiedenen Gründen zu relativieren. Zum einen abstrahiert ein absolut gesetzter Begriff von Objektivität vollständig von der Tatsache, daß jede Nachricht zahlreiche Selektions- und Bearbeitungsinstanzen durchlaufen hat und somit das Resultat einer Kette subjektiver Entscheidungen bildet. Unabhängig davon enthalten auch bereits Auswahl und Konstitution eines Sachverhalts als Nachrichtengegenstand interpretierende Momente:

> "Ereignisse sind in der natürlichen und sozialen Umwelt nicht 'roh' vorfindbar, so daß man sie mit ihrem journalistischen 'Abbild', den Nachrichten vergleichen könnte. Auch Ereignisse müssen erst als solche definiert werden, indem das kontinuierliche Geschehen interpunktiert, indem sinnvolle 'Figuren' von einem irrelevanten 'Hintergrund' abgehoben werden. Ohne derartige *konstruktive* Operationen des Betrachters ist Wahrnehmung, ist auch Nachrichtenberichterstattung nicht möglich." (Schulz 1989: 240; vgl. v. Bismarck 1970 und ausführlich: Schulz 1990)

Aus den vorstehenden Bemerkungen wird ersichtlich, wie problematisch es ist, selbst bei völligem Fehlen expliziter Kommentierungen von Objektivität oder von "reinen" Nachrichten zu sprechen. Jede sprachliche Darstellung, jeder Begriffsgebrauch setzt strukturierende, auswählende und einordnende Aktivitäten des Berichterstatters voraus, so daß man durchaus Bucher (1986: 176) zustimmen kann, wenn er die Trennungsnorm als "eine Art Reinhaltungsgebot für Informationsbeiträge" betrachtet, "wobei von vorneherein - aus Sicht der Praktiker - klar ist, daß die Emissionswerte für persönliche Mitteilungen und Beurteilungen nicht auf Null reduzierbar sind". In der Tat stellt gerade der Verzicht auf explizite Wertungen eher ein "strategisches Ritual" (Tuchman 1971) dar, nichts anderes als eine spezielle Form von Subjektivität, nämlich - so Heun (1975: 79) - "eingeschränkte Subjektivität, was gern als Objektivität verkauft wird".

Noch ein weiterer Grund relativiert die Bedeutung der Trennungsnorm: der abnehmende Stellenwert harter Nachrichten innerhalb des Spektrums journalistischer Textsorten. Sehr häufig werden die oben erläuterten prototypischen Merkmale gar nicht in Reinform realisiert; dies betrifft den makrostrukturellen Textaufbau ebenso wie das Vorkommen sprachlicher Handlungs- und Äußerungsmuster. Es ist also mit zahlreichen Übergangs- und Mischtypen zu rechnen, die zudem eine Abgrenzung gegenüber den im folgenden dargestellten Textsorten, insbesondere gegenüber dem 'Bericht', mitunter schwierig machen.

Übung (19)

> Wie wäre nach der bisher gegebenen Beschreibung harter Nachrichten der folgende Text aus dem Jahre 1914 zu beurteilen?

Sarajewo, 28. Juni. (Telegramm unseres Korrespondenten.)

Als der Erzherzog-Thronfolger Franz Ferdinand und seine Gattin, die Herzogin von Hohenberg, sich heute vormittag zum Empfang in das hiesige Rathaus begaben, wurde gegen das erzherzogliche Automobil eine Bombe geschleudert, die jedoch explodierte, als das Automobil des Thronfolgers die Stelle bereits passiert hatte. In dem darauffolgenden Wagen wurde der Major Graf Boos-Waldeck von der Militärkanzlei des Thronfolgers und Oberstleutnant Merizzi, der Personaladjutant des Landeshauptmanns von Bosnien, erheblich verwundet. Sechs Personen aus dem Publikum wurden schwer verletzt. Die Bombe war von einem Typographen namens Cabrinowitsch geschleudert worden. Der Täter wurde sofort verhaftet. Nach dem festlichen Empfang im Rathause setzte das Thronfolgerpaar die Rundfahrt durch die Straßen der Stadt fort. Unweit des Regierungsgebäudes schoß ein Gymnasiast der achten Klasse (Primaner) namens Princip aus Grabow aus einem Browning mehrere Schüsse gegen das Thronfolgerpaar ab. Der Erzherzog wurde im Gesicht, die Herzogin im Unterleib getroffen. Beide verschieden, kurz nachdem sie in den Regierungskonak gebracht worden waren, an den erlittenen Wunden. Auch der zweite Attentäter wurde verhaftet. Die erbitterte Menge hat die beiden Attentäter nahezu gelyncht.

(Vossische Zeitung 29-6-1914; zit. nach: Steffens 1971: 74)

4.2.3. Weiche Nachricht

Liegt beim Typ der harten Nachricht ein relativ schematisches Aufbauprinzip mit sachlich wirkendem Sprachstil vor, so zeichnen sich weiche Nachrichten gerade durch variationsreiche Textgestaltung und lesewerbende Informationspräsentation aus. Gegenstand sind nicht so sehr Sachverhalte aus den Sparten Politik oder Wirtschaft, sondern Skandale, Verbrechen, Naturkatastrophen, Unglücksfälle; oder man berichtet über Einzelheiten aus dem Leben bekannter Persönlichkeiten usw., also Themen aus dem sog. *human interest*-Bereich, "jene sanften Nichtigkeiten, die lediglich der Unterhaltung dienen" (v. LaRoche 1975: 89). Die Bedeutung der Themen ergibt sich vor allem aus der Möglichkeit sensationeller Aufmachung, aus dem Unterhaltungswert für das Leserpublikum. Überschriften wie *Kaufmann (27) bezog Prügel fürs Flirten / Polizei stoppt Trio mit 44 Maßkrügen* (Az 26-9-89) oder *Tödliche Fehde mit Pistole, Axt und Säbel / Affen entkamen nach Intelligenztraining* (GT 5-10-89) kündigen gebührend das in dieser Hinsicht Vielversprechende der dazugehörigen Beiträge an und geben deutliche Lektüreanreize.

Der genannten Funktion würde eine spezifizierende Informationsabfolge nur wenig entsprechen. Im Vordergrund der durchweg auf Ganzlektüre angelegten Texte steht vielmehr eine lesewerbende Darstellungsweise. Aus diesem Grund wird speziell der Gestaltung von *Texteröffnung* (48, 49) und *Textschluß* (49, 50) erhöhte Aufmerksamkeit gewidmet.

(48) Geschäft mit der Angst vor Krankheiten
SEIN MOOR SELBST AUSLÖFFELN
Mannheim - Das Geschäft mit der Angst vor Krankheit treibt seltsame Blüten: ...
(StN 14-12-80, 6)

(49) *Schießt sich in das Team*
HR *Gijon*. Leistungen brachten ihn ins Gespräch, Schulden ins Gerede.
[es folgen Einzelheiten zur Karriere des betreffenden Fußballspielers]
... ...

Eingewechselt, Schuß, Tor!
(OZ 22-6-82)

(50) Antikenschmuggler in Athen gestellt
....
Zu der Schmuggelsendung gehörte auch eine Statue des Götterboten Hermes, der in der Antike
als Schutzherr der Diebe galt, in diesem Fall allerdings nicht half.
(GT 5-10-89)

In der Einleitung werden häufig originelle Begebenheiten, markante Zitate oder humorvolle Gags vorangestellt. Oft beschränken sich die Formulierungen auch nur auf Andeutungen und Einzelaspekte, deren Bezug zur nachfolgenden Information relativ unbestimmt bleibt. So wird vermieden, daß bereits die Texteinleitung interessante Details nennt; die Spannung bleibt für den Leser erhalten (vgl. die Andeutungen in den Eröffnungen von (48) und (49)). Auch der Textschluß kann ähnliche Merkmale aufweisen und mit einer humorvollen Bemerkung (50), einer Redewendung oder einer resümierenden Formel (vgl. das Asyndeton in (49)) eine abschließende Pointe erhalten.

Anders als in harten Nachrichten steht hier der Intentionstyp 'informieren' offensichtlich weniger im Vordergrund. Weiche Nachrichten liefern nicht nur Fakteninformationen, und der Leser soll auch nicht ausschließlich von bestimmten Sachverhalten in Kenntnis gesetzt werden. Die Textmitteilungen sind vielmehr, dies läßt sich schon an der Gestaltung von Texteröffnung und Textschluß ablesen, kombiniert mit einer Reihe von Zusatzhandlungen.

Durch den Aufbau von *Kontrasten* ((49): *ins Gespräch - ins Gerede*), die Verwendung von *Phraseologismen* und deren Abwandlung ((48): *sein Moor selbst auslöffeln*), eine *überzeichnende Darstellungsweise* ((49): *Eingewechselt, Schuß, Tor!*) und zahlreiche weitere Mittel weicht der Textproduzent vom konventionell Erwartbaren ab und lenkt den Blick des Lesers auf die sprachliche Ebene selbst. (Was nun jeweils für Zeitungstexte erwartbar ist und was als davon abweichend betrachtet wird, hängt natürlich nicht von einer starren Norm ab, sondern unterliegt weitgehend auch der Interpretation der Kommunikationsbeteiligten.) Verfahren der Abweichung sind - das lehrt schon die klassische Rhetorik - ein wichtiges Mittel, um Äußerungen aufzuwerten, auffällig zu machen, Texte aufzulockern und dadurch dem Adressaten Vergnügen zu bereiten. Ebenfalls zum delectare-Prinzip kann man die texteinleitenden Andeutungen rechnen, nämlich insofern sie beim Leser Interesse wecken und zum Weiterlesen anregen.

Noch ein weiterer Aspekt ist zu nennen: Mit der Verwendung phraseologischer und umgangssprachlicher Ausdrücke, aber auch mit der Aufnahme origineller, im Kontext überraschend wirkender Informationen (vgl. u.a. den Textschluß in (50)) wird dem Adressaten signalisiert, daß die betreffenden Sprachhandlungen in einer nicht ganz ernsten Weise zu verstehen sind. Im Unterschied etwa zur sachlichen Diktion harter Nachrichten ist hier der Gebrauch der genannten Mittel eher interpretierbar als Zeichen einer lockeren, *scherzhaften Kommunikationsmodalität* - ein Faktor, der wiederum den Zugang zum Text erleichtern und eventuell beim Leser vorhandene Distanz verringern kann. (Das Zusammenspiel von informationsbetonter Textintention und zusätzlichen, auf Lektüreanreiz und Unterhaltung abzielenden Maßnahmen ist in Schaubild (XXV) wiedergegeben.)

Der Begriff der *K o m m u n i k a t i o n s -* oder *I n t e r a k t i o n s m o d a l i t ä t* wurde aus der Konversationsanalyse übernommen und auf monologische, schriftlich verfaßte Texte übertragen (vgl. Sandig 1986: 281ff.); er ist zu unterscheiden

— vom grammatischen *M o d u s* ,

— von der *M o d a l i s a t i o n* , wie sie sich aus dem speziellen Gebrauch einiger Modalverben ergibt (vgl. *er muß etwas gewußt haben*, wo *muß* den Gültigkeitsgrad der Aussage aus der Sicht des Senders signalisiert - im Unterschied zu *er muß etwas tun*, wo das Modalverb das Verhältnis des grammatischen Subjekts zu der im Infinitiv genannten Handlung verdeutlicht), oder

— von anderen *E i n s t e l l u n g s b e k u n d u n g e n* zum propositionalen Gehalt, ausgedrückt durch Partikeln oder Satzadverbien (*er hat wahrscheinlich etwas gewußt*). (Zur weiteren terminologischen Klärung vgl. Große 1976: 51ff., Helbig 1979: 19ff., Schanen / Confais 1986: 250ff.)

Unter 'Kommunikationsmodalität' (bzw. kurz: Modalität) werden hier nur solche Einstellungen eines Sprechers / Schreibers verstanden, die eine Sprachhandlung insgesamt oder einen Komplex von Sprachhandlungen betreffen, also nicht nur ein Bezugsobjekt oder eine Prädikation; letzterem würde z.B. die für harte Nachrichten typische assertorische Einstellungsbekundung in Mitteilungen entsprechen. In informationsbetonten Texten liegt meist eine neutral-ernste Modalität vor, die aber sprachlich nicht weiter ausgedrückt zu sein braucht; Abweichungen hiervon machen dagegen in der Regel eine explizite Signalisierung erforderlich, etwa wenn eine Äußerung als ironisch, spaßhaft, spöttisch o.ä. markiert sein soll. Oft ist die Etablierung einer bestimmten Modalität auch mit textsortenspezifischen Erwartungen verknüpft. In weichen Nachrichten kann offenbar zumindest phasenweise die neutral-ernste Modalität aufgehoben sein.

(XXV)

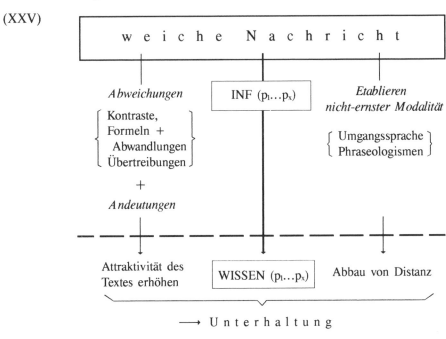

Nicht nur Texteröffnung und Textschluß lassen sich in Abgrenzung von harten Nachrichten charakterisieren, auch der Haupttext, der Mittelteil, weist in seiner Makrostruktur eindeutige Unterschiede auf. Die Informationen in weichen Nachrichten sind generell *t e m p o r a l   s t r u k t u r i e r t* , d.h. die Anordnung der Textsegmente orientiert sich an realen Ereignisabläufen. Typische Verknüpfungsformen und Anhaltspunkte für die zeitliche Einordnung sind dabei Zeitadverbiale (*vor zwei Jahren, am 9. August*), Signale der Erzählfolge (*zunächst, daraufhin, schließlich*), Konjunktionen wie *nachdem, als* sowie die Abfolge bestimmter Tempora (z.B. verweist das Plusquamperfekt auf Vorzeitigkeit gegenüber dem Präteritum). Allerdings müssen die Zeitrelationen längst nicht immer explizit ausgedrückt sein.

> Bezüglich der *Verteilung der Tempora* ist im übrigen darauf hinzuweisen, daß diese sich keineswegs immer so übersichtlich nachzeichnen läßt, wie etwa die Systematik bei Weinrich (1971) das nahezulegen scheint. Um fundierte textsortenabhängige Daten zu erhalten, die mehr aussagen als die vereinfachende These vom "uniformen Präteritumgebrauch in der Presse", wären spezielle Detailuntersuchungen notwendig; vgl. Große 1974: 555ff., Braun 1979: 62ff. sowie Bucher 1986: 29ff.

'Temporale Textstruktur' bedeutet nun nicht, daß die chronologische Aufeinanderfolge von Ereignissen in jedem Fall exakt im Text wiedergegeben wird; solche Analogien sind eher die Ausnahme (vgl. (51)):

> (51) *Neue Spur vom vermißten Eishockey-Spieler*
>   [Texteröffnung und Textschluß sind weggelassen.]
>   Er [= ein Zeuge, H.H.L.] hatte Duncan am 9. August auf einer Hütte im Stubaital getroffen [= *a1*]. Die beiden Sportler freundeten sich an [= *a2*] und gingen zum Snowboardfahren [= *a3*]. Da Duncan dabei recht naß wurde [= *a4*], ließ er T-Shirt und Pulli auf der Hütte [= *a5*] und fuhr wieder nach Innsbruck [= *a6*], wo er in einer Jugendherberge wohnte [= *a7*]. Am nächsten Tag wollten sie sich noch mal treffen [= *a8*]. Duncan kam jedoch nicht [= *a9*]. Sein Wagen mit Rucksack wurde am Lift gefunden [= *a10*], der zur Hütte führt [= *a11*]. Suchmannschaften durchkämmten am Wochenende das Gebiet [= *a12*], fanden jedoch nichts [= *a13*]. (Az 26-9-89, 23)

(51') t_a : $t_s > t_l$

```
        ┌──┐   ┌──┐   ┌──┐   ┌──┐   ┌──┐   ┌──┐   ┌──┐   ┌──┐   ┌───┐   ┌─────────┐
◄────── │a1│ > │a2│ > │a3│ > │a4│ > │a5│ > │a6│ > │a8│ > │a9│ > │a10│ > │a12 = a13│
        └──┘   └──┘   └──┘   └──┘   └──┘   └──┘   └──┘   └──┘   └───┘   └─────────┘
```

Abfolge
im Text: *a1*   *a2*   *a3*   *a4*   *a5*   *a6*   *a8*   *a9*   *a10*   *a12*   *a13*
                                              (+*a7*)   (+*a11*)

Die in (51) mitgeteilten Sachverhalte lassen sich als Aktzeitintervalle auf einer Zeitachse anordnen ('a1 > a2' bedeutet: a1 liegt vor a2; '=' verweist auf Gleichzeitigkeit); alle Ereigniskomponenten liegen eindeutig vor dem Schreibdatum t_s und dem Lesedatum t_l. Der Text spiegelt die chronologische Reihenfolge von a1 bis a13 fast vollständig analog wider. Auszunehmen sind lediglich a7 und a11, die nicht zur Ereigniskette gehören, sondern Zustände betreffen, die gewissermaßen Hintergrundphänomene bzw. Situationsvoraussetzungen für den zentralen Ablauf darstellen. Vom Zeitbezug her stehen a7 und a11 zu den übrigen Intervallen in einem Inklusionsverhältnis (in (51') nicht wiedergegeben).

Aus Gründen, die wiederum mit dem Bemühen um unterhaltsame Textlektüre zusammenhängen, ist die in (51) repräsentierte Zeitstruktur nur eine Möglichkeit unter vielen. Der Textablauf weist daher häufig Abweichungen gegenüber der vorgestellten Real-Chronologie auf. Hierzu werden u.a. erzähltechnische Mittel wie Zeitraffung, Rückblenden und Vorausdeutungen bemüht. Ein Beispiel für mehrfache Verschiebungen der Ereignisabfolge ist Text (52):

> (52) *Flucht eines Notars und karrenweise Käse*
>   Als Schafhirte und Käser im Vogelsberg-Bereich versuchte sich ein 58 Jahre alter Notar durchzuschlagen [= *a4*], nachdem er vor Jahren Hals über Kopf aus seiner Kanzlei geflüchtet war

[= *a3*], denn er hatte 850000 Mark an Mandantengeldern unterschlagen [= *a2*]. Doch auch mit der Schafzucht, die er unter falschem Namen betrieb [= *a4*], hatte er keinen rechten Erfolg [= *a8*]. Ein Weltereignis hatte seine Auswirkung auch im verträumten Winkel beim Vogelsberg [= *a5*]: "Nach Tschernobyl wollte keiner mehr den Käse haben [= *a6*], so daß ich das Zeug schubkarrenweise auf den Kompost bringen mußte" [= *a7*], klagte er nun vor dem Landgericht in Frankfurt [= *a11*].

Wegen Untreue wurde er zu drei Jahren Freiheitsstrafe verurteilt [= *a12*]. Er räumte ein [= *a13*?], sich Anfang der 80er Jahre bei aufwendigen Bauprojekten "verspekuliert" [= *a1*] und zur Deckung seiner Zahlungsverpflichtungen auf Klientengelder zurückgegriffen zu haben [= *a2*]. Nach seiner erfolglosen Zeit als Hirte sei er froh gewesen [= *a9*], als Ende vorigen Jahres endlich die Kriminalpolizei kam und ihn festnahm [= *a10*]. Nach Verbüßung seiner Strafe möchte der Notar, der sein Amt inzwischen niedergelegt hat [= *a14*?], "am liebsten als Handwerker auf dem Bau arbeiten" [= *a15*]. Dem Mann kann sicher geholfen werden. (ap) (SchwäbZ 19-8-89)

(52')

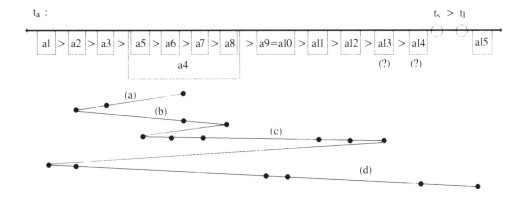

Abfolge im Text:

[*a4* *a3* *a2*] [*a4* *a8*] [*a5* *a6* *a7* *a11* *a12*] *a13* [*a1* *a2* *a9* *a10* *a14* *a15*]
   (a)   (b)   (c)   (d)

Mit den auf der Zeitachse angegebenen Zeitintervallen wird eine chronologische Abfolge der in (52) enthaltenen Ereigniskomponenten rekonstruiert. Dabei handelt es sich nur um eine grobe Gliederung, insbesondere eingebettete Aussagen (z.B. in Form präpositionaler Angaben) sind nicht erfaßt; zum Teil ist auch keine eindeutige Situierung möglich. Im Falle von a4 soll die Art der Kästchendarstellung den zeitlichen Einschluß von a5 - a8 verdeutlichen; bei a9 = a10 liegt temporale Koreferenz vor.

Die Anordnung der Aussagen im Text (s. untere Zeile des Schaubilds) zeigt, daß eine Analogie zum Modell der chronologischen Ereigniskette - wie in (51') - hier nicht einmal ansatzweise besteht. Deshalb wurde auch nicht versucht, den einzelnen Textsegmenten jeweils eine Position auf der Zeitachse zuzuordnen; stattdessen zeichnet der Kurvenverlauf (s. mittlere Zeile) die in (52) gewählte Sachverhaltsgliederung und die sich daraus ergebende Informationsprogression nach. Man kann zumindest vier Phasen unterscheiden:

(a) ist eine Art Rückblende und nennt genau die Fakten, die für den Leser den Kern der "unglaublichen Geschichte" ausmachen; (b) vervollständigt mit einer Mitteilung über den negativen Ausgang des Unternehmens diesen Infomationskern. Einzelheiten darüber, was das Ereignis ausgelöst hat, warum ein Scheitern vorprogrammiert war und welche Folgen sich ergeben, bleiben zunächst ausgespart. Dies wird in (c) und (d) sukzessive nachgeholt: Während in (c) die Mißerfolgsgründe und

erstmals auch die juristischen Konsequenzen zur Sprache kommen, schlägt (d) in geraffter Form noch
einmal einen weiten Bogen vom eigentlichen Auslöser des Geschehens bis hin zu den (nicht minder
unkonventionellen) Plänen für die Zukunft. Den Schluß des Textes bildet dann ein ironisierender
Kommentar, der ein leicht modifiziertes Zitat aus Schillers 'Räuber' aufgreift.

An den besprochenen Beispielen wird sichtbar, daß in weichen Nachrichten recht unterschiedliche Verfahren zur Anwendung kommen, um eine ungewöhnliche Begebenheit
auf für den Leser unterhaltsame Weise zu inszenieren. Die Art der temporalen Strukturierung, ob also eine chronologische Informationsabfolge oder eine davon abweichende
Präsentation gewählt wird, ist dabei von erheblicher Bedeutung. An weiteren Mitteln
wären, im Anschluß an die oben gemachten Beobachtungen, zu nennen:
— die *Betonung inhaltlicher Gegensätze* (vgl. in (50) den Kontrast zwischen dem mit
Notar üblicherweise verbundenen Wissensschema und den Handlungsbereichen 'Kriminalität', 'Schafzucht', 'Arbeit auf dem Bau');
— die Nutzung *rhetorischer Figuren* (vgl. den Parallelismus in (49) und die Alliteration
in (52)); hierzu gehören ferner die verschiedensten Abweichungsprozeduren (wie z.B.
die Modifikation von Phraseologismen), mit denen ein Text auffällig, abwechslungsreich
oder originell gemacht werden kann (ausführlich: Püschel 1985);
— die Aufnahme *direkter Rede* (wie in (52)), um Authentizität und Nähe zum Geschehen zu suggerieren (vgl. Burger 1990: 51ff.);
— die Einführung einer *nicht-ernsten Modalität* (vgl. die Schlußpointe in (50) oder die
Ironie-Signale in (52): z.B. die Bezeichnung der Tschernobyl-Katastrophe als "Weltereignis" oder die literarische Anspielung am Textende; in ähnlicher Weise werden auch
umgangssprachliche oder bildhafte Ausdrücke gebraucht: z.B. *das Geschäft mit der
Angst vor Krankheit treibt seltsame Blüten* in (48)).

Infolge der stark lesewerbenden Ausrichtung kann in weichen Nachrichten somit von
einem neutralen oder objektiv wirkenden Sprachgebrauch nicht mehr die Rede sein. Die
Grundsätze sachlicher Berichterstattung sind hier dem Attraktivitäts-Prinzip untergeordnet.

So berechtigt eine Abgrenzung von den Merkmalen harter Nachrichten auch scheint,
so wenig darf jedoch übersehen werden, daß das Textspektrum normalerweise von zahlreichen M i s c h t y p e n geprägt ist. Einerseits gibt es harte Nachrichten, die der spezifizierenden Makrostruktur nur teilweise entsprechen, andererseits finden sich weiche
Nachrichten, die dem Haupttext einen zusammenfassenden Lead voranstellen, deren
weitere Textgliederung von dem Schema 'lesewerbende Einleitung - Hauptgeschehen -
pointierter Textschluß' abweicht oder deren Informationsabfolge keine temporale
Struktur aufweist. Eine Mischung der Textsortenmerkmale trifft in besonderem Maße
auf Boulevardzeitungen zu, wo man "freiere Formen" der Nachricht bevorzugt, "um den
Informationen 'mehr Farbe' zu geben" (Weischenberg 1988: 48).

Der vergleichsweise hohe Anteil weicher Nachrichten (nicht allein in der Boulevardzeitung, dort aber
verstärkt) wird meist als Symptom einer generellen *Entpolitisierung der Nachrichtengebung* interpre-
tiert. Die Feststellung trifft speziell dort zu, wo human interest-Motive zunehmend auch die politische
Berichterstattung durchdringen und beispielsweise zur Reduzierung allgemeinpolitischer Probleme auf
die Ebene persönlicher Schicksale beitragen (vgl. Habermas 1971, Good 1985 u.a.). Das Erkennen von
Zusammenhängen ist - und darin besteht die Kehrseite der leichteren Rezipierbarkeit solcher Informationen - auf diese Weise kaum noch vermittelbar.

4.2.4. Bericht

> "Der *Bericht* ist eine vorwiegend sachbezogene Mitteilungsform. Der Berichterstatter ist verpflichtet, Ereignisse möglichst objektiv mitzuteilen, er muß sich deshalb persönlicher Emotionen, Reflexionen und Appellationen enthalten und in bewußter Selbstbescheidung die Fakten bündig, klar, lückenlos wiedergeben..."

Nach diesen Ausführungen Belkes (1973: 91) würde der Bericht also weitgehend übereinstimmen mit dem in Kap. 4.2.2 behandelten Nachrichtentyp. In die gleiche Richtung gehen publizistikwissenschaftliche Definitionen, die im 'Bericht' als journalistischer Darstellungsform lediglich eine Modifikation der harten Nachricht sehen. Der Bericht sei zwar umfangreicher, folge aber dem gleichen strengen Aufbauprinzip abnehmender Wichtigkeit, mit dem einzigen Unterschied, daß diese Festlegung nun für die Reihenfolge von Abschnitten und nicht von Sätzen gelte. Die sprachliche Gestaltung sei ebenfalls wie in der Nachricht "so nüchtern wie möglich" (Haacke 1962: 21; vgl. LaRoche 1975: 135).

Eine solche Bestimmung des Berichts als textreiche Nachricht stimmt jedoch mit der konkreten Realisierung in Zeitungen längst nicht immer überein. Vor allem die nachrichtenspezifische Makrostruktur ist nicht auf längere, meist mehrspaltige Berichttexte übertragbar. Das rührt u.a. daher, daß ein Textverlauf mit zunehmender Spezifikation nicht beliebig fortsetzbar ist; mit der Tendenz zum Detaillierten nehmen gewöhnlich die Relevanz des Übermittelten und damit auch das Leseinteresse des Rezipienten ab. Was man bei der Strukturierung von Nachrichtentexten als rezeptionsökonomisch betrachten kann, würde im Falle des umfangreicheren Berichts nur eine monotone Informationsabfolge bewirken. (Wenn einige Autoren trotzdem auf der Wichtigkeitsgraduierung insistieren, so deshalb, weil keine klare Trennung zwischen Bericht und Nachricht vorgenommen wird; vgl. Brüssau 1966: 55, Kniffka 1980: 42.)

Gegenüber Meldungen und harten Nachrichten, die sich überwiegend auf die Vermittlung von Informationshandlungen beschränken, aber auch gegenüber weichen Nachrichten, die eine Reihe rezeptionserleichternder und -stimulierender Maßnahmen aufweisen, sind Berichttexte im allgemeinen komplexer und vielfältiger. Im Mittelpunkt steht auch hier ein bestimmter Sachverhalt, meist ein Ereignis, ein Geschehen, über das weitgehend chronologisch informiert wird. Doch hinzu kommt, daß der - ebenfalls für eine Ganzlektüre konzipierte - Textaufbau noch weitere Komponenten wie etwa Zitate, kommentierende Stellungnahmen oder eingefügte Hintergrundinformationen aufweisen kann (vgl. (53)). Die Struktur von Zeitungsberichten läuft normalerweise auf folgendes Gliederungsschema hinaus (fakultative Elemente stehen in Klammern):

Texteröffnung:	Titel(gefüge)
	(evtl.: + Angabe des Korrespondenten)
	Lead / Aufhänger
Hauptteil:	Berichtetes Hauptgeschehen
	(+ Zitate / Kommentare / Hintergrundinformationen)
Textschluß:	Stellungnahme / Prognose

(53)

»Moin, wir sind vonne Abbruchfirma«

Die ominösen Praktiken der Wankendorfer Baugenossenschaft in Preetz

PREETZ (jr). Aus Angst vor Hausbesetzungen wurden im vergangenen Monat in Preetz zwei alte, der »Siedlungs- und Baugenossenschaft der Wankendorfer EG« gehörende Villen soweit abgerissen, daß nur noch die bewohnten Teile übrig blieben (die KR berichtete). Mittlerweile haben die sichtbaren Folgen dieser fragwürdigen Praxis die Diskussion um das Vorgehen der Eignerin neu angeheizt.

Die letzten beiden Mietparteien »wohnen« nun jeweils noch in einer der Abrißruinen. Bei vierköpfigen Familie B. wurde das Badezimmer durch eindringendes Regenwasser, Staub und Putzbrocken in Mitleidenschaft gezogen. Mit ihr hatten die Wankendorfer übrigens im Gegensatz zu allen anderen Mietern vorher kein Gespräch geführt und auch keine Ersatzwohnung angeboten, weil man negative Einflüsse durch Kontakte zur »Hausbesetzerszene« befürchtete. »Wer mit Rechtsbrechern sympathisiert, kann von der Siedlungs- und Baugenossenschaft der Wankendorfer keine Unterstützung erwarten«, meinte Georg Nowak, Vorstandsmitglied der Baugenossenschaft.

Bei dem anderen Mieter, Peter Kröger, hatte man das Haus soweit abgerissen, daß sein Wohnungsflur im ersten Stock vor einem Trümmerabgrund endete. Die Wand hatte man dann direkt neben einem Ofenrohr so gut mit Dämmaterial abgedichtet, daß nur noch unter starker Brandgefahr hätte geheizt werden können.

Eines Sonnabendmorgens wurde Peter Kröger von zwei Männern geweckt, die seine Tür eingetreten hatten und dann mit Brechstangen in den Händen meinten: »Wir sind von der Abbruchfirma«, wann er denn nun endlich ausziehen wolle. Von »derartig verabscheulichen« Methoden distanzierte sich Herr Nowak allerdings.

Als Peter Kröger jetzt aber die Rechtmäßigkeit seiner Kündigung gerichtlich anfechten wollte, gab selbst ein Rechtsanwalt der Wankendorfer zu erkennen, daß ein ausreichender Kündigungsgrund überhaupt nicht angegeben war. Den Wankendorfern. die sich hier, juristisch gesehen, ganz erheblich auf's Glatteis begeben haben, ist jetzt auch nur noch daran gelegen, alles so schnell wie möglich zu regeln. So ist man plötzlich bereit. die funktionsunfähigen Öfen durch E-Heizungen zu ersetzen und sogar die Stromkosten dafür zu tragen, bis eine akzeptable Ersatzwohnung angeboten werden kann.

Trotz alledem scheint bei den Wankendorfern alles andere als Einsicht vorherrschend zu sein. Vorständler Nowak, so war zu erfahren, hält das Vorgehen seiner Gesellschaft weiterhin für gerechtfertigt und wollte durchaus nicht ausschließen, daß seine Baugenossenschaft in ähnlichen Fällen wiederum so verfahren würde.

(KR 10-9-81, 8)

Folgt man der Grundannahme, daß Texte "durch eine Abfolge sprachlicher Handlungen konstituiert" werden (Viehweger 1979: 110), dann ergeben sich weitere Differenzierungen des Schemas.

Mit den Überschriften - üblich ist ein Gefüge aus Haupttitel mit Untertitel (53, 54), zum Teil noch erweitert um einen Obertitel (55) - macht der Bericht erste Angaben über den vorliegenden Sachverhalt. Längst nicht immer wird dabei eine zusammenfassende Information (vgl. *Unwetter über Europa*) angestrebt; meist sind es bestimmte Sachverhalts*aspekte*, die zur Sprache kommen. Oft ist ein angemessenes Verständnis erst unter Hinziehung des Leads oder nach der Lektüre des Textes möglich. Nicht selten stellt sich, wie auch Bucher (1986: 98) anmerkt, das Verhältnis von Titel- und Haupttextinformation eher als verwirrend dar. So informiert z.B. der Beitrag (54) gerade nicht, wie in den Überschriften angekündigt, über ein außergewöhnliches Ereignis. Bereits hier wird deutlich, daß es in Berichten offenbar stärker als in harten Nachrichten darauf ankommt, den Text attraktiv zu machen und den Leser für die Lektüre zu motivieren. Der Überschriftengestaltung kommt diesbezüglich eine wichtige Rolle zu, so daß hervorhebende, aufmerksamkeitsfördernde Maßnahmen (drastische Wertungen, Anspielungen, Kontraste, wörtliche Rede u.ä.) die Informationsgebung häufig ergänzen. Die Mehrzeiligkeit von Berichttiteln kommt solchen Kombinationsmöglichkeiten im übrigen noch entgegen.

(54)   DER NOTAR KAM ZU SPÄT
       Enkelin ging mit "mündlichem Testament" bis zum Bundesgerichtshof
       (Sk 25-8-89, 4)

(55) *Hagelschlag und sintflutartiger Regen*
UNWETTER ÜBER EUROPA
"Das gibt es nur einmal in 100 Jahren" — Millionenschäden
(BadZ 9-8-89)

Bei der anschließenden Texteröffnung sind zwei Typen zu unterscheiden: a) Einleitungen im Lead-Stil, b) Einleitungen mit einem sog. "Aufhänger". Im ersten Fall erhält der Leser ein Resümee des Textinhalts; mitgeteilt wird, was sich ereignet hat, wer die Handlungsbeteiligten sind, welche Ursachen vorliegen, worin die Folgen bestehen. Außerdem kann der Textautor - und damit würde die Berichteröffnung über eine reine Ereignismeldung hinausgehen - einen Zusammenhang mit der früheren Berichterstattung herstellen und eine erste bewertende Einordnung des Sachverhalts vornehmen (vgl. in (53) den Hinweis *die KR berichtete* sowie die Negativbewertung als *fragwürdige Praxis*). Im zweiten Fall wird eine Detailinformation bemüht, die geeignet erscheint, den Text mit einem deutlichen Lektüreanreiz einzuleiten:

(56) *Mit List und Gewalt torpediert Kenias Präsident Moi die ungeliebte Demokratisierung*
Wer in Kenia für die Parlamentswahlen am 29. Dezember kandidieren wollte, war aufgerufen, seine Kandidatur persönlich anzumelden. Doch auf dem Weg dorthin geschah Seltsames: Manche standen plötzlich vor einer Straßensperre. Dort hielt man sie fest und nahm ihnen die Unterlagen weg. Andere wiederum wurden gleich gekidnappt.
Ergebnis: Fast 50 Kandidaten konnten nicht antreten. [...]
(HB 29-12-92)

Der Aufhänger teilt nicht nur etwas mit, er bringt gleichzeitig eine Beurteilung zum Ausdruck, präsentiert das betreffende Faktum in einer spöttisch-sarkastischen Weise und spricht gerade durch die Konzentration provozierender Umstände den Leser auch emotional an. Diese Form der Einleitung kennzeichnet vor allem Korrespondentenberichte.

Der Textschluß greift, in pointierter Formulierung, meist einen Sachverhaltsaspekt wieder auf, verweist mit einer resümierenden Stellungsnahme auf die Bedeutung des Berichteten oder gibt eine Pognose für die zukünftige Entwicklung (vgl. den Schlußsatz in (53)).

Der Haupttext weist zwar in der Regel eine temporale Strukturierung auf, doch wird diese meist auf sehr flexible Weise gestaltet. Mit Verschiebungen des 'ordo naturalis', Rückblenden und der Aufteilung von Geschehensabläufen in mehrere Sequenzen wird versucht, eine für den Leser unterhaltsame Darstellung zu erreichen. (Parallelen zur weichen Nachricht liegen hier auf der Hand.) In (53) zum Beispiel folgen auf die einleitende Zustandsmitteilung (*die letzten beiden Mietparteien "wohnen"...*) mehrere Rückblenden, die die Ereignisabfolge aus verschiedenen Perspektiven wiedergeben.

Der Kernbereich berichtspezifischer Informationshandlungen läßt sich nun, sieht man einmal von der reinen Ereignismitteilung ab, wie sie normalerweise in der Texteinleitung gegeben wird, mit folgenden Mustern angeben (nach Bucher 1986: 82):

a)   mitteilen, wie ein Ereignis verlaufen ist,
b)   mitteilen, wie einzelne Aspekte des Ereignisses zusammenhängen,
c)   mitteilen, welche Folgen das Ereignis hat,

d)   mitteilen, in welchen sozialen, historischen, politischen, kulturellen Zusammen-
     hängen das Ereignis steht.

In der Aufstellung nicht enthalten sind zunächst solche Maßnahmen, die man als *ver-*
ständnisfördernde Hinweise (z.B. zusätzliche Worterklärungen), als *Akzeptanzstützung*
(z.B. Verweis auf sichere Quellen) oder *Sicherung der Textverarbeitung* (z.B. Verweise
auf Vorinformationen oder, wie ebenfalls in (53), die Veranschaulichung des Dargestellten durch verallgemeinernde *und* konkrete Präsentation) interpretieren kann (vgl. 4.2.2
sowie Schaubild (XXIV)).

(XXVI)

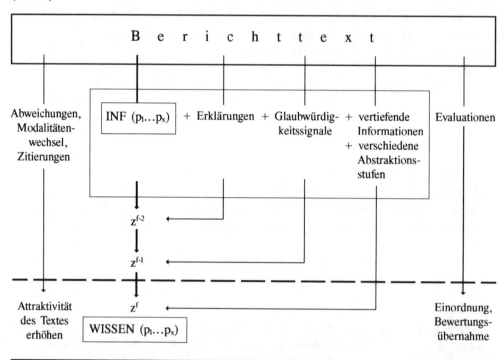

Hinzu kämen weiterhin Maßnahmen, wie sie oben in Kap. 1.3 unter der Bezeichnung
"anregende Zusätze" zusammengefaßt worden sind, Verfahren also, die einen Text auffällig, abwechslungsreich, interessant machen. Auf den Einsatz von Abweichungen und
den Modalitätenwechsel wurde bereits mehrfach hingewiesen; hervorzuheben wäre hier
ebenso die *Einfügung wörtlicher Rede.* Dieses Mittel findet sich nicht nur in Texten der
Boulevard- oder Regenbogenpresse, sondern kommt in Berichten generell zur Anwendung; es dient vor allem der Signalisierung von Authentizität und von "Nähe zum Geschehen". Daß es sich dabei häufig nur um fiktive Zitate handelt, braucht der Wirksamkeit nicht entgegenzustehen (vgl. auch die Redewiedergabe im Titel von (53) und die
ebenfalls als Zitat gekennzeichnete schriftsprachliche Entsprechung dazu im Text).

Recht unterschiedlich ist schließlich das Vorkommen von *B e w e r t u n g e n* . Die Bandbreite reicht von Texten, die explizite Stellungnahmen weitgehend vermeiden, bis hin zu Beiträgen, die recht eindeutig von Kommentierungen durchsetzt sind. In solchen Fällen erscheint die Zuschreibung einer bestimmten Intentionalität eher fragwürdig, und es ist keine Schwäche des Beschreibungsverfahrens, wenn manche Texte sowohl als informierend (und damit als 'Bericht') wie auch als meinungsbetont verstanden werden können.

Auch Text (53) enthält eine ganze Reihe von Bewertungen, die jedoch überwiegend nicht im semantischen Zentrum der betreffenden Aussagen stehen, sondern "nur nebenbei" geäußert werden (vgl. v. Polenz 1985: 219): wertende Zusätze (*ominöse Praktiken, plötzlich bereit, sogar*), distanzierende Anführungsstriche (*"wohnen"*), prädizierende Kennzeichnungen (*Trümmerabgrund, Vorständler*). Diese Momente bleiben hier also der informierenden Textintention untergeordnet.

Schaubild (XXVI) hebt das skizzierte Dominanzverhältnis noch einmal hervor. Auch wenn Berichte sich durch verschiedene Maßnahmen auszeichnen, die auf den Lektüreanreiz oder die Vermittlung / Übernahme bestimmter Einstellungen bezogen sind, steht die Sachverhaltsdarstellung mit den sie stützenden Informationen doch im Mittelpunkt. Diese Vorrangstellung kann mehr oder weniger stark ausgeprägt sein, so daß sich hier ein breites Spektrum mit fließenden Übergängen (auch gegenüber anderen Textsorten) ergibt. Eine solche Sehweise scheint der Textrealität eher zu entsprechen als die Annahme weiterer Subtypen des Berichts (vgl. Schröder 1984: 124ff.).

4.2.5. Reportage

Eine Unterscheidung von 'Bericht' und 'Reportage' scheint mitunter problematisch; das hat teilweise dazu geführt, eine solche Trennung ganz aufzugeben und nur noch von der Mitteilungsform 'Bericht' zu sprechen. Andererseits ergeben sich bei näherer Betrachtung jedoch einige Merkmale, die die Reportage als eine spezielle Form der Informationspräsentation (mit bestimmten Aufgaben und Möglichkeiten) ausweisen. Diese Besonderheiten sollen kurz erläutert werden.

Ganz allgemein kann man die Reportage als eine konkrete, stark persönlich gefärbte Geschehens- oder Situationsdarstellung auffassen; eine Definition in diesem Sinne gibt z.B. Belke (1973: 95):

"Die herkömmliche *Reportage* als journalistische Gebrauchsform [...] steht vornehmlich im Dienste der Information. Ihre Gestaltung wird jedoch nicht ausschließlich vom Gegenstand, sondern auch durch die Perspektive und das Temperament des Reporters mitbestimmt. Er schildert als vermittelnder Augenzeuge mit persönlichem Engagement, aber immer in strenger Bindung an die Fakten aktuelle Vorgänge und Ereignisse so, wie er sie aus unmittelbarer Nähe sieht. Der Reporter formuliert aus dem Augenblick des Erlebens und will einen breiten Leserkreis ansprechen, aufrütteln und fesseln. Deshalb ist die Reportage umgangssprachlich geprägt, syntaktisch einfach und überschaubar."

Aufgrund der skizzierten Einstellung des Autors zum Textgegenstand weisen Reportagen ein sehr breites Handlungsspektrum auf. Einerseits sind hier all die Handlungsmuster möglich, wie sie sich in Berichten (und damit auch in Nachrichten und Meldungen) finden. Hinzu kommen dann diejenigen Mitteilungen, die sich aus der subjektiven Präsentationsweise ergeben; zu dieser Gruppe gehören - nach Bucher (1986: 82) - vor allem:

a)   mitteilen, was der Berichtende gesehen, gehört und erlebt hat,
b)   mitteilen, aus welcher Perspektive das Ereignis dargestellt wird,
c)   mitteilen, was der Berichtende recherchiert hat,
d)   mitteilen, in welchen politischen, historischen, sozialen, kulturellen Zusammenhängen der Berichtende ein Ereignis sieht,
e)   mitteilen, welche Rolle der Berichtende bei der Recherche gespielt hat,
f)   mitteilen, auf welche Weise der Berichtende das Berichtete erlebt hat.

Das unterschiedliche Handlungsspektrum informationsbetonter Textsorten sei noch einmal in Schaubild (XXVII) verdeutlicht:

(XXVII)

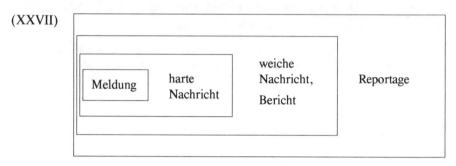

Einen Sachverhalt subjektiv zu präsentieren, bedeutet also nicht nur mitzuteilen, daß sich etwas oder wie sich etwas ereignet hat, sondern vor allem, wie ein Geschehen *aus der Sicht des Berichterstatters* verlaufen ist (vgl. die Handlungsmuster a) bis f)). Die Einbeziehung der Autorenperspektive hat nun verschiedene Konsequenzen auf die Sprachgestaltung. Während in den übrigen informationsbetonten Textsorten eine unpersönliche Darstellung die Norm ist, explizite Hinweise auf den Textproduzenten also unterbleiben, enthalten Reportagen durchaus Passagen in der Ich- oder Wir-Form.

In (57) heißt es u.a.: *Ungläubig hören wir uns an...* [3], *Das Bild ... versetzt mich schlagartig in eine andere Realität* [4]. Das erste Beispiel kann man als eine spezielle Form der Redewiedergabe auffassen; der Textautor (s) informiert über einen Sachverhalt (p), den ein Sprecher (x) ihm mitgeteilt hat (notierbar als: MITT ($\underline{s}$, MITT ($\underline{x}$, p)), wobei die Unterstreichungen betonen sollen, daß hier beide Autoren der Informationshandlungen explizit genannt sind). Hinzu kommt, daß die eingebettete Mitteilung nicht nur als solche referiert wird, sondern mit einer zusätzlichen Einstellungsbekundung des Textautors versehen ist (MITT ($\underline{s}$, subj (MITT ($\underline{x}$, p)); die Variable 'subj' wurde bereits in Abschn. 3.3.3 als summarische Angabe für nicht assertorisch zu verstehende Aussagen eingeführt). Natürlich kann die Faktizitätseinschränkung auch vom referierten Sprecher abhängen; ein Beispiel für MITT (s, ass (MITT (x, subj (p)))) wäre: *nach seiner Aussage ist es vielleicht so, daß*... Nicht selten finden sich in Reportagen auch Emotionskundgaben in der Ich-Form (vgl. den eingangs zitierten Beleg aus (57)) oder entsprechende Bewertungsäußerungen wie *für uns war es von Vorteil, wir begrüßten es, daß*... Der Gebrauch solcher Ausdrücke läßt sich hier, da eine bestimmte Haltung oder Stimmung in bezug auf einen Sachverhalt signalisierend, dem meinungsbetonten Intentionstyp zuordnen: EVAL ($\underline{s}$, p). [4]

---

4   Zumindest bei Pressetexten erscheint es nicht unbedingt notwendig, für Emotionskundgaben einen eigenen Intentionstyp anzunehmen (so z.B. Steger 1978). Es gibt diesbezüglich weder ein spezielle Textklasse, noch sind Äußerungsformen wie *ich fühle mich wohl* oder *x ist aufgeregt* hier weiter von Belang.

(57) *Kreuzberg lebt*

[1] Eigentlich stand Abrüstung auf dem Programm, und am frühen Nachmittag des 12. 12. deutete noch nichts darauf hin, daß dieser Freitag sich wesentlich von anderen, angeblich freien Tagen im Leben eines taz-Redakteurs unterscheiden sollte. [...]
[2] Beim Verlassen der TFH verdichten sich die Gerüchte, in Kreuzberg wäre doch mehr passiert als eine routinemäßige Besetzung. "Die Bullen räumen, in SO 36 ist Zoff", erzählt aufgeregt ein Flugblattverteiler. [...]
[3] Kurz vor dem Kottbusser Tor tauchen die ersten Leute auf. [...] Ungläubig hören wir uns an, wie sie die letzten zwei Stunden in Kreuzberg beschreiben: "Wir haben aufgeräumt [...]."
[4] Wenige Minuten später. [...] Das Bild, das der Platz rund um das Kottbusser-Tor bietet, versetzt mich schlagartig in eine andere Realität. [...] Dann plötzlich [...]. (taz 15-12-80,5)

Unabhängig vom Vorkommen der Ich-Form zeugt aber auch die konkrete Wiedergabe von Eindrücken, Gefühlen, Einstellungen und Wertungen auf seiten der handelnden Personen vom Beteiligtsein des Textautors (vgl. *R.B. jedenfalls fühlte sich verschaukelt...* oder *solche Stunden genießt E.J., er haßt aber die Nörgeleien...*); abkürzend: MITT (s, EVAL (x, p)). Die Vielfalt des sprachlichen Handlungsspektrums ergibt sich bisher also einmal aus den zusätzlichen referierten Aussagen, zum andern daraus, daß die insgesamt dominierenden Informationshandlungen sich nicht auf den assertorischen Typ MITT (ass (p)) beschränken, sondern durch verschiedene subjektivierende Varianten sowie durch Meinungs- und Emotionskundgaben ergänzt werden.

Der Aufbau einer Erlebnisperspektive bringt es mit sich, daß in Reportagen eine möglichst große Nähe zum Geschehen suggeriert wird. In (57) kommt dies bereits darin zum Ausdruck, daß der Autor die Position eines teilnehmenden Beobachters einnimmt; für den Leser ergibt sich dadurch so etwas wie Information aus erster Hand. Den Eindruck zeitlicher Nähe unterstützt ebenso die *Tempuswahl*: Die Schilderung des zentralen Geschehens erfolgt daher gewöhnlich im aktualisierenden Präsens (vgl. (57): Einleitung im Präteritum, Hauptteil im Präsens); die mitgeteilten Ereignisse erscheinen so, als hätten sie gerade erst stattgefunden, für den Leser fördert die Präsentation ein Gefühl des Dabeiseins, die Möglichkeit emotionalen Miterlebens. Zur Aktualisierung tragen weiterhin Temporaldeiktika und adverbiale Bestimmungen (*dieser Freitag, wenige Minuten später, in dieser Nacht, dann plötzlich, schlagartig...*) sowie die häufigen Einschübe direkter Rede bei. Distanzmindernd wirken schließlich auch die genauen Ortsangaben, das Eingehen auf konkrete Details und die Wiedergabe gruppenspezifischer Sprechweisen.

Besonders hervorzuheben ist in diesem Zusammenhang der *Einsatz von Zitaten mit direkter Rede*. Sie dienen nicht allein der Vermittlung bestimmter Inhalte, sondern fungieren ebenso als Mittel, einen Text anschaulich zu machen, eine Person oder eine Situation möglichst authentisch zu präsentieren. Der hohe Anteil wörtlicher Redezitate ist insofern typisch für Reportagen und bildet in der Tat ein wichtiges Kriterium zur Unterscheidung von anderen informationsbetonten Textsorten (Müller 1989: 129ff.).

Einschränkend ist allerdings anzumerken, daß diese Abgrenzungsfunktion zumindest in der Boulevardpresse so nicht gilt. Burger (1990: 51ff.) hat für diesen Bereich u.a. festgestellt: a) die Trennung von Textsorten wird weitgehend aufgegeben, b) die Verwendung direkter Rede ist hier ein generell ge-

---

Zu einem umfassenderen, auch den Ausdruck von Emotionen berücksichtigenden Bewertungs-Begriff vgl. dagegen Zillig 1982, Adamzik 1984.

bräuchliches Mittel. Es erübrigt sich im übrigen der Hinweis, daß die formal als solche gekennzeichneten Zitate keineswegs immer auch authentische Rede wiedergeben müssen, sondern sehr oft Formulierungen des betreffenden Journalisten darstellen.

Eine spezielle Rolle spielt die wörtliche Rede in Reportageeröffnungen, und zwar als Mittel des *szenischen Einstiegs*:

(58)   May Shay weint. "Ich kann nachts nicht schlafen", klagt sie. [...] In einfachen Worten schildert die alte Navajo-Frau den psychischen Druck, der auf ihr lastet - Ergebnis einer jahrelangen Zermürbungskampagne, die... (FR 13-12-91)

(59.1) *Im Krieg der Clans und Sippen stehen Deutsche zwischen den Fronten*
Die alte Frau faltet ihre Hände und fleht die Deutschen an: "Wir wollen nichts, keine Unterstützung, keine Hilfe. Wir brauchen nur ein Dach überm Kopf, gerade so gut, daß wir dort leben können. Und wir werden arbeiten, bis uns das Blut unter den Fingernägeln herauskommt." Olga Leonhardt (64) ist Rußlanddeutsche. Gerade dem Bürgerkrieg in Tadschikistan entronnen, lebt sie mit 200 ihrer Landsleute im ersten Flüchtlingslager für Deutsche im Süden von Moskau. Es sind meist die Frauen, die erzählen. ... (SchwäbZ 30-12-92)

Szenische Texteröffnungen führen direkt in ein Geschehen oder eine Situation ein, zusammenfassende Informationen und Erläuterungen zur Vorgeschichte (wie in (57)) entfallen hier: "Von der ersten Zeile an wird dem Leser das Gefühl vermittelt, direkt dabei zu sein als einer, der plötzlich selbst zum Augenzeugen wird." (Müller 1989: 121) Charakteristisch ist dabei - neben der Möglichkeit, dem Text ein einleitendes Zitat voranzustellen - die Einführung von Personen oder Objekten mit dem Eigennamen (58) oder dem definiten Artikel ((59.1): *die alte Frau*). Man unterstellt also ein Vorwissen (hier: zur Sprechsituation und zur Identifizierung der genannten Personen), wozu der anschließende Kontext erst die nötigen Hinweise bereitstellt. Das Verfahren wird üblicherweise gewählt, um Neugier, Spannung aufzubauen und zum Weiterlesen anzuregen.

Auf den szenischen Einstieg folgt häufig ein *Perspektivenwechsel*. In (58) etwa markiert die metakommunikative Äußerung *in einfachen Worten schildert die alte Navajo-Frau...* den Übergang vom personalen zum auktorialen Blickwinkel bzw. von der Innen- zur Außenperspektive. (Im zweiten Beispiel haben wir einen vergleichbaren Übergang im Anschluß an das einleitende Zitat.) Den Haupttext einer Reportage kennzeichnen in der Regel mehrere solcher Perspektivenwechsel, sie sorgen für einen abwechslungsreichen Textaufbau. Liegt einer Reportage ein Ereignis oder Geschehensablauf zugrunde, dann ist die Darstellung im allgemeinen von zahlreichen Einschüben mit direkter Rede oder szenischen Einzelheiten geprägt. Deshalb kann von einer chronologisch geordneten Informationsabfolge nur bedingt die Rede sein. Hinzu kommen ebenso räumlich oder *lokal strukturierte Abschnitte*, vor allem dann, wenn es um die Schilderung charakteristischer Situationen oder Zustände einschließlich ihrer atmosphärischen Details geht (vgl. die Beispiele bei Müller 1989: 109ff. und Burger 1990: 339ff.).

Der Textschluß nimmt oft einen in der Einleitung angesprochenen inhaltlichen Aspekt wieder auf und verleiht der Reportage so eine bestimmte Rahmenstruktur (vgl. (59.2)). Alternativ dazu kann der Text auch mit einer Pointe abgeschlossen werden.

(59.2) Wie soll es weitergehen? Die Flüchtlinge haben nur ein Ziel vor Augen: "Wir wollen nach Deutschland. In Tadschikistan braucht uns niemand und in Rußland braucht uns auch niemand."

Im Hinblick auf das mit Reportagetexten verbundene Kommunikationsziel fungieren gerade die eingeschobenen Zitatpassagen als Mittel, einen Beitrag anschaulicher und damit leichter verständlich zu machen; desgleichen unterstreichen sie die Glaubwürdigkeit des Berichteten und unterstützen, als Konkretisierung allgemeiner Aussagen, auch die Textverarbeitung. Hier bestehen durchaus Parallelen zu den spezifizierenden Informationen harter Nachrichten (vgl. Schaubild (XXIV)) oder zu den Stützungsverfahren in Berichten (vgl. (XXVI)). Darüber hinaus zielt die Sprachgestaltung von Reportagen natürlich auch darauf ab, eine möglichst abwechslungsreiche Lektüre zu gewährleisten - ein Gesichtspunkt, dem angesichts des relativ großen Textumfangs eine besondere Bedeutung zukommt. Reportage-Autoren greifen daher auf verschiedene "attraktivmachende" Mittel zurück, wie sie bereits anhand weicher Nachrichten beschrieben wurden (vgl. (XXV)).

Aufgrund der großen Vielfalt von Reportagetexten liegt es nahe, nach weiteren Untergliederungen zu suchen. So schlägt etwa Bucher (1986: 134f.) vor, Subtypen nach der Art der Perspektive, die ein Textautor einnimmt, zu unterscheiden; dabei werden drei Möglichkeiten zugrundegelegt, denen jeweils bestimmte Handlungsmuster entsprechen:
— Augenzeugenperspektive (den Beobachterstandpunkt des Berichtenden angeben; beschreiben, wie das Berichtete vom angegebenen Standpunkt aus aussieht),
— Perspektive des teilnehmenden Beobachters (beschreiben, wie der Schauplatz eines Ereignisses aussieht; eine Szene beschreiben, an der der Berichterstatter beteiligt war),
— Insider-Perspektive (die Rolle beschreiben, die der Berichterstatter spielt; beschreiben, wie ein Akteur der berichteten Ereignisse das Berichtete sehen könnte).
Eine eher inhaltlich orientierte Gliederungsbasis wählt dagegen Müller (1989: 108ff.) mit den folgenden drei Dimensionen:
— Vor-Ort-Ebene (Darstellung des Handlungsschauplatzes),
— Personenebene (Darstellung der Handlungsbeteiligten, speziell auch über Redewiedergaben),
— Dokumentationsebene (Vermittlung von Hintergrundinformationen).
In Abhängigkeit davon, ob jeweils eine, zwei oder alle drei Ebenen in einem bestimmten Umfang realisiert sind, unterscheidet Müller drei Subtypen der Pressereportage; die komplexeste und die eigentliche Form der Reportage stellt demnach der dreidimensionale Typ dar.
Beide Vorschläge werfen Schwierigkeiten auf. Zum einen sind die oben genannten Perspektiven nicht immer klar unterscheidbar, und viele Texte zeichnen sich gerade durch häufigen Perspektivenwechsel aus, was die Zuordnung zu einem der Subtypen fragwürdig macht. Auch im zweiten Fall liegt keine disjunkte Untergliederung vor; differenziert werden graduell verschiedene Realisierungsformen eines Idealmusters der Textsorte 'Reportage'.

Übung (20)

Was ist charakteristisch für die folgende Reportage-Eröffnung? Worin besteht der Hauptunterschied gegenüber den Beispielen (57) - (59)?

Eric Jelen ist wieder der Mann fürs Doppel
Diesmal an der Seite von Michael Stich
Kennen Sie Eric Jelen? Richtig! Das ist doch der, der immer mit Boris Becker im Daviscup gespielt hat. Weniger im Einzel als im Doppel. Dieser Jelen, der immer nur schlecht aussieht, wenn das Daviscup-Team gewonnen hat, weil Becker ja allein brilliert und Jelen allenfalls funktioniert.
Den ewig blassen Jelen fragt man, warum er an Beckers Seite so mies gespielt habe; selbst wenn er wie in Göteborg oder in Stuttgart beim Daviscup-Finale zweimal die Schweden alt aussehen ließ. ...
(WAZ 21-9-91)

4.2.6. Problemdarstellung

An mikrostrukturellen Prinzipien wurden bisher genannt: eine spezifizierende, eine temporale und eine deskriptive bzw. lokal strukturierende Informationsverknüpfung. Ein viertes Prinzip stellt nun die *e x p o s i t o r i s c h e   M a k r o s t r u k t u r* dar. Sie basiert auf einer systematischen, hierarchisch gegliederten Entfaltung der Textinformation; Werlich (1975: 36) spricht daher auch von "analytischer Textstrukturierung". Von zentraler Bedeutung ist hier die Aufgliederung einer Kerninformation in mehrere gleichrangige Teile oder Aspekte; prototypisch wäre etwa eine allgemeine Themenangabe mit - wie vor allem in wissenschaftlichen Arbeiten üblich - anschließender enumerativer Differenzierung (*erstens, zweitens, drittens...*). Vergleichbare Beispiele für solche totum-pars-Relationen enthält auch der folgende Textauszug:

(60)   *Die Strategie der CDU* [K]
...

Bonn (K-Eigenbericht).   Die Kanzlerkandidatenfrage "auf Eis legen" [A] - bürgernahe Themen aufgreifen [B] - mehr Zurückhaltung im Bundesrat üben [C]: Das sind drei wichtige Punkte der vom CDU-Bundesvorstand auf der Klausurtagung am letzten Wochenende in Boppard am Rhein vereinbarten Unions-Strategie [K']. ...   (Sk 16-12-80, 2)

Die summarische Angabe im Titel, die Kerninformation [K], erfährt zunächst eine Aufspaltung in die Elemente [A] - [C] und wird in [K'] nochmals zusammengefaßt (*drei wichtige Punkte der ... Unions-Strategie*). Eine Anwendung des expositorischen Gliederungsprinzips auf größere Sinnabschnitte - und erst hier kann man eigentlich von Makrostruktur sprechen - folgt dann im Haupttext. Allerdings konzentrieren sich die Ausführungen ganz auf den Punkt [B], den "Themen-Katalog", der wiederum in eine Reihe von Unterpunkten gegliedert ist (b1 - b5: Medienpolitik, Junge Generation, Bürokratie, Ökologie, Ostpolitik). Innerhalb dieser Bereiche werden zum Teil noch ergänzende Hinweise gegeben, u.a. zu bestimmten Maßnahmen und Absichtserklärungen, d.h., in diesen Abschnitten liegt wieder eine spezifizierende Informationsverknüpfung vor. Schematisch ergibt sich ein Verzweigungsmuster mit mehreren Diversifikationsstufen (60').

(60')   Titel:

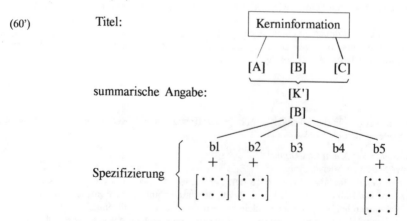

Für Pressetexte, denen eine expositorische Makrostruktur zugrundeliegt, hat Große (1974: 576) die Bezeichnung *journalistische Problemdarstellung* vorgeschlagen. Diese Textsorte, deren Hauptunterscheidungsmerkmal gegenüber Nachricht, Bericht und Reportage also in der systematischen Entfaltung des Textinhalts liegt, hat in der Tageszeitung vor allem dort ihren Platz, wo es um zusätzliche Hintergrundinformationen zur aktuellen Berichterstattung geht. Man stößt daher auch auf Bezeichnungen wie 'Hintergrundbericht' oder 'analysierender Beitrag'.

Die Abgrenzung 'expositorisch' / 'spezifizierend' mag zunächst willkürlich erscheinen. Doch läßt sich grundsätzlich festhalten, daß das expositorische Prinzip, wenn es bemüht wird, dem spezifizierenden vorgeordnet ist - und nicht umgekehrt. Denn der (nach dem obigen Modell) horizontale Gliederungsrahmen bildet in aller Regel erst die Basis für eine weitere vertikale Vertiefung. Mit dem expositorischen Textaufbau korrespondiert ebenfalls eine Reihe spezifischer Handlungsmöglichkeiten. Wie in Berichten oder Reportagen dominieren zwar auch hier Mitteilungen und Feststellungen, ergänzt u.a. durch Behauptungen, Vermutungen, Bewertungen, Begründungen, Folgerungen; an der inhaltlichen Seite (vgl. insbesondere die Komplementsätze der Handlungsmuster a) - e) in der folgenden Auflistung) wird jedoch deutlich, inwieweit Problemdarstellungen über andere informationsbetonte Textsorten hinausgehen. Im Vordergrund stehen also nicht Informationen über Ereignisse der Tagesaktualität (sie liefern allenfalls die konkreten Anknüpfungspunkte), sondern Aussagen über allgemeinere Sachverhalte und größere Zeiträume:

a) mitteilen, welche Aspekte für einen Sachverhalt von Bedeutung sind,
b) mitteilen, was für ein Zustand, welche Situation vorliegt,
c) mitteilen, wie eine Situation entstanden ist,
d) mitteilen, in welche sozialen, historischen, politischen, kulturellen Zusammenhänge ein Sachverhalt einzuordnen ist,
e) feststellen, wie ein Sachverhalt, eine Situation beurteilt wird,
— indem man vorliegende Stellungnahmen wiedergibt,
— indem man bestimmte Beobachtungen und Schlußfolgerungen darstellt,
— indem man diskutierte Ursachen und Folgen nennt,
f) begründen, warum eine Position, Einschätzung, Konsequenz problematisch ist,
g) erklären, wie eine Situation sich entwickeln konnte bzw. sich entwickeln wird, indem man auf bestimmte Ursachen, Motive, Gesetzmäßigkeiten aufmerksam macht,
...

In der Liste nicht enthalten sind die Zusatzverfahren, wie sie speziell auch in Problemdarstellungen zur Aufmerksamkeitssteuerung, Verständnisförderung, Akzeptanzunterstützung und zur Sicherung der Textverarbeitung eingesetzt werden; hierzu sei wiederum auf die Erläuterungen zu Schaubild (XXVI) in Kap. 4.2.4 verwiesen.

Die Art der expositorischen Struktur braucht keineswegs immer explizit markiert zu sein, wie man im Anschluß an Beispiel (60) annehmen könnte. In vielen Texten wird auf solche Hinweise, die den Gedankengang eines Beitrags verdeutlichen oder für den Leser transparenter machen, verzichtet. Auch Zwischentitel, wie sie für längere Artikel generell typisch sind, erfüllen diese Gliederungsfunktion nur unzureichend; allzuoft sind sie primär nur zur optischen Auflockerung oder zur Steigerung des Leseinteresses eingefügt. Noch ein weiterer Gesichtspunkt ist hier zu erwähnen: Problemdarstellungen bestehen in aller Regel nicht allein aus Tatsachenmitteilungen und Feststellungen des Typs

INF (ass (p)), sondern geben zu einem nicht unwesentlichen Teil auch Reflexionen, Deutungen und Problematisierungen des Textautors wieder (vgl. bereits die oben genannten Handlungsmuster f) und g) sowie Black 1985, Schröder 1984: 169ff.). Von daher findet man in expositorischen Texten ebenso temporal, argumentativ o.ä. strukturierte Passagen eingelagert, wobei diese vom Umfang her keiner starren Begrenzung unterliegen. Die Einbettung einer längeren Argumentation illustriert der folgende Textauszug:

(61) Das Umweltprogramm der Bundesregierung vom September 1971 enthielt die drei Prinzipien, die bis heute gelten, aber eben oft nur im Prinzip: Vorsorge, Verursacherhaftung und Kooperation. Der Gedanke klang an, daß der Umweltschutz, um finanzierbar zu werden, die Wirtschaft nicht zu sehr belasten dürfe. Das wurde zu dem Slogan verfestigt: "Wir brauchen Wirtschaftswachstum, um den Umweltschutz bezahlen zu können." Auch das ist eine Irreführung. Wenn Umweltschutz meint, daß sich die Lebensgrundlagen — Boden, Wasser, Luft — nicht verschlechtern sollen, dann ist er mit Wirtschaftswachstum unvereinbar. Das hängt mit dem Naturgesetz von der Entropievermehrung bei Veredelungsprozessen zusammen.

Alle Arbeit veredelt Materie und Energie zu einem erwünschten Gut, doch dabei entsteht Abfall, und zwar überproportional. Bei der Schweinemast müssen sechs pflanzliche Kalorien zur Erzeugung von einer Fleischkalorie aufgewendet werden; fünf Kalorien gehen verloren als Gülle und Abwärme. In der Chemieindustrie entstehen pro Tonne erwünschter Substanz mehrere Tonnen Nebenprodukte, die mehr oder weniger unerwünscht sind, die [...]. Wirtschaftswachstum bedeutet deshalb mit naturgesetzlicher Notwendigkeit mehr Umweltbelastung. (SZ 5-1-90, 10)

Zu einem Unterpunkt des Gesamttextes referiert der Autor zunächst die offizielle Position und stellt dieser dann eine eigene Argumentation (Negativbewertung + Gegenthese + Begründung) entgegen. Hinzu kommt im zweiten Abschnitt noch ein weiteres, relativ ausführliches Explikationsschema, das insgesamt die zuvor gegebene Begründung verständlicher machen und damit den eigenen Standpunkt (= Gegenthese) stützen soll. Schematisch läßt sich die Einbettungsstruktur innerhalb des Textes wie in (61') darstellen.

(61')

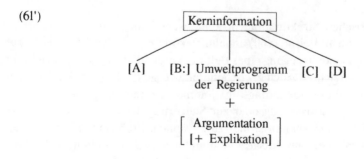

Es wurde bereits angedeutet, daß expositorische Gliederungssignale (wie z.B. *einerseits - andererseits, zunächst - weiterhin / darüber hinaus / daneben - schließlich*) in Problemdarstellungen eher sparsam verwendet werden. Diese Beobachtung gilt zum Teil auch für die argumentativen Passagen; spezifische Junktoren (u.a. die Konjunktionen *da, weil, obwohl*... oder Konjunktionaladverbien wie *daher, deswegen, trotzdem, also*...) erleichtern zwar das Erkennen inhaltlich-logischer Bezüge, werden aber längst nicht immer für erforderlich gehalten. In (61) fällt auf, daß im letzten Satz *deshalb* den Bezug zum vorher Gesagten markiert, damit die argumentative Funktion der Beispiele eindeutig macht und so den mit der Schlußaussage verbundenen Geltungsanspruch (vgl. *mit naturgesetzlicher Notwendigkeit*) noch unterstreicht.

Im Vergleich zu Meldungen, Nachrichten, Berichten sind Problemdarstellungen wesentlich umfangreicher, sie können bis zu einer Zeitungsseite umfassen. Von daher stellt sich hier verstärkt die Frage lesestimulierender Mittel. Eine besondere Möglichkeit bildet - wie bei Reportage- und Berichttexten - die Gestaltung von *Texteröffnung* und *Textschluß*. Das Überschriftengefüge besteht meist aus zwei Teilen, einem sachlichen Ober- oder Untertitel mit Angabe des Textgegenstands und einem lesewerbend formulierten Haupttitel:

(62) *Großes Ändern und kleines Beharren*
      Vieles ist unverändert im DDR-Alltag - Beispiel Ost-Vermögen von Westdeutschen
      (FAZ 5-1-90, 10)

(63) Indianer in Amerika: Viele verstehen ihr Geschäft, aber die meisten fühlen sich diskriminiert -
      Der schärfste Zündstoff liegt in Kalifornien
      STIEFKINDER ZWISCHEN HÜTTE UND ROLLS-ROYCE
      Die Indianer Kaliforniens befinden sich wieder auf dem Kriegspfad. Statt mit Pfeil und Bogen
      gehen sie diesmal mit den Waffen des Gesetzbuchs gegen den Staat vor. ... (MM 17-12-80, 3)

Die Einleitung des Haupttextes ist gewöhnlich als Aufhänger konzipiert (vgl. (63)); er soll einen direkten, interesseförderenden Zugang zum behandelten Problem bieten oder die Verbindung zu einem aktuellen Anknüpfungspunkt herstellen (62). Knappe, nüchtern zusammenfassende Einleitungen sind weniger häufig. Der Textschluß bildet zusammen mit der Einleitung oft einen gewissen Rahmen und betont, unter Umständen auch auf bildlicher Ebene, ein Fazit des Autors oder eine bestimmte zum Nachdenken zwingende Perspektive (in Text (63) heißt es am Schluß: *Eine Zeitbombe*...).

Eine wesentliche Aufgabe journalistischer Problemdarstellungen liegt, wie betont, in der Vermittlung von Hintergründen und Erklärungszusammenhängen. Dominierend ist dabei eine systematisch angelegte Darstellungsweise, die das Aufzeigen umfassender Tendenzen und Entwicklungen bezweckt (ablesbar z.B. an der Verwendung von Großraumdeiktika und entsprechenden Temporalbestimmungen: *im ersten Drittel des Jahrhunderts, nach jahrzehntelanger Hinhaltetaktik* in (63)) und auf eine relativ große Allgemeingültigkeit der gemachten Aussagen abhebt (vgl. u.a. das häufig als Haupttempus gebrauchte Präsens). Als gleichsam komplementär zu dieser Betonung von Allgemeinheit und Abstraktheit sind nun die Strategien zu betrachten, die zur Veranschaulichung und Konkretisierung und damit zur Rezeptionserleichterung beitragen; neben lesewerbenden Überschriften und Texteinleitungen (sowie eventuell ergänzenden Illustrationen) kommen hier vor allem Signale zur Hervorhebung der Textgliederung und, wenn auch in anderer Dosierung, veranschaulichende und auflockernde Sprachmittel in Betracht, wie sie bereits anläßlich der Textsorte 'Bericht' erörtert wurden.

Übung (21)

> Die Merkmale von 'Bericht' und 'Problemdarstellung' weisen einige Gemeinsamkeiten auf. Wie ließe sich, ausgehend von der Analyse konkreter Zeitungsartikel (z.B. aus SZ, FR, FAZ, vor allem S. 3), trotzdem eine Differenzierung vornehmen? Anhaltspunkte: Textaufbau, Art des Themas, sprachliche Präsentation. Wie ist etwa die quantitative Verteilung der beiden Textsorten?

4.2.7. Weitere Textsorten

Nur kurz skizziert seien hier einige Beitragsarten, die zwar ebenfalls in der Tagespresse vorkommen, aber nicht unbedingt zum zeitungsspezifischen Kernbereich gehören: a) die *zeitgeschichtliche Darstellung*, b) der *Wetterbericht*, c) das *Sachinterview*.

a) Mit der Problemdarstellung eng verwandt sind Artikel, die mit zusätzlichen Hintergrundinformationen ebenfalls eine aktuelle Berichterstattung ergänzen, vom Textaufbau her aber keine expositorische, sondern eine temporale Gliederung aufweisen. Solche Texte werden vor allem dann eingesetzt, wenn es darum geht, z.B. den Werdegang einer Institution, die historische Entwicklung eines politisch-sozialen Gegenstands oder Sachverhalts aufzuzeigen - von daher auch die vorläufige Kennzeichnung als *z e i t g e s c h i c h t l i c h e   D a r s t e l l u n g* . Mit 'temporal gegliedert' ist dabei nicht gemeint, daß der Textverlauf sich genau an die Chronologie eines wie auch immer gedachten ordo naturalis halten muß; der Bezug zur Zeitachse kann vielmehr sehr variabel sein. Parallel dazu finden sich häufig expositorische, spezifizierende und argumentative Passagen. Charakteristisch ist in dieser Hinsicht der folgende Beispieltext:

> (64.1) *"... und daß auf ihr die deutsche Frage vom Tisch gewischt werde"*
> Historische Spurensuche zum Thema "Wiedervereinigung" und "Oder-Neiße-Grenze" von Teheran bis zur Gegenwart
> Am 5. April 1955 notierte Heinrich Krone, der langjährige Vertraute Konrad Adenauers während dessen ganzer Zeit als Bundeskanzler, in seinen 1974 erschienenen "Aufzeichnungen zur Deutschland- und Ostpolitik der Jahre 1954 - 1969": [...]
> Über dreißig Jahre später ist die deutsche Frage wieder auf dem Tisch der internationalen Politik und beschäftigt Gipfeltreffen im Westen und im Osten sowie Parteitage in der Bundesrepublik Deutschland und in der DDR.
> [...]   (FR 5-1-90, 14)

Der (eine Zeitungsseite umfassende) Artikel stellt dar, wie auch bereits im Untertitel angedeutet, welche Etappen die sog. deutsche Frage in den letzten Jahrzehnten durchlaufen und welche Bewertungen sie erfahren hat. Der Text folgt dabei im wesentlichen der Entwicklung vom Zweiten Weltkrieg bis zum Jahre 1989. An mehreren Stellen sind relativ ausführliche Bewertungen (*Alle diese Fragen sind jetzt - fast 45 Jahre nach Kriegsende - längst erledigt...*) und zusätzliche Erklärungen (*Diese tatsächliche Entwicklung erklärt auch, warum...*) zwischengeschaltet. Die Art der Überschriften sowie auch die Texteinleitung mit Aufhänger und aktuellem Anknüpfungspunkt erinnern deutlich an Merkmale der Problemdarstellung (vgl. (62), (63)). Hinzu kommen noch, wie bei ergänzenden Hintergrundbeiträgen oft der Fall, Angaben der Redaktion zur Einordnung in den politischen Kontext und zum Autor bzw. zur Herkunft des Artikels:

(64.2) In der Bundesrepublik droht die polnische Westgrenze zum innenpolitischen Wahlkampfthema zu werden. [...] Die historischen Fakten in der Adenauer-Ära werden dabei höchst unterschiedlich wahrgenommen. Im folgenden Vortrag, den wir leicht gekürzt veröffentlichen, ...

Nach Bucher (1986) sind solche Angaben Teil *reflexiver Maßnahmen*, mit denen die Transparenz erhöht und möglichen Verstehensschwierigkeiten vorgebeugt wird: U.a. erläutern sie nämlich die Funktion eines Beitrags innerhalb der Berichterstattung, ordnen einen Sachverhalt in seinen Ereigniszusammenhang ein oder erklären die Art der Informationsbeschaffung bzw. der Texterstellung (vgl. Bucher 1986: 119ff., 1989: 296ff.).

b) In fast allen Zeitungen ist der *W e t t e r b e r i c h t* fester Bestandteil des Beitragsangebots. Von den übrigen informationsbetonten Textsorten unterscheidet er sich schon durch den Zeitbezug: "Berichtet" bzw. mitgeteilt wird etwas, dessen Gültigkeit im Bereich des Zukünftigen liegt; dies schließt indes Informationen über zurückliegende Entwicklungen der Wetterlage nicht aus. Unverzichtbarer Kern des Zeitungswetterberichts ist der Vorhersageteil mit seiner Prognose für den folgenden Tag. Diese Komponente kann nun auf verschiedene Weise erweitert sein: durch weitere Vorhersagen (vgl. (65)), durch einen allgemeinen Überblick zur Wetterlage (dieser Teil wird nur selten weggelassen), Temperaturangaben für den voraufgehenden Tag (meist aufgelistet nach Städten), astronomische Daten, zusätzliche Karten.

(65) *Überwiegend trüb*
Wetterlage: Ein umfangreiches Hochdruckgebiet mit Schwerpunkt über dem östlichen Europa sorgt weiterhin für ruhiges und trübes Wetter.
Vorhersage für heute: Überwiegend trüb durch Nebel und Hochnebel, vereinzelt etwas Schneegriesel möglich. Höchsttemperaturen bei 0 Grad. Tiefsttemperaturen -2 bis -6 Grad. Schwacher, an der Küste auflebender Wind aus östlichen Richtungen.
Aussichten für morgen: Fortdauer des trüben und ruhigen Hochdruckwetters, wenig geänderte Temperaturen.
[...] (EZ 30-12-89, 2)

Zwar existiert kein generell gültiges Schema, doch benutzt praktisch jede Zeitung für den Wetterbericht eine standardisierte, täglich an gleicher Stelle wiederholte Präsentationsform. Auffallend ist zunächst die klare "stilistische Zweiteiligkeit" (Sandig 1970) von Übersicht und Vorhersage. Im ersten Textteil, der über allgemeine, großräumige Tendenzen der Wetterlage orientiert und zum Teil auch eine Begründung für die anschließenden Prognosen gibt, dominieren vollständige Verbalsätze. Syntaktisch gesehen handelt es sich um Einfachsätze, deren Informationsgehalt durch präzisierende Adjektive (*ruhiges und trübes Wetter*), präpositionale Rechtsattribute (*mit Schwerpunkt über...*) und präpositionale Angaben (z.B. *im Norden des Bundesgebiets*) zusätzlich verdichtet wird. Der zweite Textteil enthält dann für das Verbreitungsgebiet der Zeitung die jeweiligen Vorhersagen, letztere oft noch spezifiziert nach einzelnen Regionen (*Alpengebiet: ..., Nordbayern: ...*). Hier herrschen, als Ausdruck hoher Redundanz, elliptische Kurzsatzmuster vor: Zum Beispiel können finite Verben aufgrund der gleichbleibenden Merkmale 'zukünftig', 'potentiell', '3. Person' durchweg fehlen, ebensowenig müssen Artikel und Satzverknüpfung genannt sein. Die Abfolge bestimmter Informationen (nämlich Vorhersagen über Bewölkung, Niederschläge, Temperaturen, Windverhältnisse) ist so weit standardisiert und für den Leser erwartbar, daß eine asyndetische Aneinanderreihung temporal und lokal determinierter Angaben ausreicht. Aus dem gleichen Grund braucht in diesem Teil des Wetterberichts auch die eingeschränkte

Gewißheit - es handelt sich um Vorhersagen, nicht um Ankündigungen - nicht ständig expliziert zu werden.

c) Wie mehrfach erläutert, sind Informationsauswahl und Sprachgestaltung nicht zuletzt auch Ausdruck der vom Autor antizipierten Leser-Erwartungen. Konkreter formuliert: Jede Aussage in einem monologischen Text ließe sich demnach auffassen als Antwort auf eine implizite Leser-Frage (vgl. Hellwig 1984). Eine gleichsam explizite Version dieser dialogischen Grundstruktur stellen nun *Presseinterviews* dar, und zwar insofern, als hier der Interviewer die aus der Sicht des Leserpublikums möglichen Fragen stellt und der Interviewte, wenigstens im Idealfall, mit seinen Antworten die angenommenen Wissensdefizite (der Leser, nicht des Interviewers) beseitigt. Das folgende Beispiel (66) bezieht sich auf ein politisches Ereignis, die Öffnung des europäischen Binnenmarktes zum 1. Januar 1993, über das zwar in allen Medien ausführlich berichtet wurde, aber dessen praktische Auswirkungen für den einzelnen Bürger offenbar noch nicht genügend geklärt waren.

> (66) INTERVIEW
> mit Frank Waskow vom Katalyse-Institut für angewandte Umweltforschung, Köln
> *"Die Qualität der Lebensmittel wird im EG-Binnenmarkt geringer"*
> *SZ*: Am 1. Januar 1993 fallen für 340 Millionen Verbraucher in der Europäischen Gemeinschaft (fast) alle Schranken. Der schier grenzenlose EG-Binnenmarkt wird dann vollendet. An diese Entwicklung sind hohe Erwartungen geknüpft, doch wird mehr und mehr auch Kritik laut. [...] Was kommt auf den deutschen Verbraucher zu, der unter den bisher vorgesehenen 260 Zusatzstoffen 60 neue bei der Produktion von Lebensmitteln in Kauf nehmen muß?
> *Waskow*: Unter den 60 Zusatzstoffen sind nicht nur neue, sondern auch alte, die man in Deutschland früher verboten hatte. Zum Beispiel hatte man einen aus dem Verkehr genommen, weil er bei Hunden Kehlkopfkrebs ausgelöst hatte. Jetzt steht er auf der Vorschlagsliste der EG. Ähnliches gilt auch für einige andere Stoffe. Der 1. Januar ist überdies ein imaginäres Datum, denn die Entwicklung des Binnenmarktes ist auch im Lebensmittelbereich ein fließender Prozeß. Über einige Zusatzstoffe hat man schon abschließend entschieden, bei Süßstoffen zum Beispiel, über andere noch nicht, wie über die Konservierungsstoffe etwa. Ich denke aber, die Ausweitung der Zusatzstoffanwendung wird zum Grundsatz gemacht. ... ... (HB 30-12-92)

Der Einwand liegt nahe, daß es wenig plausibel erscheint, Beispiele wie (66) in einer Reihe mit den zuvor behandelten informationsbetonten Texten zu sehen. Fragt man jedoch, aus welchem Grund der Interviewtext erstellt und in die Berichterstattung aufgenommen wurde, könnte eine Antwort lauten: Die Zeitung (bzw. der Journalist) verfolgt das Ziel, bei den Lesern den Kenntnisstand über den aktuell gegebenen Sachverhalt zu verbessern und insbesondere vorhandene Wissenslücken bezüglich der konkreten Auswirkungen des neuen europäischen Binnenmarkts zu schließen. Und um dieses Ziel zu erreichen, wird mit der Präsentation / Äußerung von (66) eine ganze Reihe von einschlägigen und für den Leser als relevant erachteten Fakten mitgeteilt. Dem Text als ganzem kann man also, ähnlich einer Nachricht oder einem Bericht, den Intentionstyp 'informieren' zuschreiben. Das heißt, das dialogisch aufgebaute Interview ist anderen monologischen Pressetexten funktional vergleichbar.

> Natürlich sind Presseinterviews nicht generell als 'informationsbetont' klassifizierbar. Sie können ebenso dazu dienen, eine Person öffentlich vorzustellen, Verhaltensratschläge zu geben, eine Position oder Einstellung zu einem Sachverhalt zu vermitteln u.a.m. (vgl. Franke 1989). In Zeitungen kommt vor allem der letztgenannte Typ, das sog. *Meinungsinterview*, vor (vgl. dazu die Darstellung in

Kap. 4.3.4; dort wird auch näher auf das Problem der Verschriftlichung, die Gesprächsrollen, die Unterscheidung von Subtypen sowie auf die Verwendungsmöglichkeiten von Interviews eingegangen).

Interviews, in denen es vorrangig um die Wiedergabe von Fakteninformationen geht, seien hier als *S a c h i n t e r v i e w s* bezeichnet - ohne damit jedoch eine Annäherung an die herkömmliche Unterscheidung 'Interview zur Sache' / 'Interview zur Person' (Netzer 1970, v. LaRoche 1975) zu intendieren. Wie in monologischen informationsbetonten Texten variiert das Spektrum sprachlicher Handlungen auch im Interview sehr stark. Diese Tendenz wird verstärkt durch individuelle Präferenzen der Interviewten. Von redaktionellen Einflußnahmen, die einen originalen Dialogtext mitunter völlig in den Hintergrund treten lassen, so vor allem in der Boulevard- und Regenbogenpresse, sei hier einmal abgesehen (vgl. die Beispiele bei Burger 1990: 57ff.). Auf jeden Fall ist die Grenze zwischen Sachinterview und Meinungsinterview nicht immer klar zu ziehen. In Texten wie (66) überwiegen indes die Tatsachenmitteilungen und Feststellungen eines Experten (INF (ass (p)): z.B. *Unter den 60 Zusatzstoffen sind nicht nur neue...*). Aber außer den verbürgten Fakten kommen gelegentlich auch Vermutungen (SUBJ (p): *Ich denke aber, die Ausweitung ... wird zum Grundsatz gemacht.*) und Bewertungen (EVAL (p): *...reicht mir die Risikoforschung in der Gentechnologie noch nicht aus*) zur Sprache. Viele der Aussagen sind - wie in Meldungen, harten Nachrichten, Problemdarstellungen - als Spezifizierungen oder Begründungen miteinander verknüpft (vgl. *Zum Beispiel hatte man..., weil er...*). Die Einleitung des Interviewtexts entspricht dem Lead eines Berichts oder einer Nachricht: Sie orientiert mit einer kurzen Zusammenfassung über den vorliegenden Sachverhalt und stellt die Verbindung zur früheren Berichterstattung her. Diese Passagen sind also nicht an den Interviewten, sondern an die Leser gerichtet. Hier zeigt sich, daß die Sprachgestaltung solcher Interviewtexte sowohl auf die beteiligten Gesprächspartner als auch auf die eigentlichen Adressaten, die Leser, zugeschnitten sein muß.

Literaturhinweise:

Brinker (1985: 59ff.)   Morgenthaler (1980: 117ff.)
Bucher (1986: 75ff.)   Müller (1989: 39ff.)
Burger (1990: 322ff.)   Richard (1987: 33ff.)
Große (1974: 546ff.)   Schröder (1984: 70ff.)
Kniffka (1981), (1983)

4.3. Meinungsbetonte Texte

Gemäß der althergebrachten Forderung nach Trennung von Berichterstattung und Kommentierung haben sich für die explizite Äußerung von Meinung, Urteil, Kritik, für die sog. "räsonierende Darstellung", spezielle Übermittlungsformen herausgebildet. Sie werden in der Publizistik als 'Leitartikel', 'Kolumne', 'Kommentar', 'Glosse' u.ä. beschrieben. Anhand einer begrenzten Zahl von Textsorten ist nun in den folgenden Abschnitten zu klären, wie sie sich hinsichtlich Textaufbau und sprachlichen Handlungsmustern von primär informationsbetonten Texten unterscheiden.

4.3.1. Kommentar

Eine wichtige Funktion journalistischer Kommentare besteht nach Koszyk / Pruys (1969: 184f.) darin, eine "unabhängige Interpretation, Erklärung und Erläuterung von Tagesereignissen, Zeitströmungen und politischen Entwicklungen" zu geben. Die dabei vermittelten Deutungen und Wertungen zielen - wie in Kap. 3.3.3 begründet - in der Regel auch darauf ab, beim Adressaten bestimmte Einstellungen zu fördern oder zu verändern. Ausgangspunkt für Kommentare ist gewöhnlich die *Problematisierung* eines Sachverhalts, einer Position oder einer Handlung; wie etwas problematisch oder *strittig* und damit Gegenstand weiterer Auseinandersetzungen werden kann, zeigt das folgende Beispiel:

> (67) *Gerechtigkeit*
>
> *ba*. [1][a] Es ist erreicht. [b] Was noch fehlte, die amerikanische Panama-Intervention mit dem Codenamen "Gerechte Sache" als rundum erfolgreich erscheinen zu lassen, kann nun geschehen: [c] Ein Gericht eines Rechtsstaates wird darüber befinden, wie überzeugend der Verdacht beweisbar ist, daß General Noriega eine Schlüsselfigur im internationalen Handel mit dem schleichenden Tod Rauschgift war. [d] Sollte es bei der Beweislage an völliger Eindeutigkeit mangeln, wären die amerikanischen Gerichte freilich in einer mißlichen Lage; [e] denn dafür, daß der Verdächtige vor Gericht kam, wurde ein kleiner Krieg geführt, mit Toten [...].
>
> [2][a] Vermutlich aber werden die Beweise ausreichen. [b] Mit dem Erfolg der Gefangennahme Noriegas schmilzt der Rest von Skepsis in den Vereinigten Staaten, im befreiten Panama, im übrigen Lateinamerika gegen die Intervention dahin. [c] Aber dennoch läßt sich nicht leichten Herzens von einem Sieg der Gerechtigkeit sprechen. [d] Dem stehen nicht nur die unschuldigen Opfer des Krieges entgegen. [e] Dem steht auch entgegen, daß nach den Maßstäben, die das Panama-Unternehmen rechtfertigen, viele Interventionen hätten unternommen werden müssen, die nicht unternommen wurden. [f] Die Zahl der von den Vereinigten Staaten nicht behelligten oder gar unterstützten Diktatoren in Lateinamerika ist Legion. [...] (FAZ 5-1-90, 1)

Hinweise darauf, was möglicherweise strittig ist, geben vor allem die Textsegmente [1d] und [2c]. Hier werden die Punkte angegeben, die jeweils den Geltungsanspruch einer zuvor genannten Behauptung oder Bewertung relativieren. Das solchermaßen Problematisierte erfährt dann im weiteren Textverlauf eine ausführlichere Betrachtung; dabei geht es, allgemein gesprochen, um den Versuch, "bestimmte praktische Handlungsnormen im Spannungsfeld kontroverser Geltungsansprüche argumentativ zu begründen und für ihre Ratifikation durch die überzeugte Zustimmung der Kommunikationspartner zu werben" (Kopperschmidt 1973: 97). In (67) ist der Kommentator u.a. bemüht, den Geltungsanspruch einer Aussage wie "Die amerikanische Invasion muß man ebenfalls kritisch beurteilen" (vgl. die vorsichtige Formulierung in [2c]) zu untermauern. Es gilt also, die *Richtigkeit* eines Handelns (hier: des Militäreinsatzes) zu prüfen bzw. für den Leser die behauptete Einschränkung der Richtigkeit plausibel zu machen. Die hierauf bezogenen Äußerungen (in (67) ab [2d]) kann man als *R e c h t f e r t i g u n g e n* bezeichnen; sie bilden normalerweise einen zentralen Bestandteil von Kommentaren. Insgesamt weniger im Vordergrund stehen dagegen Textpassagen, die auf die *B e g r ü n d u n g   v o n*

Wahrheitsansprüchen (vgl. eine Behauptung wie "Noriegas Regime war nicht das einzige, das in den Rauschgifthandel verwickelt war") abzielen.

Dem problematisierenden Vorgehen und dem Bestreben, mit Hilfe von Begründungen oder Rechtfertigungen von der Gültigkeit bestimmter Aussagen und Folgerungen zu überzeugen, entspricht die *a r g u m e n t a t i v e   T e x t s t r u k t u r* . Ein klassisches Schema zur Rekonstruktion der dabei verwendeten Schlußverfahren stellt - in Anlehnung an Aristoteles - der *Syllogismus* dar. Er besteht aus einer allgemeingültigen Prämisse (propositio maior), einer konkreten Unterprämisse (propositio minor) und einer Schlußfolgerung (conclusio), z.B.:

1. Prämisse: Gegen Diktaturen muß man etwas unternehmen.
2. Prämisse: Panama ist eine Diktatur.

Schlußsatz: Gegen Panama muß man etwas unternehmen.

Oder, um eine Schlußfolgerung / These aus (67) noch einmal aufzugreifen:

— Alle Diktaturen sollten grundsätzlich bekämpft werden. [2e]
— Die USA sind nur gegen einige Diktaturen vorgegangen. [2e/f]

— Die Invasion Panamas ruft daher auch Kritik hervor. [2c]

Allerdings folgt die Argumentation in Texten längst nicht immer dem strengen syllogistischen Prinzip (auch das zweite Anwendungsbeispiel stimmt nur noch zum Teil damit überein). Als ein für die Analyse flexibler anzuwendendes Verfahren sei daher noch das Argumentationsmodell von Toulmin (1958/1975) vorgestellt.

Danach wird eine These oder eine *Konklusion* (bei Toulmin: *claim*), um diese zu begründen, auf bestimmte *Fakten* (data) bezogen. In dem Textausschnitt

(67') Die Invasion Panamas ist grundsätzlich berechtigt [= K]. Schließlich war Noriega in den internationalen Drogenhandel verwickelt [= D], und diese Form organisierter Kriminalität muß unnachsichtig bekämpft werden [= SR].

dient z.B. das Faktum [D] als Begründung für die Schlußfolgerung [K]. Da [D] möglicherweise noch nicht ausreicht, um [K] überzeugend erscheinen zu lassen, wird zusätzlich auf einen handlungsleitenden Grundsatz, eine sog. *Schlußregel* ([SR], bei Toulmin: *warrant*) verwiesen. Diesen Zusammenhang könnte man formelhaft zusammenfassen als: wenn [D], dann gilt [K], und zwar weil [SR]. Die Schlußregel ließe sich wiederum auf eine allgemeinere, in (67') aber nicht ausgedrückte *Stützung* ([S], *backing*) zurückführen, etwa: "Drogen ruinieren unsere Gesellschaft." Der Schluß von [D] auf [K] wird nun nicht als generell und uneingeschränkt gültiger Satz formuliert, sondern oft durch Ausdrücke wie *vermutlich, möglicherweise, mit großer Wahrscheinlichkeit* relativiert (im obigen Beispiel: *grundsätzlich*). Toulmin hat für solche Operatoren, die den Sicherheitsgrad der Folgerung betreffen, die Bezeichnung *qualifier* [Q] gewählt. Schließlich kann es eine Reihe von Ausnahmebedingungen [AB] geben, die die Gültigkeit von [K] aufheben; im Falle von (67'): "Außer wenn übergeordnete nationale Interessen vorliegen, die einen Militärschlag ausschließen." Es ergibt sich folgendes Strukturschema:

(67'') [D]: Noriega war in ———————————— deshalb
den internationalen   [Q]: grundsätzlich
Drogenhandel ver-   [K]: Die Invasion ist berechtigt.
wickelt.
                        weil [SR]:
                        Drogenhandel muß unnach-
                        sichtig bekämpft werden.

                                                außer wenn [AB]:
                                                Es gibt andere, über-
                        aufgrund von [S]:   geordnete Interessen.
                        Drogen ruinieren
                        unsere Gesellschaft.

Das Toulminsche Argumentationsmodell ist gut geeignet, die Ableitung von Thesen zu veranschaulichen. Insbesondere lenkt es den Blick auch auf Voraussetzungen, die im Text nicht explizit genannt
sind (vor allem die Kategorien SR und S).[5] Allerdings wäre das Schema noch um eine weitere
Komponente zu ergänzen: Eine Folgerung wird nämlich nicht nur dadurch abgesichert, daß man als
Grund bestimmte Fakten nennt, sondern sie kann prinzipiell auch durch die Angabe eines
Handlungsziels [HZ] begründet werden (vgl. Schwitalla 1976a, Völzing 1979). Das erweiterte Schema
sähe damit folgendermaßen aus:

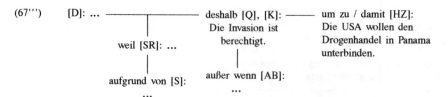

(67''')   [D]: ... ─────────────── deshalb [Q], [K]: ─────── um zu / damit [HZ]:
                                           Die Invasion ist   Die USA wollen den
                           weil [SR]: ...   berechtigt.   Drogenhandel in Panama
                                                                   unterbinden.

                        aufgrund von [S]:   außer wenn [AB]:
                          ...   ...

Auch wenn in Kommentartexten die Verhältnisse meist komplizierter und die argumen-
tationsspezifischen Komponenten nicht immer so eindeutig bestimmbar sind, läßt sich
das Konzept Toulmins durchaus mit einer handlungsorientieren Textanalyse verbinden.
Die zentrale These / Konklusion eines Beitrags kann man dabei als dominierende
Sprachhandlung betrachten; Rechtfertigungen, Begründungen und Schlußregeln bilden
subsidiäre Handlungen, die auf unterschiedlichen Ebenen den strittigen Geltungsanspruch von [K] unterstützen. (In Kap. 3.3.2 wurde bereits an einem einfachen Beispiel
demonstriert, wie der Sender mit bestimmten Maßnahmen auf die Verstehens-, Akzep-
tierens- und Ausführbarkeitsbedingungen einwirkt und so die Erfolgschancen einer
Handlung erhöhen kann; vgl. auch (XIII) und (XIV).)
Bei Kommentaren besteht das fundamentale Ziel in der "Veränderung der evaluativen Einstellung, des Wertens der Leser bezüglich des dargestellten Sachverhalts" (Läzer
1988: 475); das heißt, die Leser sollen eine gegebene Position übernehmen und schließlich von der Geltung einer These gegenüber konkurrierenden Meinungen überzeugt
sein. Die im Text entfaltete Argumentation gibt dabei u.a. Aufschluß über die vom Autor angenommenen möglichen Vorbehalte auf seiten der Adressaten und über den für
die Zielrealisation daher als notwendig erachteten kommunikativen Aufwand. Begründungen und Rechtfertigungen haben somit die Aufgabe, für die dominierende Handlung, in aller Regel eine Sachverhaltsbewertung, die Akzeptierensbedingungen zu verbessern. Welche argumentative Rolle eine Äußerung in dem Zusammenhang jeweils
einnimmt, hängt im übrigen nicht so sehr von ihrer sprachlichen Struktur ab, sondern ergibt sich aus dem Kontext. So ließe sich etwa eine Feststellung wie "X war in den Drogenhandel verwickelt" sowohl als Rechtfertigung / Begründung (in D- bzw. SR-Position)
wie auch als Schlußfolgerung (in K-Position) verwenden; auch das Vorkommen argu-
mentationstypischer Signale (*weil, da, deswegen* usw.) ist keineswegs immer erforderlich.
Den argumentativen Kern von Kommentartexten kann man nun wie in (XXVIII.1)
zusammenfassen. Die Anordnung soll verdeutlichen, daß die Komponenten des obigen
Argumentationsschemas weitgehend der Akzeptanzsicherung (z^{f-1}) dienen. Dabei unter-

―――――――――――――

5   Zur weiteren Anwendung und Kritik vgl. Wunderlich 1974: 66ff., Göttert 1978: 26ff., Völzing 1979:
    34ff., Kopperschmidt 1983.

stützt die Schlußregel [SR] die Begründung / Rechtfertigung durch [D] oder [HZ], die Stützung [S] die durch [SR]; als fundamentales Ziel (z^f) schließlich gilt die Übernahme der zentralen Bewertung durch den Empfänger (e).

(XXVIII.1)

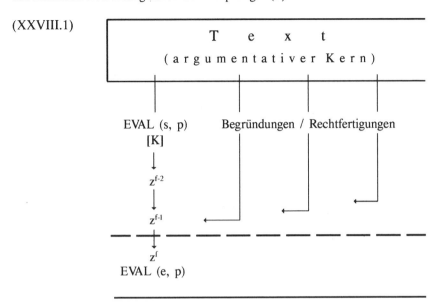

Zu beachten ist ferner, daß die argumentativ hergeleitete Konklusion auch in *Lösungsvorschläge* und konkrete *Handlungsempfehlungen* münden kann:

(68)   ... Es wäre deshalb besser, ihn [= den Begriff 'Wiedervereinigung'] von dem Vorbehalt einer späteren "Friedensregelung" der Grenzen zu befreien, um das Einigungsbestreben der Deutschen nicht unnötigen Befürchtungen auszusetzen. (SZ 5-1-90, 4)

(69)   ... Wenn die Bundesregierung beschäftigungspolitisch untätig bleibt, macht sie den Arbeitsmarkt völlig von wachsenden Unsicherheiten der weltwirtschaftlichen Entwicklung abhängig. (FR 5-1-90, 3)

Äußerungen dieses Typs werden vielfach umstandslos als Aufforderungen betrachtet. Dagegen ließe sich einwenden, daß in den meisten Fällen eine konditionale Struktur zugrundeliegt (so auch in den obigen Beispielen): "Wenn man z erreichen will, muß/müßte/sollte man x tun" bzw. "wenn man x tut, dann erreicht man z". Das heißt, es geht vor allem darum, ein bestimmtes Handlungswissen bereitzustellen für den Fall, daß man einen entsprechenden Zielzustand anstrebt; der Kommentator liefert vor allem Überlegungen und Anstöße, um zur Lösung aktueller Fragen beizutragen. Insofern sind die in (68) und (69) zitierten Äußerungen auch eher mit Empfehlungen, Ratschlägen oder Instruktionen vergleichbar (vgl. Franke 1992), deren Hauptaufgabe in der Informationsvermittlung besteht; ihr Ziel läßt sich mit 'WISSEN $(e, p_1...p_x)$' angeben und nicht mit 'AUSF $(e, p_1...p_x)$', wie bei Aufforderungen der Fall (vgl. 3.3.3). Dies schließt indes nicht aus, daß mit Kommentaren in der Regel ebenfalls Einflußnahmen auf politisches Handeln beabsichtigt sind.

Natürlich bestehen Kommentare normalerweise nicht nur aus einem argumentativen Kern. Damit nämlich ein Leser die dominierende Bewertung überhaupt angemessen verstehen kann, muß er zunächst wissen, auf welchen Gegenstand oder auf welches Ereignis sie sich bezieht. Zwar kann der Autor aufgrund des Aktualitätszusammenhangs ein gewisses Vorinformationsniveau voraussetzen, und oftmals geht dem Kommentar eine entsprechende Berichterstattung voraus (von daher auch die Kennzeichnung als "reaktive Kommunikationsform"); dennoch darf normalerweise eine kurze Orientierung über den zugrundeliegenden Sachverhalt nicht fehlen. Im Unterschied zu Nachricht oder Bericht wird aber keine geschlossene Information angestrebt, sondern die Darstellung erfolgt meist sehr selektiv im Sinne der mit dem Text zu vermittelnden Position. Charakteristisch ist in dieser Hinsicht die Präsentation in (70).

(70)

Gegenmacht

Die SED lastet auch unter ihrem neuen Namen SED-PDS schwer auf dem anderen deutschen Staat. Vor ein paar Wochen sah es noch so aus, als würde sie (05) sich im wahrsten Sinne des Wortes verkrümeln; jetzt scheint sie wieder Aufwind zu haben. Sie hat eine clevere neue Führung, die weiß, was sie will. Gysi, Modrow und Berghofer haben es allerdings schon (10) deswegen leichter als die Oppositionsgruppen, weil Erfahrung, Geld, Staatsapparat und Medien, im Augenblick jedenfalls, noch von der alt-neuen Staatspartei beherrscht werden.

(15)   Die Oppositionsbewegung hat daraus den einzig möglichen Schluß gezogen und jetzt den schon im Oktober des vorigen Jahres gefaßten Beschluß über ein Wahlbündnis bekräftigt. Da die neuen Grup- (20) pen meist nicht sehr weit voneinander entfernt sind, für den Bürger bei der

Wahl also schlecht zu unterscheiden wären, bieten sie so eine gemeinsame Alternative für die vielen, die gegen die SED-PDS stimmen wollen, sich aber in dem (25) Durcheinander der Opposition nicht zurechtfinden. Wie in Ungarn geschehen, könnten diese Bürger am Wahltag zu Hause bleiben und die SED-PDS dadurch doch wieder zur stärksten Fraktion in (30) der Volkskammer und damit zur neuen, dann demokratisch legitimierten Führungskraft machen.

Es wäre sinnlos, die DDR ent-SED-fizieren zu wollen. Der demokratischen (35) Erneuerung des anderen deutschen Staates bekäme es aber gut, wenn die erste demokratische Regierung der DDR nicht mehr von der SED dominiert würde. Es zeigt sich jetzt schon, daß die Wahlen im (40) Mai eher zu spät als zu früh angesetzt worden sind.   hhg

(FR 5-1-90, 3)

In den ersten beiden Absätzen geht es eigentlich um die Rekapitulation jüngster politischer Veränderungen; dabei wird deutlich, in welchem Maße der Kommentator hier Vorwissen in Rechnung stellt (auf S.1 und 2 der gleichen Ausgabe veröffentlicht die FR im übrigen auch einen ausführlichen Bericht zum Thema) und die Fakteninformation mit wertenden Stellungnahmen vermischt. Vorausgesetzt wird beispielsweise, daß dem Leser die betreffenden politischen Gruppen und die wichtigsten Ereigniszusammenhänge geläufig sind. Die Bezugnahme mit dem definiten Artikel (*die SED, die Oppositionsbewegung*) ist möglich aufgrund vielfacher Vorerwähnung, die Identifikation der gemeinten Referenten gilt als gesichert; ebenso können zugeschriebene Prädikate wie *sich verkrümeln* (Z. 5f.) oder *Aufwind haben* (Z. 6f.) vom vorinformierten Leser rekonstruiert und mit entsprechenden Ereignissen verknüpft werden.

Daß der Textautor nicht nur Fakten wiedergibt, sondern gleichzeitig auch deren Beurteilung vermittelt, zeigt sich an

— *prädizierenden Kennzeichnungen* (vgl. *in dem Durcheinander der Opposition* (Z. 25f.), wo über das Referieren hinaus noch eine Aussage gemacht wird),

— *bewertenden Zusätzen*, mit denen eine Einstellung zum Bezugsobjekt ausgedrückt wird (vgl. *der alt-neuen Staatspartei* (Z. 13f.), *clevere neue Führung* (Z. 7f.)),

— *bewertenden Prädikaten*, die ebenfalls eine Einstellung des Senders markieren (vgl. *lastet* (Z. 1), *sich verkrümeln* (Z. 5f.), *es leichter haben* (Z. 9f.) - oft treten noch adverbiale Zusätze hinzu (*lastet schwer* (Z. 1f.)),

— *faktizitätsbewertenden Ausdrücken*, die, etwa in Form von Satzadverbien oder bestimmter Kopulaverben, den Wahrheitswert einer Aussage relativieren (vgl. *jetzt scheint sie wieder Aufwind zu haben* (Z. 6f.)).

In den ersten drei Fällen sind die Bewertungen jeweils eingebettet in eine Informationshandlung - als "untergeschobene Prädikationen" bzw. als "versteckte Prädikate" (v. Polenz 1985: 125) - und stehen nicht im Satzzentrum. Sie werden daher auch als "nur nebenbei" ausgedrückte Einstellungen zum Aussagegehalt (oder Teilen davon) betrachtet und mit der Formel INF (eval (p)) zusammengefaßt.

Diese Notation ist insofern vereinfachend, als sich die Einstellungskundgabe nicht unbedingt auf die gesamte Proposition beziehen muß, sondern oft nur, wie die obigen Beispiele belegen, das Prädikat oder einen Referenzgegenstand betreffen. Hier geht es jedoch vor allem darum, den unterschiedlichen Status gegenüber selbständigen Handlungen des Bewertens, dem Typ EVAL (p), hervorzuheben (vgl. Äußerungen wie *es wäre falsch, x zu tun*). Ob nun eine Äußerung als Bewertung interpretierbar ist oder ob nur eine eingebettete Wertung, eine Einstellungskundgabe, vorliegt, läßt sich am ehesten über Paraphrasen verdeutlichen. So kann man z.B. den Satz "Die Opposition hat daraus den *einzig möglichen* Schluß gezogen, x zu tun." umformulieren zu: "Die Opposition hat daraus den Schluß gezogen, x zu tun; dieser Schluß war *im übrigen* die einzige Möglichkeit." Eine Umkehrung wäre hier nicht möglich bzw. würde einen ganz anderen Sinn ergeben; d.h., mit der genannten Äußerung wird primär eine Mitteilung ausgeführt, in die eine zusätzliche Bewertung integriert ist.

(Ausführlicher zur Unterscheidung von Einstellungskundgaben und Bewertungshandlungen: v. Polenz 1985: 218ff., Zillig 1982: 129ff., Adamzik 1984: 240ff.; vgl. auch die Kontroverse Pasch 1985, Rosengren 1985.)

Die letztgenannte Beispielgruppe, die Faktizitätsbewertung, betrifft die Einstellung zum Wahrheitswert einer Proposition; der Autor bringt zum Ausdruck, in welcher Weise er eine Sachverhaltsaussage als nicht verbürgt betrachtet. Auch hier handelt es sich meist um Einstellungsbekundungen, die einem anderen Handlungsmuster zugeordnet sind und daher als eingebettete Subjektivitätssignale betrachtet werden können: INF (subj (p)). Äußerungen des Typs SUBJ (p) kommen in diesem Kommentarteil aus naheliegenden Gründen nur selten vor (vgl. in (70): *Vor ein paar Wochen sah es noch so aus, als würde sie...* (Z. 3f.)).

Die Tatsache, daß die verschiedenen Wertungen gleichsam nur nebenbei geäußert werden, also Einstellungen zur Proposition oder zu einem Propositionsteil ausdrücken, nicht aber den Handlungscharakter bestimmen, bedeutet jedoch nicht, sie seien nebensächlich oder unwirksam. Zum einen prägen sie eine Darstellungsweise, in der Fakteninformation und Fakteninterpretation ineinanderübergehen und wo Wertungen ohne weitere Begründung als selbstverständlich unterstellt werden. Zum andern deuten sie bereits auf die in der Argumentation eingenommene Position hin; sie stützen also auf indirekte Weise die dominierende Bewertungshandlung. (In (XXVIII.2) wird diese akzeptanzsichernde Funktion durch den auf z^{f-1} weisenden Pfeil veranschaulicht.) Ein zusätzliches Indiz für die argumentative Rolle ist in dem Zusammenhang, daß auch eingebettete Wertungen explizit begründet sein können. In (70) etwa folgen auf die Aussage "Die Oppositionsbewegung hat daraus den einzig möglichen Schluß gezogen..." (Z. 15ff.) mehrere Äußerungen, die man durchaus als Begründung dafür verstehen kann, warum der erwähnte Beschluß politisch notwendig gewesen sei (vgl. Z. 19-33). Plausibel wird dieses Vorgehen aus der Perspektive des Gesamttextes: Im Vorfeld des argumentativen Kerns werden Teilziele verfolgt, deren Erreichen der Autor im Hinblick auf das übergeordnete Ziel als notwendig ansieht. Für (70) könnte man diesbezüglich festhalten: "Der Leser soll die Auffassung übernehmen, daß die SED immer noch eine Belastung darstellt ($= z_1$) und daß die Oppositionsbewegung richtig reagiert hat ($= z_2$)."

Ein alternatives Vorgehen besteht darin, die Position eines Opponenten einzuführen und diese dann argumentativ zu entkräften. Ansatzweise enthält Beispiel (67) eine solche "zweiseitige Argumentation". Die Textsegmente [1d/e] beziehen sich hier auf eine kritische Gegenmeinung, formulierbar als: "Für die Vorwürfe gegen Noriega gibt es keine eindeutigen Beweise, deshalb ist die Militäraktion unberechtigt." Allerdings werden in Kommentaren konträre Positionen meist nur insoweit berücksichtigt, als ihre Widerlegung der Stützung der eigenen These(n) dient. Ähnlich auch im vorliegenden Beispiel, denn mit der Gegenbehauptung in [2a], obgleich noch als Vermutung abgeschwächt, ist der Einwand bereits erledigt, und es folgen (ab [2c]) die Ausführungen zur Sachverhaltsbewertung des Proponenten.

Übung (22)

> Wie wird im folgenden Textauszug argumentiert?
>
> *Alles hat seine Grenzen*
> von Karl-Eduard v. Schnitzler
> [1] Es gibt wieder mal anmaßende Ansprüche auf ein "Deutschland in den Grenzen von 1937". [2] Man soll es nicht für möglich halten. [3] Aber erstens gibt es ein Potsdamer Abkommen, das den Verlauf der deutsch-polnischen Grenze an der Oder und Neiße festlegt. [4] Damit war gewiß nicht gemeint, daß Polen und Deutsche eines späteren Tages aufs neue hin- und hersiedeln sollten. [5] Das war endgültig! [6] Die Erwähnung eines "Friedensvertrages" als letzter Instanz setzte ehemalige Kriegführende voraus. [7] Aber das unselige "Reich" war untergegangen, hatte zu bestehen aufgehört. [8] Zeit und Entwicklung waren weitergegangen. [9] Weder die Deutsche Demokratische Republik noch die Bundesrepublik Deutschland hatten Krieg geführt. [10] Gibt es noch einen Partner für einen Friedensvertrag? [...]
> (Freie Welt 15/1989, 3)

Faßt man die skizzierten Beobachtungen zusammen, erhält man für die Textsorte 'Kommentar' vor allem drei spezifische Konstituenten:

a) einen *argumentativen Kern*, in dessen Mittelpunkt eine bestimmte Bewertung steht; verschiedene subsidiäre Handlungen können das Erreichen des damit verbundenen Ziels, die Bewertungsübernahme, unterstützen (vgl. (XXVIII.1)).

b) eine *Orientierung über den zugrundeliegenden Sachverhalt*, die für die zentrale Argumentation einerseits die Verstehensvoraussetzungen klärt und andererseits über verschiedene Einstellungskundgaben die Akzeptierensbedingungen verbessert;

c) die (fakultative) *Präsentation einer Gegenposition*, deren argumentative Widerlegung jedoch wiederum den Geltungsanspruch der dominierenden Bewertungshandlung stärkt.

In Schaubild (XXVIII.2) sollen die Beziehungen zwischen den genannten Konstituenten veranschaulicht werden. Hervorgehoben ist im Mittelfeld der argumentative Kern, die verschiedenen Typen von Begründungen und Rechtfertigungen sind als 'subsidiäre Handlungen' zusammengefaßt. Die Angaben links davon verweisen auf Sachverhaltsaussagen, die sich zwar dem Intentionstyp 'informieren' zuordnen lassen, aber in der Regel auch Einstellungsbekundungen aufweisen; diese können durch weitere subsidiäre Handlungen gestützt sein. Insgesamt dient dieser Komplex der Sicherung von Teilzielen der dominierenden Handlung (vgl. die nach rechts zeigenden Pfeile). Im rechten Feld ist die Argumentation eines Opponenten angedeutet. Um die Gegensätzlichkeit der Positionen zu markieren, wurde die EVAL-Intention zusätzlich spezifiziert. Aufgrund widerlegender subsidiärer Handlungen (vgl. Doppelpfeil) kann das Ziel der Gegenbewertung nicht erreicht werden, so daß sich schließlich auch dieser Komplex als indirekte Stützung der dominierenden Handlung erweist.

Gegenüber dem Toulminschen Argumentationsschema hat eine solche Form der Darstellung den Vorteil, die Vielschichtigkeit von Kommentartexten hervorzuheben. Insbesondere die Hierarchie verschiedener Zielebenen kommt dann eher in den Blick, wenn man fragt, mit welchen Äußerungen subsidiäre und mit welchen dominierende Handlungen ausgeführt werden. Außerdem ist das erweiterte Modell nicht nur auf den Schlußprozeß begrenzt und erfaßt so einen größeren Ausschnitt der Textrealität.

(XXVIII.2)

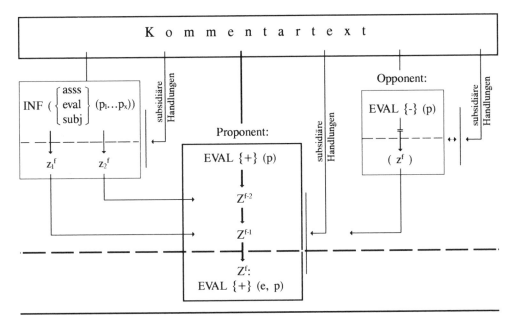

Versucht man, das im Rahmen von Kommentartexten mögliche Spektrum sprachlicher Handlungen wie bei Nachricht oder Bericht listenartig zu erfassen, stellt man schnell eine ungleich größere Vielfalt fest. Um über Sachverhalte zu informieren, Einstellungen zum Ausdruck zu bringen, um nach quantitativen, moralischen, ästhetischen u.a. Maßstäben Bewertungen abzugeben, diese zu begründen, abzuschwächen oder zu widerlegen, kommt eine kaum noch überschaubare Zahl von Handlungsmustern in Betracht. Von daher erscheint es hier sinnvoller, für den Intentionstyp 'bewerten' lediglich einige Tendenzen der Versprachlichung zu nennen.

Zu den gleichsam prototypischen Mitteln gehören Ausdrücke wie *es wäre allerdings falsch, ... / es ist zu befürchten, daß... / das ist keineswegs erfreulich*. Mit solchen Präsätzen oder Prädikatsausdrücken werden eindeutig Bewertungshandlungen vollzogen, sie zeigen an, in welcher Weise ein Gegenstand, eine Person oder ein Sachverhalt mit einer Norm bzw. einer Erwartung übereinstimmt oder nicht übereinstimmt. Die Einordnung, meist auf einer Positiv/Negativ-Skala, kann dabei nach ganz verschiedenen Dimensionen erfolgen (vgl. Sager 1982, Läzer 1993). Hier nur einige Möglichkeiten: Quantität (*x ist zu hoch*), ästhetische Qualität (*der Baustil wirkt überladen*), moralische, geistige u.a.

Qualität (*die Kritik ging zu weit, es ist ausgesprochen klug,...*), Angemessenheit (*der Vorschlag kam zum richtigen Zeitpunkt*), Erwartung (*damit war nicht zu rechnen*), Emotionalität (*man kann nur begrüßen, daß...*) u.a.m. Hinzuzurechnen wären hier ebenfalls Faktizitätsbewertungen, mit denen verschiedene Grade von Gewißheit signalisiert werden (etwa von *es ist keine Frage, man darf wohl annehmen* bis hin zu *es wäre denkbar, daß...*). Von den Bewertungshandlungen sind nun, wie oben erläutert, eingebettete Einstellungskundgaben zu unterscheiden. Bezüglich der möglichen Ausdrucksformen sei auf die Besprechung im Anschluß an Beispiel (70) verwiesen.

Bei Bewertungen kommt es generell weniger darauf an, durch zusätzliche Angaben eine möglichst genaue Identifikation der Kommunikationsgegenstände sicherzustellen. In informationsbetonten Texten geschieht dies vor allem durch nicht-steigerbare Adjektive, Partizipien sowie durch Anlagerung von Präpositional- und Genitivattributen (vgl. auch die Ausführungen zu Blockbildung und Nominalstil in Kap. 2.1.1). In den bewertenden Passagen eines Kommentars dagegen wird bereits mehr oder weniger vorausgesetzt, daß der Leser weiß, wovon die Rede ist; im Vordergrund steht hier die Einordnung auf einer bestimmten Werteskala. Dazu werden nun, außer den bereits genannten Strukturen zur Kennzeichnung des Handlungsmusters, insbesondere eingesetzt: steigerbare Adjektive (in (70) u.a.: *schwer, leicht, clever, weit, schlecht, stark, gut, spät*), hervorhebende Adverbien (*auch, wieder, einzig*), bildhafte Ausdrücke (*... lastet schwer auf dem anderen deutschen Staat*), umgangssprachliche Wendungen (*sich verkrümeln*), Phraseologismen und deren Abwandlungen (*sich im Aufwind befinden*). Zumindest ist die Häufigkeit solcher Ausdrucksmittel - etwa im Kontrast zu Textsorten wie 'Meldung' oder 'harter Nachricht' - auffällig.[6] conspicuous) striking

Auf die besondere Rolle der *Tempus-Distribution* in Pressekommentaren hat Weinrich (1966) hingewiesen. Es sei z.B. zu erkennen, "daß die politischen Tatsachen in ihrem bloßen Verlauf erzählt werden, um dann in ihrer politischen Bedeutung besprochen zu werden" (1966: 272); dies spiegele sich auch in der Dominanz unterschiedlicher Tempusgruppen wider. So überwiegen in referierenden Passagen, die den zugrundeliegenden Sachverhalt darstellen, erzählende Tempora, also vor allem Präteritum und, als Vorschau- und Rückschautempora, Konditional und Plusquamperfekt (vgl. in (70): *Vor ein paar Wochen sah es noch so aus, als würde sie sich ... verkrümeln*). In Passagen, die eine Stellungnahme von seiten des Autors zum Ausdruck bringen, herrschen dagegen besprechende Tempora, insbesondere Perfekt, Präsens, Futur vor (vgl.: *Die SED lastet..., jetzt scheint sie... Die Oppositionsbewegung hat daraus den einzig möglichen Schluß gezogen...*). Sichtbar wird hier die Einbettung erzählender Elemente in einen besprechenden Rahmen; ähnlich auch die Einleitung von Text (67): *Es ist erreicht* [= besprechend]. *Was noch fehlte...* [= erzählend] (vgl. Weinrich 1971: 64ff., Lüger 1977). Außerdem verbinden sich die besprechenden Tempora häufiger mit Verben, die eine bestimmte Einstellung kennzeichnen (*lasten, zu haben scheinen, es leichter haben, den Schluß ziehen, bekräftigen...*), und erzählende Tempora sind eher mit Verben verknüpft, die sich auf Geschehensabläufe beziehen.

Auch wenn die skizzierte Tempus-Verteilung mit einigen Modifikationen auf viele Kommentartexte zutrifft, stellt sie jedoch kein notwendiges Textsorten-Merkmal dar. Hinzu kommt, daß, wie Weinrich selbst anmerkt, die Opposition 'erzählend - besprechend' als Erklärung nicht immer ausreicht; beispielsweise wird bei Hilfs- und Modalverben wie *sein, haben, wollen, können* usw. häufig die Bildung dreigliedriger Perfektformen vermieden: *es wurde deutlich, x wollte sagen* anstelle von *es ist deutlich*

---

6   Es können hier nur einige Merkmale aufgezählt werden. Zur vertiefenden Information und zum Nachweis der Textsortenspezifik sei deshalb auf speziellere Untersuchungen verwiesen: Sandig 1978: 156ff., Morgenthaler 1980: 122ff., Schröder 1984: 228ff., Moirand 1990: 111ff.; zur Bildlichkeit und zur Funktion von Phraseologismen: Wilss 1961, Koller 1977, Skog-Södersved 1993: 153ff. sowie auch Burger 1991.

geworden, x hat sagen wollen (1966: 270, vgl. Latzel 1975). Unabhängig davon ist zu bedenken, daß eine Tempusform auf unterschiedliche Weise verwendet werden kann und daher nicht von vornherein, wie etwa Bucher (1986: 30ff.) anhand des Präsens-Gebrauchs in Pressetexten demonstriert, auf eine spezielle Funktion festzulegen ist.

Die Vielschichtigkeit von Kommentartexten wurde bislang damit begründet, daß diese normalerweise nicht nur aus einer einfachen Argumentation bestehen, sondern auch über die betreffende Faktenbasis orientieren, Gegenargumente oder Gegenpositionen zur Sprache bringen und verschiedene subsidiäre Handlungen aufweisen können (vgl. (XXVIII.2)). Noch ein weiterer Aspekt ist in dem Zusammenhang zu berücksichtigen: Für die Textgestaltung spielt ebenfalls das *delectare-Prinzip* eine erhebliche Rolle. Gemeint sind Bemühungen, die auf Lesewerbung abzielen und die Attraktivität des Textes für den Leser erhöhen. Gleichzeitig können durch den Einsatz solcher Mittel die Voraussetzungen und damit die Erfolgsbedingungen der konstitutiven Handlungen verbessert werden (vgl. Schaubild (XXVIII.3)).

(XXVIII.3)

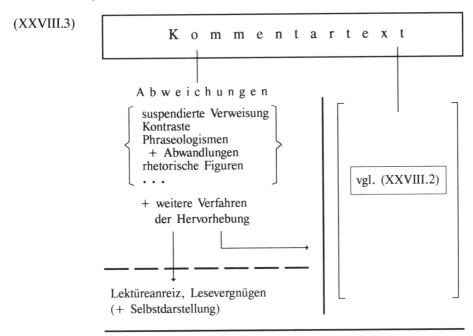

Ein charakteristisches Merkmal sind die *Kommentartitel*. Als Präsignale deuten sie aufgrund wertender Elemente (z.B. *Leisetreterei, Erleichterung, Gerechtigkeit*) auf den vorliegenden Intentionstyp hin; darüber hinaus regt die fehlende semantische Eindeutigkeit, die "Kontextbedürftigkeit", zur Lektüre des Artikels an. Die eigentliche *Texteinleitung* besteht normalerweise in einer direkten Hinführung zum behandelten Thema (vgl. etwa *Die SED lastet...* in (70)). Eine Variante bilden Einleitungsformen wie: *Es ist erreicht. Was noch fehlte, ...* (67). Hier wird Neugierde dadurch erzeugt, daß die pronominale Verweisung zunächst leer bleibt; um die Unbestimmtheit aufzulösen, d.h., um das gemeinte Antezedens zu rekonstruieren, ist der Leser auf den nachfolgenden Text angewiesen. Man könnte bei einem solchen medias-in-res-Verfahren von *suspendierter Verweisung* sprechen (ausführlich: Rück 1982). Sehr häufig greifen Kommentatoren auch auf Gemeinplätze, Sprichwörter, idiomatische Ausdrücke oder deren Variation zurück:

(71) *Das Arbeitsplatz-Argument*
Eher der Not gehorchend als dem eigenen Triebe, haben die etablierten Parteien ihre Programme und Wahlkampfaussagen aufputzen müssen. ... (FR 15-12-80, 3)

(72) *Premiere*
Nun ist es so weit. In vielen Städten der Bundesrepublik werden heute abend die Gehsteige etwas später hochgeklappt, ... (GT 5-10-89, 2)

Texteinleitung und -schluß bilden oft zusammen eine kompositorische Einheit, wobei dieser Rahmen nicht selten den zentralen Wertungsakzent betont:

(73) *Genschers Leisetreterei*
[... ...]
Mehr Wahrhaftigkeit ist würdiger und verspricht ... mehr Erfolg als solche Leisetreterei.
(KN 17-9-81, 1)

Hinzu kommen zahlreiche Mittel, die sich (mit Püschel 1985) als *Abweichung* von den sprachlichen Erwartungen auffassen lassen und mit denen der Text auffälliger, interessanter, attraktiver gemacht werden kann, die für den Autor aber auch als Mittel zur Selbstdarstellung fungieren können; zu nennen wären etwa: Metaphern, Hyperbeln, Reizwörter, Anspielungen, rhetorische Figuren, emphatische Syntax, eingestreute Fragesätze.

In den Schaubildern (XXVIII.1-3) wird versucht, den Zusammenhang zwischen den einzelnen Handlungskomplexen wiederzugeben. Dabei kann man eine zusätzliche Parallele ziehen zwischen den skizzierten Komponenten des Kommentars und dem Dispositionsschema, wie es in der Rhetorik für den Aufbau wirkungsvoller Reden entworfen wurde (vgl. Lausberg 1971: 25f.):
— *Exordium.* Im Einleitungsteil wird der Bezug zum Adressaten durch bestimmte aufmerksamkeitssteuernde Mittel hergestellt.
— *Narratio.* Eine bereits selektive, parteiliche Sachverhaltsdarstellung führt zu der im Text vertretenen These hin.
— *Argumentatio.* Der argumentative Kern stellt die eigentliche Beweisführung dar; eine These, die zentrale Bewertungshandlung, wird durch verschiedene Typen von Argumenten gestützt.
— *Refutatio.* Eine Gegenposition bzw. widerstreitende Argumente können abgeschwächt oder widerlegt werden.
— *Peroratio.* Der Schlußteil faßt das argumentativ Begründete noch einmal knapp zusammen und formuliert gegebenenfalls bestimmte Lösungsvorschläge oder Handlungsempfehlungen.
Die allgemeine Parallelität im Aufbau setzt sich schließlich auch fort in Analogien bei den in Frage kommenden Formen der Versprachlichung (vgl. etwa die Hervorhebungsverfahren in Überschrift und Texteinleitung oder die bewertenden Zusätze der Sachverhaltswiedergabe).

Übung (23)

Welche Gründe sprechen dafür, die in der Publizistik übliche Unterscheidung von 'Leitartikel', 'Kolumne', 'Kommentar' (vgl. Noelle-Neumann u.a. 1989: 78ff.) hier zu vernachlässigen?

4.3.2. Glosse

Glossen zeichnen sich gegenüber dem Kommentar durch einen zugespitzten, polemischen Stil aus; sie sind - so Reumann (1989: 81) - "der Farbtupfer, das Streiflicht oder der 'Mückenstich' unter den Meinungsstilformen" und gelten als ausgesprochen "feuilletonistisch". Die Argumentation wirkt eher unterhaltend als überzeugen wollend.

Die Charakterisierung von Kommentaren als Texten, mit denen die Veränderung einer evaluativen Einstellung zu einem Sachverhalt herbeigeführt werden soll, trifft so auf Glossen nicht zu. Hier geht es nicht primär darum, im Rahmen widerstreitender Meinungen eine bestimmte Position als konsensfähig zu begründen - ein solcher Konsens wird vielmehr schon vorausgesetzt. Glossen streben allenfalls die *Verstärkung einer als gegeben angenommenen Einstellung* an. Eine zweite Voraussetzung betrifft den Textinhalt: Unterstellt wird ein *Vorinformationsniveau*, das ausführliches Darstellen von Hintergründen überflüssig macht; der Text kann sich ganz auf den gewählten Themenaspekt - meist sind es illustrative Begebenheiten am Rande des eigentlichen politischen Geschehens - konzentrieren. Inwieweit der Leser zum Textverständnis auch relativ spezielle Kenntnisse benötigt, läßt sich gut anhand von Beispiel (74) zeigen, einer Glosse also, die in einem bereits weiter zurückliegenden Aktualitätszusammenhang steht.

(74)

GOURMET

ste.— Gestürzt werden, ins Exil vertrieben zu sein, gar zum Tode verurteilt und trotz all dieser Unbill seinen Humor zu behalten, das schafft wahrlich nicht jeder.
(05) Der Ex-Kaiser von Zentralafrika, seine Majestät Bokassa, kann's. Er setzte sich jetzt an die Schreibmaschine und tippte einen Brief an den französischen Außenminister. Einen Bittbrief. Die Republik
(10) Frankreich, so der Regent, möge sich doch bitteschön in der UNO für einen Untersuchungsausschuß einsetzen. Die Kommission solle die Umstände seines Sturzes sowie das jüngst ergangene To-
(15) desurteil einmal untersuchen. Der Briefeschreiber vergaß nicht hinzuzufügen, er habe 23 Jahre lang treu dem französischen Militär gedient, und ihn verbänden „enge persönliche Beziehungen" zu Gis-
(20) card samt Familie.
Es stimmt alles, was Bokassa da schreibt. Beim französischen Militär dürfte er eine glänzende Ausbildung genossen

haben, auch rechtes Foltern will schließlich gelernt sein. Und was die „engen (25) persönlichen Beziehungen" zum französischen Staatsoberhaupt angeht, da bestehen keine Zweifel. Mit seinem „Freund und Bruder" ging Giscard mehr als einmal zur Jagd, man tafelte gemeinsam und (30) Majestät zeigte sich nicht knausrig, wenn's um kleine Präsente ging. Elefantenzähne, allerlei Silberzeug und schließlich Diamanten... Und für all das darf man wohl ein Dankeschön erwarten. (35)
Warum, die Frage darf erlaubt sein, soll Frankreich seine Schuld nicht in der UNO begleichen. Schließlich erfreut sich da auch der Herr Pol Pot aus Kambodscha westlichen Wohlwollens. Und im (40) Vergleich zu dem ist Bokassa nun wirklich ein Waisenknabe. Denn was ist Menschenfleisch in Kühlschrank und Suppentopf gegenüber den Leichenbergen in Kambodscha? (45)

(N 30-12-80, 1)

Unter anderem muß der Leser in (74) um die Bedeutung der "persönlichen Beziehungen" Bokassas zum ehemaligen französischen Staatspräsidenten einschließlich der "Diamanten-Affäre" (vgl. die Anspielung im zweiten Absatz: *und schließlich Diamanten...*) wissen; ebenso muß nachvollziehbar sein, auf welche Sachverhalte mit den Äußerungen *Menschenfleisch in Kühlschrank und Suppentopf* und *Leichenberge in Kambodscha* referiert wird.

Erst auf der Basis solcher Wissensvoraussetzungen ergibt sich, daß der Autor hier nicht, wie in Pressetexten sonst allgemein erwartbar, eine ernste Einstellung zum Textgegenstand einnimmt, sondern im Gegenteil eine *distanziert-spöttische Modalität* zum Ausdruck bringt. Am auffallendsten sind in dieser Hinsicht zweifellos die *I r o n i e* -

s i g n a l e . Die im Text genannten Forderungen werden scheinbar zustimmend bewertet (*es stimmt alles … auch rechtes Foltern will schließlich gelernt sein*) und dann bis zu ihren grotesken Konsequenzen fortgeführt (*Warum … soll Frankreich seine Schuld nicht in der UNO begleichen.*). Das Gemeinte mag unter Umständen nicht sofort erkennbar sein, in der Regel sind aber der Kontext so eindeutig und die Überzeichnung so kraß, daß praktisch nur die ironische (und nicht die wörtliche) Lesart in Frage kommt. Zum Aufbau der nicht-ernsten Modalität können ebenfalls beitragen:

— das Erwähnen von im Kontext ungewöhnlich wirkenden Details (Z. 6f.: *Er setzte sich jetzt an die Schreibmaschine…*; vgl. auch Z. 42-45),

— die Auflockerung durch Umgangssprachliches (Z. 33: *allerlei Silberzeug*; Z. 6: *kann's*),

— formelhafte, saloppe Bewertungen (Z. 4: *das schafft wahrlich nicht jeder*),

— die entsprechende Verwendung von Partikeln (Z. 21f.: *…was Bokassa da schreibt*),

— der distanzierende Einsatz von Anführungsstrichen (Z. 28f.: *mit seinem "Freund und Bruder"*),

— die Übertragung von Ausdrücken, die normalerweise einer "höheren", prestigeträchtigen Stilebene zugeordnet werden, auf banale Zusammenhänge (Z. 3: *trotz all dieser Unbill*),

— die überhöhenden und dadurch despektierlich wirkenden Personenkennzeichnungen (Z. 31: *Majestät zeigte sich…*).

Die unernste Modalität betrifft generell auch die argumentative Struktur. Zwar kann man in (74) eine zentrale Bewertungshandlung ausmachen (im Anschluß an Z. 34ff. formulierbar als: "Die Forderungen Bokassas sind berechtigt, und Frankreich sollte sich in der UNO für einen Untersuchungsausschuß einsetzen."), und es werden dazu zahlreiche akzeptanzstützende Begründungen / Rechtfertigungen angeführt. Dies legt für die Glosse also eine ähnliche Makrostruktur nahe wie bei Kommentaren; zumindest scheint es formal einen *argumentativen Kern* mit dominierenden und subsidiären Handlungen zu geben. Allerdings sind die betreffenden Äußerungen in der oben aufgezeigten Weise so umzuinterpretieren, daß dem übergeordneten Modalitätsrahmen entsprochen wird. Das heißt, es liegt eher eine *verdeckte Argumentation* vor. Die im Text vertretene These läßt sich nicht direkt dem jeweils geäußerten Wortlaut entnehmen, sie muß vom Leser vielmehr daraus abgeleitet werden; für (74) wäre etwa, ohne den Deutungsspielraum zu sehr einengen zu wollen, denkbar: "Die erhobenen Forderungen sind vermessen, Frankreich kann darauf nicht eingehen…"

Insgesamt gehören Ironisierungen - im Unterschied zum Kommentar, wo sie nur sporadisch vorkommen - in der Glosse zu den konstitutiven Eigenschaften. Sie sind Teil einer Präsentationsweise, der es wesentlich auf polemisch-mokierende Effekte, ebenso aber auf eine Themenbehandlung ankommt, die einen Beitrag als originell erscheinen läßt und dem Leser Vergnügen bereitet. Aus diesem Grunde ist der Anteil rhetorischer Elemente, speziell von "kühnen" Metaphern und Vergleichen, sowie von spöttischen Anredeformen, idiomatischen Ausdrücken, Sprichwort- und Gemeinplatz-Variationen, Wortspielen (vgl. *Gourmet* als Titel von (74) und *Menschenfleisch in Kühlschrank und*

Suppentopf im Textschluß) besonders hoch - und von daher wohl auch die Einschätzung der Glosse als "schwerster Darstellungsform" (v. LaRoche 1975: 162).

4.3.3. Kritik

Mit der Bezeichnung 'Kritik' sei hier die in der Presse übliche Form von Theater-, Musik-, Film-, Buch-, Rundfunk- und Fernsehbesprechung zusammengefaßt, also Artikel, die sich im weitesten Sinne mit Kunstkritik beschäftigen. Zu ihrer publizistischen Funktion schreibt Dovifat:

> "Kunstkritik ist die subjektive, aber sachlich und künstlerisch begründete sowie persönlich verantwortete Beurteilung des Kunstwerkes, dem der Kritiker verpflichtet ist. Er mag den Künstler beraten, vermittelt das Kunstwerk der Öffentlichkeit, scheidet überzeugend die Werte und Unwerte, bricht der wahrhaft künstlerischen Leistung Bahn und soll damit zur Weiterentwicklung der Kunst beitragen." (Dovifat / Wilke 1976: II,84f.)

Die kritische Wertung, nach welchen Maßstäben sie auch erfolgt, orientiert die Leserschaft über ein bestimmtes "kulturelles Angebot" und gibt dessen Autor Hinweise bezüglich der Rezeption seines Werks; gleichzeitig stellt die Kritik natürlich auch einen für das Bekanntwerden und den Absatz eines Werkes nicht zu unterschätzenden Werbefaktor dar (vgl. Wiesand / Fohrbeck 1976: 85ff.) - ein Aspekt, der die idealisierende Sehweise Dovifats etwas relativieren dürfte.

Aufbau und Sprachgestaltung der Kritik hängen nun eng mit den genannten Aufgaben zusammen. In der Überschrift werden - meist mit lesewerbenden Zusätzen verbunden - Autor und Werk bzw. der Titel einer Veranstaltung genannt. Besonders häufig sind hier zweiteilige Überschriften, in denen a) durch bestimmte hervorhebende Maßnahmen (Schriftgröße, Anspielungen, inhaltliche Vagheit) die Aufmerksamkeit auf den Beitrag gelenkt und b) durch zusammenfassende Angaben über den jeweiligen Textgegenstand (vor)informiert wird:

(75) *Entschlackte Kantaten*
Weihnachtsoratorium unter Jörg Straube in der Marktkirche

(76) *Schlitzer als Sch(l)oßhündchen*
Musical "Jack the Ripper" im Celler Schloßtheater

(77) *Nix da, Tod!*
Robert Wilson inszeniert Tschechow in München
(HAZ 27-12-89, 12f.)

Der Haupttext enthält normalerweise eine kurze Einordnung oder, wie (78), einen lesewerbenden "Aufhänger" sowie einen referierenden und einen bewertenden Teil, wobei letztere vielfach ineinander verschränkt sind.

(78) *Norm oder Vielfalt?*
Zu Werner Königs "Atlas zur Aussprache des Schriftdeutschen"
Vor etwa dreißig Jahren entbrannte in Bayern einmal ein Streit um die Aussprache einer neuen Rundfunk-Nachrichtensprecherin. Sie "rollte" das "R" (Zungenspitzen-R) und intonierte manche Vokale mit leicht bayrischem Anklang. Eine Welle der Empörung ergoß sich über den Müncher Sender. [...]

In zehnjähriger Forschungsarbeit hat jetzt der Augsburger Sprachwissenschaftler Werner Kö-
nig in seinem zweiteiligen "Atlas zur Aussprache des Schriftdeutschen in der Bundesrepublik
Deutschland (Max Hueber Verlag, München) eine bisher nie dagewesene Erfassung aller Varianten der Aussprache des "guten Deutsch" geleistet, in welcher das Schriftdeutsch ganz und gar
nicht als eine sauber abgrenzbare Norm herausgestellt wird, sondern ganz im Gegenteil als ein
lautlicher Blumenstrauß von vielen Klangfarben-"blüten". [...]
   Was für ein Resümee muß man aus Werner Königs umfangreichen Ermittlungen ziehen?
Zunächst einmal die Feststellung: Eine feste Norm für die Aussprache des Schriftdeutschen -
früher Hochdeutsch genannt - gibt es nicht. Sie wäre eine Utopie. [...] Seine Arbeit stellt die Interpretation des Begriffes Schriftdeutsch also auf eine breitere Basis: mit dem Wissen um Varianten und folglich mit dem Plädoyer für eine größere Toleranz. Statt Bühnendeutsch benennt er
sein gutes - wenn auch nicht volleinheitliches Deutsch: Vorlesedeutsch.   Klaus Colberg
(Sk 25-8-89, 6)

Die Erzählung einer ungewöhnlichen Begebenheit kann den Textinhalt konkretisieren,
damit leichter faßbar machen und beim Leser Interesse wecken; in (78) betont die Einleitung darüber hinaus die praktische Relevanz der nachfolgenden Informationen -
schließlich will man nicht nur ein Fachpublikum ansprechen. (In der Tageszeitung werden solche stimulierenden Maßnahmen naturgemäß für wichtiger gehalten als z.B. in einer Fachzeitschrift.) Charakteristisch sind ebenfalls Einleitungen, die zunächst allgemein auf wissenschafts- oder kunstgeschichtliche Zusammenhänge, aktuelle Tendenzen
oder auf bisherige Publikationen, Veranstaltungen usw. eines Autors, Künstlers eingehen (vgl.: *Die Diskussion über das, was "Arbeit" sei, ist seit den Tagen der Hellenen
nicht verstummt... / Alle Jahre wieder gibt es im Landesfunkhaus Hannover ein Konzert
zum Weihnachtsfest... / Die drei Berliner Fernseh-"Damen vom Grill" unterhalten seit
vielen Jahren in fast endlosen Vorabendfolgen ihr Publikum...*).
   Wie bereits angedeutet, werden Darstellung und Bewertung des Textgegenstands oft
miteinander verbunden. Dies wird u.a. sichtbar an impliziten Einstellungskundgaben
(*geleistet* in (78) oder: *von Sender zu Sender gezerrt, ließ man ihn davonkommen*), an
verschiedenen Zusätzen (*eine bisher nie dagewesene Erfassung*) oder entsprechenden
Bewertungshandlungen (*er zeigte sich deutlich verbessert*). Die referierenden Passagen
selbst können nun informieren über den Ablauf einer Veranstaltung, den Inhalt eines
Films, eines Buches, über damit verknüpfte Absichten, über die Bedingungen der Entstehung, die Vorgeschichte, Verstehensvoraussetzungen, über Begleitumstände (z.B. Be-
such einer Veranstaltung) oder äußere Merkmale wie Umfang einer Publikation, Preis
u.a.m. Dabei lassen sich für Buchkritiken durchaus Parallelen herstellen zur Rezension
in Fachzeitschriften, auch wenn die Realisierung der Handlungsmuster natürlich jeweils
anders ausfällt (vgl. Zillig 1982a).
   Die Stellungnahmen des Textautors sind längst nicht immer so klar abgesetzt wie in
(78). Es erscheint zudem sinnvoll, zwischen Kritiken zu unterscheiden, die Bücher und
Filme betreffen, und solchen, die Veranstaltungen zum Gegenstand haben. In ersteren
überwiegen Bewertungsmaßstäbe wie 'Nutzen/Leistung' (*seine Arbeit stellt ... also auf
eine breitere Basis* in (78)), 'Verständlichkeit' (*zu schnell und zu floskelhaft*), 'Stimmigkeit der Argumentation' (*so kaum nachvollziehbar*), 'Unterhaltungswert' (*langatmig*),
'Wirkungsintensität' (*mit einer Eindringlichkeit, die schaudern läßt*). Nicht selten gehen
in die Kommentierung auch Empfehlungen an den Leser ein (*eine lohnende Lektüre*). In
der zweiten Gruppe, vor allem wenn es um Musikbesprechungen geht, steht dagegen die

Dimension des persönlichen Erlebens stärker im Vordergrund. Sprachlich findet das seinen Niederschlag in Formulierungen, die die subjektiven Erwartungen und Gefühle betonen (*so geschmeidig intoniert, daß niemals die Notlösung des dröhnenden Polterns angezeigt war*). Hinzu kommen als weiteres Kennzeichen bestimmte *ästhetisierende Tendenzen*. Gemeint ist eine nach Originalität strebende, bewußt von der Gemeinsprache abgehobene Ausdrucksweise, die für den Leser ein hohes Anspruchsniveau signalisiert:

> (79) Cherkassky hielt Maß in der Fülle seiner virtuosen Gaben, und er spielte mit Verve über Untiefen der spätromantisch aufwendigen Komposition hinweg. Er legte die teils "skelettierten", teils balladesk aufgepolsterten Strukturen der 24 Variationen über die berühmte und von vielen Komponisten paraphrasierte a-Moll-Caprice frei, identifizierte sich mit elegischen Episoden, absolvierte die vertracktesten Passagen, ohne Virtuosität zum Selbstzweck werden zu lassen, hielt sich im kraftvollsten Martellato frei von ungeschlachter "Paukerei" und erbrachte auf diese Weise eine Art Ehrenrettung für Rachmaninow, den er aus dem Umkreis der Salons zu befreien trachtete. (EZ 17-12-80)

Man mag die Art der verwendeten Bilder, die Wortkombinationen (*balladesk aufgepolstert*), die zum Teil wenig konkrete Semantik sowie die Satzkonstruktion insgesamt als Beispiel einer "schönen, dem Kunstwerk angemessenen Form des sprachlichen Ausdrukkes" ansehen (Dovifat / Wilke 1976: I,180), doch sollte das andererseits nicht darüber hinwegtäuschen, daß die vage und klischeehafte Diktion eine klare Bedeutungszuweisung erschwert und die Kritik in solchen Fällen leicht zum Selbstzweck wird. Im Mittelpunkt steht dann nicht mehr der zu besprechende Sachverhalt, sondern vielmehr der Kunstanspruch der Kritik selbst; diese wird, mit den Worten Brechts, so zu einer "kulinarischen Kritik", die ihren Gebrauchswert zugunsten ästhetischer Maßstäbe zurückstellt.

Übung (24)

Wie wären Leserbriefe des folgenden Typs hinsichtlich Intention, Textaufbau, Themenbehandlung einzuordnen?

Abtreibungspille
"Erste positive Zeichen bei Hoechst"; WELT vom 29. April
Endlich melden sich nun auch innerhalb der Hoechst AG die Kritiker der Abtreibungspille RU 486 zu Wort. Sie haben erkannt, daß mit diesem Präparat keinem geholfen ist. Weder der Frau, die an den psychischen und physischen Folgeschäden der Abtreibung zu leiden hat, noch dem Chemiekonzern Hoechst, denn die Ablehnung dieses "Medikaments", das zur Tötung eines Kindes eingesetzt wird, nimmt in unserer Gesellschaft immer mehr zu. [...]
[+ Name, Wohnort]   (W 8-5-92, 6)

4.3.4. Meinungsinterview

So wie journalistische Kommentare, wenigstens im Kern, den Geltungsanspruch strittiger, problematisierter Bewertungen argumentativ begründen sollen, so dienen auch zahlreiche Interviews in Zeitungen dazu, bezüglich der Einordnung gegebener Sachverhalte Argumente, Erklärungen, Hintergründe zu liefern und damit auf die evaluative Haltung der Adressaten Einfluß zu nehmen. Pressebeiträge, auf die diese Eigenschaften zutreffen, seien hier *Meinungsinterview* genannt. Sie erfüllen also - in dialogischer Form - ähnliche Aufgaben wie entsprechende monologische Texte. Im Rahmen des gesamten Informationsangebots werden sie normalerweise als zusätzliche Beiträge eingesetzt, die einzelne Aspekte ausführlicher, deutlicher oder aus einer anderen Sicht zur Sprache bringen (vgl. analog auch das Vorkommen von Sachinterviews in Ergänzung zu anderen informationsbetonten Texten).

Der Vorteil von Interviews wird vor allem in der Unmittelbarkeit der Information, im Eindruck von Wirklichkeitsnähe und Authentizität gesehen. Dies leuchtet auch insofern ein, als hier Politiker, Experten direkt zu Wort kommen und die Stellungnahmen stärker persönlich gefärbt, anschaulicher oder leichter verständlich sein können. Unabhängig von Einwänden, wie sie sich grundsätzlich aus der Personalisierung politischer Berichterstattung ergeben, ist beim Presseinterview jedoch zu berücksichtigen, daß - im Unterschied zu Rundfunk- und Fernsehinterviews - der authentische Charakter bei der *Verschriftlichung* zu einem großen Teil verlorengeht. Nicht nur außer- und parasprachliche Mittel, Hörer- und Sprechersignale fallen weg, hinzu kommen noch *redaktionelle Überarbeitungen*, die z.B. stilistische Aspekte, Auslassungen, Umstellungen, die Tilgung von Wiederholungen, Korrekturen, Versprechern u.ä. betreffen können (vgl. die Gegenüberstellung bei Burger / Imhasly 1978: 116ff.). Das in der Zeitung veröffentlichte Interview hat also mit spontaner gesprochener Sprache nur noch wenig zu tun; entscheidend ist, wie auch an dem Auszug (80) erkennbar, die Anpassung an die Normen der Schriftsprache.

Anders verhält es sich dagegen in der Boulevardzeitung. Hier besteht durchaus die Tendenz, bestimmte "Mündlichkeitssignale" beizubehalten (oder einzufügen). U.a. ist es üblich, in Interviewtexten "nach Bedarf" Sprechersignale (*nicht wahr?*), Ausrufe (*ach Gott...*), umgangssprachliche Ausdrücke und Partikeln (*Fummel, tja*) oder Hinweise auf nicht-verbales Verhalten wiederzugeben.

> "Durch derartige Bearbeitungsverfahren gelingt es der Presse, trotz der medialen Bedingungen einiges von der Authentizität der gesprochenen Primärsituation zu reproduzieren und auf diese Weise eine Annäherung zu erzielen an Formen, die sonst als Reservat der elektronischen Medien gelten." (Burger 1990: 60f.)

Die dem Interview zugrundeliegende Kommunikationssituation zeichnet sich generell durch eine *Privilegierung des Interviewers* aus: Er eröffnet und beendet das Gespräch, stellt die Fragen, bestimmt die Themen und nimmt durch die Art und Weise der Fragestellung Einfluß auf die gewünschte Informationsgebung (vgl. Große 1974: 453f.). Der Interviewte, dessen Äußerungen sich zwar zunächst, aber nicht hauptsächlich an den aktuellen Gesprächspartner richten, sondern an ein öffentliches Publikum, also mehrfachadressiert sind, hat verschiedene Möglichkeiten, diesen Rangunterschied zu kompensieren: durch Rückfragen, Versuche des Themawechsels, Zurückweisen von Präsuppositionen, partielles oder ausweichendes Antworten usw. Wie flexibel die Gesprächsrollen in der Regel wahrgenommen werden, zeigt auch Text (80): In Abschn. [2] steuert der Interviewte selbst das Thema (eingeleitet durch: *Aber wahrscheinlich ist...*), in [4] greift der Interviewer eigens einen vom Gesprächspartner initiierten Aspekt auf. Außerdem gehen im allgemeinen die Beiträge des Interviewten deutlich über den jeweiligen Fragebereich hinaus. In der verschriftlichten Fassung des Interviews sind die dialogsteuernden Momente meist auf ein Minimum reduziert. Getilgt sind insbesondere die sprachlichen Indikatoren, die die Themensteuerungskompetenz des Interviewers signalisieren. Weiterhin fehlen die für ein Gespräch konstitutiven Eröffnungs- und Beendigungssequenzen. Das Interview setzt im Anschluß an das Titelgefüge (häufiges Schema: Textsortenangabe + zentrale Textaussage + weitere Angaben zum Inhalt) und einen kurzen Vorspann meist direkt mit der ersten Frage an (vgl. (80)). Ebensowenig werden, von Ausnahmen abgesehen, metakommunikative Wendungen wie *darauf kommen wir später zurück, ein ganz anderes Thema...* genannt.

(80)

INTERVIEW

„Der Transrapid erzeugt nur neuen Verkehr"

Der Transrapid nimmt nach Überzeugung des Umweltbundesamtes der Bahn Geld weg und produziert mehr Verkehr / Er braucht nicht nur ein Drittel mehr Strom, er ist auch erheblich lauter, sagt UBA-Wissenschaftler Norbert Gorißen

Die SPD-Fraktion veranstaltete gestern in Bonn ein Experten-Hearing zur geplanten Transrapidstrecke zwischen Hamburg und Berlin. Das äußerst umstrittene Magnetbahn-Projekt, in das Bundesforschungsminister investiert hat, hatten die Bonner Grünen schon 1990 in einer Broschüre zerpflückt. Trotzdem wurde es jetzt in den Entwurf für den Bundesverkehrswegeplan aufgenommen. Gestern äußerten sich am Projekt beteiligte Bundesbahn-Zentralamt München positiv und das Umweltbundesamt (UBA) negativ zu dem Projekt.

[1] **taz: In Bonn wird ständig von Verkehrsvermeidung gesprochen. Welchen Beitrag leistet der Transrapid dazu?**

Norbert Gorißen: Keinen. Im Gegenteil. Er wird, wenn er denn tatsächlich gebaut wird, ein zusätzliches Angebot sein, das auch zusätzlichen Verkehr nach sich zieht. Es sei denn, man baut anderswo ab.

[2] **Wo wäre das denn denkbar?**

Beim innerdeutschen Flugverkehr zwischen Hamburg und Berlin. Aber wahrscheinlich ist, daß die Flughäfen die freiwerdenden Kapazitäten für mehr internationalen Verkehr nutzen werden. Und eine Reduktion des Schienenverkehrs ist nicht in

unserem Interesse, weil der Schienenverkehr im Vergleich zum Transrapid 30 bis 40 Prozent weniger Energie verbraucht, neun Dezibel weniger Lärm emittiert und außerdem auch Güterverkehr abwickeln kann.

[3] **Inwieweit sind die ökologischen Folgen des Transrapid von Ihnen erforscht?**

Es gibt ihn ja bisher nur als Forschungsprojekt mit einem kleinen Versuchsfahrzeug. Darauf und auf Simulationsrechnungen beziehen sich alle bisherigen Erkenntnisse über Lärm und Energieverbrauch. Aber auch verkehrliche Auswirkungen sind absehbar. Der Transrapid ermöglicht keine einfache Anbindung der Innenstädte. Deshalb ist wahrscheinlich, daß Haltepunkte auf der grünen Wiese entstehen mit entsprechenden Parkplätzen, Anschlüssen ans Straßennetz etc. Und der Transrapid kommt vor allem den Fahrgästen zugute, die heute den Flugverkehr benutzen. Die anderen Bürger bleiben auf die einfache Bahn angewiesen, für deren Ausbau weniger Finanzen da wären.

[4] **Gräbt der Transrapid also der Bahn das Wasser ab?**

Die Gefahr besteht zumindest. Die Bahn hat angekündigt, sie werde ihre Ausbaupläne Hamburg — Berlin zurückschrauben, wenn eine

Transrapidstrecke gebaut wird. Und der Transrapid leistet überhaupt keinen Beitrag zur regionalen Verkehrsentlastung. Ich gehe davon aus, daß der Transrapid neuen Verkehr erzeugt. Es gibt ja schon Leute, die darüber räsonieren, ob sie nicht einen Pendelverkehr zwischen Hamburg und Berlin einrichten können. In Frankreich gibt es solche Effekte schon: Ich habe Informationen darüber, daß etwa 500 Leute täglich mit dem TGV von Lyon nach Paris zur Arbeit pendeln. Solche Möglichkeit würde der Transrapid auch hier bieten. Da entsteht zusätzlicher Verkehr, weil die Leute nicht mehr gezwungen wären, umzuziehen.

[5] **Was tun Sie denn nun gegen die Pläne des Verkehrsministeriums? Aus dem Umweltministerium ist ja nichts dazu zu hören.**

Wir erarbeiten eine ausführliche Stellungnahme. Wir werden dem Umweltminister Material liefern, um mit seinen Kabinettskollegen auseinanderzusetzen.

[6] **Ist das alles nicht etwas zu spät?**

Nein, es ist noch keine endgültige Entscheidung über den Transrapid gefallen. Es steht zwar im Entwurf für den Bundesverkehrswegeplan auch etwas über den Transrapid drin, aber so wie ich das lese, ist das nicht sehr verbindlich.

Interview: Annette Jensen

(taz 8-5-92, 4)

Für die Textsorte 'Kommentar' ließ sich feststellen, daß eine Argumentation mit verschiedenen subsidiären Handlungen in dem Maße entfaltet wird, wie antizipierte Vorbehalte auf seiten des Adressaten bezüglich der Gültigkeit einer These / Behauptung dies notwendig erscheinen lassen. Ein vergleichbarer Leserbezug liegt natürlich auch beim Meinungsinterview bzw. beim Presseinterview allgemein vor: Die Fragen betreffen in aller Regel solche Aspekte, die nach Einschätzung des Interviewers auch dem Leserpublikum klärungsbedürftig erscheinen.

In (80) richtet sich die Aufmerksamkeit vor allem auf die behaupteten Vorteile eines neuen Verkehrsmittels, denen nun verschiedene Kritikpunkte entgegengehalten werden. Thesenartig: Der Transrapid bewirkt keine Verkehrsvermeidung [1,4], er erfordert einen höheren Energieverbrauch [2] und entzieht der Bahn die benötigten Gelder [4]. Dabei zeigt sich, daß der Interviewte nicht einfach nur Stellungnahmen oder Bewertungen äußert, sondern ebenso bemüht ist, die Akzeptanz seiner Position argumentativ zu stützen. Gewöhnlich geschieht dies durch begründende Fakten (vgl. [4]: *Die Bahn hat angekündigt... und die nachfolgenden Angaben*), Handlungsziele ([5]: *um sich ... auseinanderzusetzen*) oder durch Rekurs auf handlungsleitende Grundsätze (in (80) nur angedeutet oder impliziert, z.B.: "Der Energieverbrauch muß reduziert werden" in [2]).

Im Unterschied zu monologischen Kommentaren kann die Argumentation hier, wo ja zwei Sprecher für die Texterstellung verantwortlich sind, oft nur unzusammenhängend entwickelt werden. Charakteristisch dafür sind u.a. nachträgliche Hinweise und Begründungen, mit denen der Interviewte, sobald er wieder das Rederecht hat, sich nochmals auf frühere Aussagen beziehen kann - und damit gleichzeitig die Themensteuerungskompetenz des Interviewers relativiert; in (80) liefert z.B. erst Abschn. [4] die Begründungen für die bereits in [1] angesprochene These vom Verkehrszuwachs. Die übergreifende argumentative Struktur stellt nun - neben dem thematischen Bezug (vgl. Berens 1975: 90) - ein weiteres Mittel für die Kohärenzbildung und zur Verbindung der Sprecherbeiträge in Meinungsinterviews dar.

Fragen der Subklassifizierung können hier nicht näher diskutiert werden. Grundsätzlich sind Interviews für ganz verschiedene Zwecke einsetzbar: zur Wissenserweiterung, zur Meinungssteuerung, zur öffentlichen Selbstdarstellung einer Person bzw. einer Gruppe sowie zur Vermittlung bestimmter Ratschläge oder Instruktionen (vgl. Schwitalla 1979: 182ff., Franke 1989: 162ff.). Das heißt, sie können aufgrund unterschiedlicher Intentionalität auch verschiedenen Textklassen angehören. Für den hier zur Diskussion stehenden Untersuchungsbereich, nämlich die Tagespresse, sind insbesondere das Meinungsinterview und das Sachinterview (vgl. 4.2.7) von Bedeutung. Auf die Darstellung weiterer Subtypen wird daher verzichtet.

Literaturhinweise:

Duderstadt (1975)	Morgenthaler (1980: 122ff.)
Herbig (1992)	Pfeil (1977)
Klein (1981)	v. Polenz (1985: 328ff.)
Läzer (1988)	Sandig (1986: 228ff.), (1989)

4.4. Auffordernde Texte

Bewertungen und Aufforderungen sind prinzipiell zu unterscheiden, obgleich man sie in der Kommunikation vielfach nur schwer auseinanderhalten kann:

"Bewertungen sind oft auf die Frage bezogen: Wie verhalte ich mich? Woran orientiere ich meine Entscheidungen? Das heißt: Bewertungen sind oft zugleich Handlungsanweisungen; sie legen bestimmte Handlungen nahe, andere nicht." (Hannappel / Melenk 1979: 168)

Auch hier erscheint es sinnvoll, nochmals auf die Abgrenzung von Intentionalität und Zielgerichtetheit sprachlichen Handelns zu verweisen. Demnach werden in Bewertungen Objekten oder Sachverhalten nach bestimmten Maßstäben einordnende Prädikate zugeschrieben; der Sender kann damit das Ziel verfolgen, beim Adressaten die Kenntnisnahme der betreffenden Einordnung bzw. die Zustimmung dazu zu erreichen - abkürzend: EVAL $(p_1...p_x) \rightarrow$ z: WISSEN (e, EVAL (s, $p_1...p_x$)) & EVAL (e, $p_1...p_x$).

Aufforderungen geben dagegen Handlungen und Verhaltensweisen an, die vom Adressaten einer entsprechenden Äußerung erwartet werden, und ihr Ziel ist dann erreicht, wenn es zur Ausführung der gewünschten Aktivität kommt: AUFF $(p_1...p_x) \rightarrow$ z: AUSF (e, $p_1...p_x$).

Aufforderungen gehen also über Bewertungen insofern hinaus, als in ihnen die angestrebte Adressatenreaktion meist direkter ausgedrückt ist und nicht erst erschlossen oder abgeleitet werden muß. Von Aufforderungs*texten* zu sprechen, heißt zudem, daß eine Äußerungsfolge insgesamt in diesem Sinne verstanden wird: Die Aufforderungshandlung gilt als dominierend, die übrigen Textsegmente fungieren im Verhältnis dazu als subsidiäre oder zusätzliche Handlungen.

(81) **Auch Bayern ist Deutschland**

Von REGINALD RUDORF
Während in Bonn Kohl und Vogel gemeinsam deutsche Töne finden und das Volk jubelt „Die Tore sind auf", schlägt man in Bayern die Tür zu.
Pünktlich vor der ersten deutschdeutschen Weihnacht schließen Bayerns Grenzstädte am Wochenende die Ämter fürs Begrüßungsgeld.
Posse oder Blackout?
Lieber Herr Ministerpräsident Streibl, bitte streichen Sie dieses herzlose Stück vom Spielplan. Auch Bayern hat ein Herz für Deutschland. Wir wissen das.

(BZ 29-11-89, 2)

(82) **Seht nicht noch länger schweigend zu!**

Zur Ausländerfeindlichkeit in Deutschland

In was für einem Land leben wir eigentlich, in dem Menschen wegen ihrer Hautfarbe oder ihres Glaubens verfolgt und ermordet werden? Gerade unsere eigene Vergangenheit hat uns doch gezeigt, was Dummheit und Intoleranz in unserem Land anrichten können. Deshalb dürfen wir nicht mehr länger tatenlos zusehen. Jeder ist aufgerufen, sei es am Arbeitsplatz, in den Vereinen, in der Nachbarschaft oder bei Bekannten, Zivilcourage zu zeigen und sich deutlich von Ausländerfeindlichkeit und Antisemitismus zu distanzieren. Es kann und darf nicht sein, daß wir uns von einer rechtsradikalen Minderheit terrorisieren lassen. Deshalb möchte ich allen unseren ausländischen Mitbürgern sagen:
Ich schäme mich für alle, die im dunkeln stehen und der Gewalt Beifall klatschen,
– für alle die, die aus Bequemlichkeit und Interessenlosigkeit zu Hause sitzen und schweigen;
– für alle die, die in der Vergangenheit und in der Zukunft eine rechtsorientierte Partei gewählt haben oder noch wählen werden;
– für unsere überforderte und tatenlose Regierung um Bundeskanzler Helmut Kohl, die sich einer Mitschuld an den Opfern des Rechtsradikalismus nicht entziehen kann.
Ich selbst habe auch einen ausländischen Freund, und ich möchte nicht eines Tages an seinem Grab stehen. In diesem Sinne: Seht nicht noch länger schweigend zu!   Andreas Merz, Dietingen

(HB 31-12-92)

Man könnte hier nun einwenden, daß es bei Pressetexten, die sich ja an ein disperses, grundsätzlich unbegrenztes Publikum wenden, überhaupt unangebracht sei, klar umrissene Adressatengruppen anzunehmen, und somit auch der Begriff 'Aufforderung' nicht in Frage komme. Daß dem nicht so sein muß, zeigen die beiden obigen Beispiele (vgl. auch bereits die Überlegungen zu Text (28) in Kap. 3.3).

Mit Text (81) wird, obwohl unter dem Rubriktitel "Bild-Kommentar" stehend, ohne Zweifel eine Aufforderung ausgeführt. Primärer Adressat ist, wie an der namentlichen Anrede erkennbar, der bayrische Ministerpräsident. Der gesamte Text dient hier dem Appell, eine bestimmte Maßnahme der Regierung, nämlich die Zahlung sog. "Begrüßungsgelder" zu stoppen, zurückzunehmen; dabei wird die Akzeptanz dieses (im übrigen noch durch Kursivdruck hervorgehobenen) Appells auf mehrfache Weise gestützt:

— mit einem begründenden Hinweis am Schluß des Textes (*Auch Bayern hat ein Herz für Deutschland*), welcher dann nochmals bekräftigt wird (*Wir wissen das.*);
— durch eine zusammenfassende Negativbewertung des aktuellen Zustands (*Posse oder Blackout?*), die eine weitere Begründung / Rechtfertigung für den Appell ergibt;
— durch eine von Einstellungsbekundungen (*jubelt, schlägt ... die Tür zu*) durchsetzte Sachverhaltsdarstellung, die den unterstellten Gegensatz zwischen Bayern und dem übrigen Deutschland betont.

Der Appell folgt so gleichsam als notwenige Konsequenz aus den einzelnen Rechtfertigungen. Aus diesem Grund wäre es auch unangemessen, solche Aufforderungen lediglich als eine fakultative Kommentarergänzung zu betrachten (vgl. Klein 1981: 149); der ganze Text ist vielmehr auf sie zugeschnitten, und sie bilden daher die zentrale bzw. dominierende Handlung. Schaubild (XXIX) versucht, diese Zusammenhänge in abstrahierender Form wiederzugeben.

(XXIX)

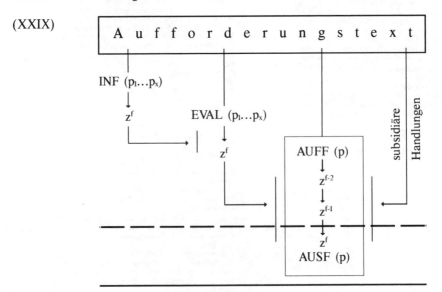

Auch das zweite Beispiel, der Leserbrief (82), läßt erkennen, daß der Aufforderungscharakter dem Text insgesamt zukommt. Der Text richtet sich an keine spezielle Person oder Gruppe, sondern praktisch an alle Leser, die sich betroffen fühlen. Die eigentliche Aufforderungshandlung wird durch zwei argumentative Sequenzen begründet, jeweils explizit als Konklusion markiert (im ersten Abschnitt: *Deshalb dürfen wir nicht...*; am Textschluß: *In diesem Sinne:...*) und nochmals im Titel wiederholt.

Auffordernde Texte bilden in der Presse keine sehr umfangreiche Textklasse, und ganz offensichtlich ist die Tageszeitung hierfür auch nicht das geeignetste Medium - im Unterschied etwa zu Flugblättern oder Plakaten. Als symptomatisch kann man ebenfalls den Umstand betrachten, daß sich in der journalistischen Praxis keine eigenen Textsortenbezeichnungen für Aufforderungstexte eingebürgert haben. Man spricht durchweg von 'Kommentaren', 'Leserbriefen', 'Interviews', ohne den unterschiedlichen Handlungscharakter terminologisch zum Ausdruck zu bringen.

Bei der *Versprachlichung* von Aufforderungen überwiegen meist indirekte, abgeschwächte Formen. Imperative wie in (81), (82) sind eher die Ausnahme; sie kommen praktisch nur in der Boulevardzeitung vor oder in Texten, für die die Zeitung selbst nicht verantwortlich zeichnet, z.B. in Leserbriefen oder in Interviewbeiträgen; auch performative Präsätze (vgl. *jeder ist aufgerufen, x zu tun* in (82)) sind als vergleichsweise verbindliche Form weniger häufig. Als Mittel der Abschwächung dienen vor allem Modalverben, oft noch kombiniert mit dem Konjunktiv II; in Anlehnung an (82):

— *wir dürfen / dürften nicht mehr x tun,*
— *wir müssen / müßten x tun,*
— *man kann / könnte jetzt x tun.*

Die betreffenden Handlungen lassen sich so als notwendig, erlaubt, erwünscht bzw. nicht erwünscht usw. einzustufen. Allerdings wird hier, wie schon in Kap. 3.3.3 skizziert (vgl. (XVI)), der Übergang zu Texten mit bewertender Intention fließend.

4.5. Instruierend-anweisende Texte

Kennzeichnend für die hier zu betrachtenden Texte ist, daß sie Informationen liefern, die zur Verbesserung oder Vermeidung eines als für den Adressaten negativ, defizitär oder problematisch beurteilten Zustands beitragen können. Das Ziel besteht hier also nicht darin, von der Richtigkeit einer Position, einer Einstellung zu überzeugen (wie in meinungsbetonten Texten) oder den Empfänger zur Ausführung bestimmter Handlungen zu veranlassen (wie in auffordernden Texten). Von daher wurde in Kap. 3.3.3 die Grundstruktur instruierend-anweisender Texte auch mit INF (kond (wenn p, dann $q_1...q_x$)) angegeben. Als p gilt dabei der jeweilige Anlaß, ein Ziel, das aufgrund der Ausgangsbedingung oder Problemsituation angestrebt wird (vgl. die Einleitung in (33) oder (83)), $q_1...q_x$ steht für die daraus resultierenden Lösungsvorschläge, Handlungsanleitungen o.ä. Die angenommene wenn-dann-Relation (kond) ist hier in der Regel nicht als Kausalbeziehung im strengen Sinn zu sehen, sie läßt sich meist auf praktische Schlüsse nach dem Muster von Wrights (1974: 93) zurückführen:

p: E will das Ziel z erreichen.
E glaubt, daß er z nur erreichen kann, wenn $q_1...q_x$.
Folglich sorgt E dafür, daß $q_1...q_x$.

Die Absichtsprämisse p wird im Text gewöhnlich nicht eigens formuliert, sondern ergibt sich aus der Darstellung der Ausgangssituation ((84): *Es kommt zu einer Massenent-*

wicklung, Schäden sind zu erwarten → *E will Schäden vermeiden*). Die folgende Annahme nennt genau das Handlungswissen, welches für die Zielrealisation nötig ist und über das der Empfänger erst durch die Textlektüre verfügt. Die Konklusion schließlich gibt die vorgesehenen Maßnahmen an, um z zu erreichen.

Bezüglich der gegebenen Handlungsinformationen kann man, je nach *Objektbereich*, wenigstens zwei Gruppen von Texten unterscheiden: a) *Handlungsanleitungen*, die sich vorwiegend auf den Umgang mit bzw. die Herstellung von Gegenständen, Produkten usw. beziehen, b) sog. *Ratgebungen*, die entweder den menschlichen Bereich allgemein oder spezieller das Konsumverhalten betreffen.

4.5.1. Handlungsanleitungen

Unter den Begriff 'Anleitung' sind verschiedene Textvorkommen zu subsumieren: einmal bestimmte "praktische Tips", d.h. Pflege-, Gebrauchs-, Bearbeitungs-, Montageanleitungen, zum andern die in der Sprachgestaltung weitgehend standardisierten Kochrezepte. Für Texte dieser Art sind, vor allem in Boulevardzeitungen, regelmäßig spezielle Rubriken reserviert - von daher auch ihre Erwähnung im Rahmen pressesprachlicher Darstellungen. Andererseits handelt es sich dabei natürlich nicht um ausschließlich journalistische Texte, denn üblicherweise kommen Rezepte, Anleitungen usw. in Sammlungen oder in speziellen Handbüchern vor.

Bedingt durch die große thematische Vielfalt ist der Textaufbau relativ variabel. Ein durchgängiges Merkmal bildet allerdings die strukturelle Zweigliedrigkeit.

Die einleitende *Problempräsentation* ist im allgemeinen recht knapp gehalten und schließt häufig mit der Feststellung eines als nachteilig bewerteten und daher zu verändernden Zustands ab: *Aus wärmetechnischer Sicht ist das ein wenig optimaler Standort* (83), *...es bei günstigen Bedingungen schnell zu einer Massenentwicklung kommt* (84). Dabei können verschiedene Begründungen, Spezifizierungen und Erklärungen diesen Textteil noch erweitern. Ausführliche, expositorisch gegliederte Darstellungen wie in (84) sind jedoch die Ausnahme.

(83)   *Heizkörperwärme besser genutzt*
[...]
[1] Es gibt nur wenige mit Heizkörpern ausgestattete Wohnräume, in denen sich die Radiatoren nicht unter einem Fenster ... befinden. Aus wärmetechnischer Sicht ist das ein wenig optimaler Standort, da ...
[2] Mit einer einfachen ... Maßnahme läßt sich sowohl die zur Außenwand hin abgestrahlte Heizenergie zur Raumwärmung nutzen als auch der Wärmestau ... reduzieren. Benötigt werden hierfür ...
[3] Die Verlegung ist problemlos: Entsprechend den Abmessungen der Nische werden die Platten passend zugeschnitten. Dabei werden gleichzeitig die Aussparungen für die Heizkörperaufhängung mit berücksichtigt. Auf der Rückseite der Platten trägt man sodann mit einem Zahnspachtel vollflächig Hartschaumkleber auf und schiebt anschließend die einzelnen Platten über den Heizkörper an die Wand. ...
[4] Der Erfolg dieser Maßnahme ist verblüffend. ...
(HAZ 23-9-81, 9)

(84) *Gelb ist ihr Verhängnis*
Mit optischen Fallen gegen die Weiße Fliege
Gerade während der Sommermonate machen sich im Garten häufig die wärmeliebenden Weißen
Fliegen breit. Diese Tiere, exakter Mottenschildläuse genannt, da..., saugen als Larven und
Vollinsekten besonders gerne an den Blättern von Gurken, Tomaten, Paprika... und schädigen
diese dadurch erheblich. ...
Die erwachsenen Tiere geben je nach Art durch Jungfernzeugung lebendige junge Läuse oder le-
gen, wie in den meisten Fällen, ihre Eier auf der Blattunterseite junger Blätter ab. ...
Da jedes flugfähige Tier nach dem Schlüpfen sofort wieder auf der Unterseite junger Blätter in
drei bis vier Wochen 200 Eier ablegt, kann man sich leicht vorstellen, daß es bei günstigen Bedingungen schnell zu einer Massenentwicklung kommt.
Bei den zu erwartenden Schäden ist es sinnvoll, die Ausbreitung der Weißen Fliege von Anfang
an zu stoppen. ...
(BadZ 9-8-89)

Der eigentliche *Anleitungsteil* besteht im Kern aus einer Auflistung praktischer Handlungen, die im Hinblick auf das angestrebte Ziel notwendig oder wichtig sind. Die Anordnung entspricht dabei meist der zeitlichen Aufeinanderfolge der auszuführenden Tätigkeiten. Deutlich wird dies in Abschnitt [3] der unter (83) ausschnitthaft zitierten Montageanleitung; Indikatoren wie *gleichzeitig, sodann, anschließend* markieren hier das chronologische Ordnungsprinzip. Unter Umständen werden noch zusätzliche Begründungen, Präzisierungen oder Alternativen zu den jeweiligen Handlungen angegeben. Bei der Formulierung von Anleitungen überwiegen unpersönliche Formen; abhängig vom Verbindlichkeitsgrad sind verschiedene syntaktische Muster üblich:

—Infinitivkonstruktionen (*Rankpflanzen in die gewünschte Richtung binden*), Imperative sind dagegen in solchen Pressebeiträgen untypisch;
—Passivsätze, in denen insbesondere das Handlungssubjekt bzw. der Adressat der Anleitungen nicht ausgedrückt wird (*...werden die Platten passend zugeschnitten*);
—Sätze mit dem Indefinitpronomen *man* (*trägt man sodann mit einem Zahnspachtel...*);
—auch modale Partizipien und Infinitive (*eine zu beachtende Maßnahme, ...wäre darauf zu achten*) kommen vor.

Es besteht also eine starke Tendenz, die Allgemeingültigkeit der betreffenden Informationen zu unterstreichen und eine Nennung des jeweiligen Agens (hier meist identisch mit dem Adressaten des Textes) zu vermeiden. Dieser entpersonalisierte Stil wird am ehesten durchbrochen, wenn die Darstellung in *dialogischer Form* erfolgt. In (85) z.B. enthält die Antwort der Zeitung eine direkte pronominale Anrede:

(85) *Leserfrage: Wem droht Zinssteuer?*
Dieter H. Lamm, Pullach: *Aus einer Geldanlage habe ich zwei Schecks über 6900 Australische
Dollar. Der Wechselkurs ist schlecht, wo kann ich das Geld parken?*
Fremdwährungsfestgeldanlage gewähren deutsche Banken erst ab mindestens 25000 Mark. So
bleibt Ihnen nur, die Schecks auf ein Währungskonto einzureichen und zu Lasten dieses Kontos
Währungsanleihen in Austral-Dollars zu kaufen. Das ist besser, als die Schecks zinslos herumlie-
gen zu lassen.
(Az 4-5-92, 4)

Anleitungstexte beschränken sich generell nicht darauf, einzelne praktische Handlungen oder Handlungsschritte aufzulisten. Wie schon erwähnt, enthalten sie ebenfalls Begründungen, Erläuterungen, Spezifizierungen, also Informationen, die man als Maßnahmen zur Verstehens- und Akzeptanzsicherung betrachten kann. Hinzu kommen von Fall zu Fall Bewertungen (vgl. in (83): *ein wenig optimaler Standort, mit einer einfachen Maßnahme, der Erfolg ist verblüffend*) und lesewerbende Mittel (vgl. beispielsweise den Titel von (84) sowie die Möglichkeiten graphischer Hervorhebung). Diesen Verfahren dürfte auch insofern Bedeutung zukommen, als Anleitungen vielfach zusammen mit thematisch entsprechenden Anzeigen dargeboten werden (z.B. ist in Text (83) eine Anzeige mit dem Titel "Sparen durch Energiesparen!" eingefügt).

4.5.2. Ratgebungen

Als 'Ratgebungen' werden Texte bezeichnet, die dem Leser Informationen darüber liefern, wie man in bestimmten, als schwierig empfundenen Situationen sein eigenes Verhalten optimieren und die jeweils sich ergebenden Aufgaben leichter bewältigen kann. Die dabei vermittelten Hinweise reichen von allgemeinen Ratschlägen zum "menschlichen Miteinander" bis hin zu Empfehlungen für spezielle Konsumbereiche wie Tourismus, Gastronomie, Mode usw. Im Unterschied zu Anleitungstexten geht es also nicht um die Herstellung eines Produkts oder den sachgerechten Umgang mit bestimmten Objekten, sondern eher um Problemlösungen aus dem sozialen Handlungsbereich.

Bezüglich der konditionalen Grundstruktur besteht jedoch weitgehende Analogie. Eine Absichtsprämisse läßt sich wiederum der skizzierten Problemsituation entnehmen; für (86) etwa: "Bei der Kritik kindlicher Verhaltensweisen verfällt man leicht ins Extrem" → p: "Der Empfänger will diesen Fehler vermeiden." Und: Zum Erreichen des genannten Ziels sind die im Text präsentierten Maßnahmen zu beachten.

(86)   **Kritik an Kindern:**

Umgang mit Lob und Tadel

Wenn kindliche Verhaltensweisen oder Leistungen kritisiert werden sollen, verfällt man zu leicht ins Extrem: Entweder wird kein gutes Haar mehr an ihnen gelassen oder man ist bestrebt, dem Kind nur nicht wehe zu tun. Dabei kann Kritik so wertvoll und anregend sein, daß ihre richtige Anwendung zur Leistungssteigerung beiträgt. Kritik bedeutet ein gerechtes Abwägen zur positven wie zur negativen Seite hin. Schon die Bereitschaft dazu gibt dem Kind die Gewißheit, daß Vater und Mutter sich ernsthaft mit ihm auseinandersetzen.

Normal begabte Mädchen und Buben empfinden durchdachten und angebrachten Tadel als förderlich. Er ist immer dann angebracht, wenn das Kind nicht überfordert wurde und wenn erwiesen ist, daß es bessere Ergebnisse erzielen kann.

Eine Zeichnung, die offensichtlich lustlos angefertigt wurde, eine Themaverfehlung im Aufsatz oder ein offensichtlich unordentlich hinterlassenes Zimmer verdienen nicht etwa der Mühe wegen uneingeschränktes Lob, sondern bedürfen einfach der Kritik, damit das Kind daraus lernt, es besser zu machen.

Statt: „Du kannst aber auch gar nichts", sollte es etwa heißen: „Meinst du nicht, daß du es so oder so besser machen könntest?" Die positiven Ansätze zu einer kritikbedürftigen Leistung sollten immer zuerst erwähnt werden, um den Mut nicht zu untergraben.

Wie echt Kritik ist, spüren Kinder sehr genau, vor allem, wenn sie gewöhnt sind, daß Eltern und Geschwister mit ihrer ehrlichen Meinung nicht zurückhalten. Heinz Dreiser

(Sk 25-8-89)

Während sich bei Anleitungen meist eine eindeutige, überprüfbare Faktengrundlage angeben läßt (z.B. physikalische Eigenschaften, biologische Zusammenhänge, juristische Bestimmungen), muß die Richtigkeit oder Angemessenheit eines Ratschlags oft erst plausibel gemacht werden. Ebenso ist die Ausgangssituation meist keine einfache Benutzer- oder Anwendungssituation, sondern grundsätzlich, da von verschiedenen Bedingungen abhängig, komplexer. Dies schlägt sich in einem weniger schematischen Textaufbau (vgl. in (86) die starke Verschränkung von Elementen der Problemsituation und anschließenden Empfehlungen) und in relativ ausführlichen Erläuterungen nieder. An sprachlichen Merkmalen läßt sich außerdem festhalten:

— Häufigkeit von Konditionalgefügen, die mögliche Situationsbedingungen und Handlungsdispositionen auf seiten des Empfängers angeben (...*immer dann angebracht, wenn das Kind nicht überfordert wurde*);

— keine Anweisungen in Form von Infinitivkonstruktionen, es überwiegen unpersönliche Formulierungen in der *man*-Form oder mit *es gilt / es sollte heißen / denkbar wäre* usw.

— argumentative Struktur zahlreicher Passagen, in denen die jeweiligen Handlungsempfehlungen mehr oder weniger ausführlich begründet werden, u.a. durch Verweis auf Fakten (*wie echt Kritik ist, spüren Kinder sehr genau*), Angabe von Zielen (*um den Mut nicht zu untergraben*), Anführen allgemeiner Grundsätze oder Erfahrungen (*Schöpferisches Tun genießt allgemein Ansehen*).

Auch bei Ratgebungen wird die unpersönliche Darstellungsweise meist dann aufgegeben, wenn es sich um dialogisch aufgebaute Beiträge handelt. Diesbezüglich sei hier lediglich auf die speziellen Konsultations-Rubriken in Boulevardzeitungen verwiesen.

Literaturhinweise:

Brinker (1985: 102ff.)   Morgenthaler (1980: 118ff.)
Franke (1992)   Schröder (1984: 289ff.)
Grosse / Mentrup (1982)

5. Ausblick

Die Darstellung journalistischer Textsorten hat gezeigt, welche Vielfalt von Sprachvorkommen sich hinter dem Begriff 'Pressesprache' verbirgt. Zwar gibt es eine Reihe von übergreifenden Merkmalen, die für die Produktion und Rezeption journalistischer Texte generell gelten, doch erscheint es insgesamt angemessener, erst auf der Ebene von Textsorten Sprachstile mit relativ homogenen und vergleichbaren Eigenschaften anzunehmen.

Ausgehend von dem Grundgedanken, daß man Texte als Abfolgen sprachlicher Handlungen beschreiben kann, liegt es nahe, vor allem den Intentionalitäts-Faktor für die Textklassifikation nutzbar zu machen. So lassen sich, auf der Basis allgemeiner Intentionstypen, kontaktorientierte, informationsbetonte, meinungsbetonte, auffordernde und instruierend-anweisende Texte als wichtigste Textklassen unterscheiden. Die anschließende Differenzierung von Textsorten ergibt sich aus der Berücksichtigung weiterer Merkmalsdimensionen (Makrostruktur, Kommunikationsmodalität, Zeitbezug, Textthema u.a.). Das Gliederungsergebnis hat mit den Darstellungsformen, wie sie in der Publizistikwissenschaft zugrundegelegt werden, nur noch wenig gemein.

Es erweist sich als sinnvoll, die einzelnen Kriterien aus dem empirischen Material, den Pressebeiträgen, zu gewinnen; ein rein deduktiver Zugang, ein "Vorgehen von oben", liefe Gefahr, der Vielfalt journalistischer Texte auch nicht annähernd gerecht zu werden. Andererseits kann die vorgeschlagene Klassifikation nicht den Anspruch einer umfassenden und systematischen Typologie (etwa im Sinne Isenbergs (1983)) erheben:

— Der Geltungsbereich ist von vornherein auf Pressetexte (bzw. genauer: auf Tageszeitungsbeiträge unter Ausschluß sog. nicht-journalistischer Texte) eingeschränkt;

— mit dem Intentionalitätskriterium liegt auf der ersten Gliederungsebene zwar eine einheitliche Klassifikationsbasis vor, da aber die folgende Differenzierung von Textsorten unterschiedliche Merkmale bemüht, ist das Gliederungsmodell nicht auf allen Ebenen homogen;

— ebensowenig einzulösen ist die Monotypie-Forderung, der Anspruch nämlich, daß Mehrfachzuordnungen von Texten ausgeschlossen sein müssen: wie an Beispielanalysen gezeigt, können gerade in der öffentlichen Kommunikation Texte je nach Interessenlage der Adressaten durchaus unterschiedliche Bedeutungszuschreibungen erfahren.

Die Möglichkeit einer eindeutigen, strikten Zuordnung ist empirisch auch insofern nicht immer gegeben, als etwa in Boulevardzeitungen die Grenzen zwischen den traditionellen Textsorten nur noch ansatzweise respektiert werden oder ganz allgemein in bestimmten Abonnementzeitungen ein deutlicher Hang zu Mischformen besteht, also z.B. Nachrichten oder Berichte verstärkt meinungsbetonte Komponenten aufnehmen. Aus dieser Perspektive dürfte es der Textrealität auch wesentlich näher kommen, wenn man die Vorstellung scharfer Textsortengrenzen (mit entsprechenden Merkmalsopposatio-

Lösungshinweise zu den Übungen

Übung (1)

Für K. Kraus ist jegliches Handeln, auch das politische, durch die Sprache determiniert; sprachliche Fehler haben automatisch moralische Mängel zur Folge. Sprachreflexion steht so am Anfang jeder Äußerung überhaupt, sie führt zu einer reinen Sprache, zum Ursprung und damit zum eigentlichen Sein des Menschen zurück. Die kritische Betrachtung der Pressesprache, d.h. in erster Linie ihrer Phrasenhaftigkeit, stellt den ersten methodischen Schritt dar, um zu einem neuen Wirklichkeits-Verhältnis zu gelangen.

Diese apolitische Auffassung ersetzt die Analyse gesellschaftlicher Zusammenhänge durch Sprachkritik und führt schließlich zu der unhaltbaren Konsequenz, politische Fehlentwicklungen unter Absehung von sozialen, ökonomischen u.a. Faktoren auf sprachliche Ursachen zurückzuführen.

Übung (2)

Wiederholungen sind in den periodisch erscheinenden Zeitungen vorprogrammiert, damit auch die Möglichkeiten, gleiche Formulierungen für ungleiche Sachverhalte zu verwenden. Ein extremes Beispiel dieses Phänomens bilden etwa die situationsabstrakten Formeln diplomatischer Kommuniqués. Entsprechendes läßt sich, weniger ausgeprägt, auch in journalistischer Berichterstattung feststellen; man denke nur an die mechanische Verwendung bestimmter Ausdrucksmuster (vgl. *von der Annahme ausgehen, daß* / *friedensstiftende Maßnahmen fordern* / *es besteht Handlungsbedarf*) oder an Formeln wie *brüderliches Bündnis, große Initiative der Werktätigen, Arbeiter-und-Bauern-Macht* u.a.m. Der Verlust an Aussagekraft, eine zunehmende Unverbindlichkeit oder Schwammigkeit des Ausdrucks kann die Folge sein, unabhängig davon, ob sich der Leser der Formelhaftigkeit bewußt ist oder nicht.

Übung (3)

Gauger wendet sich gegen die "Unwahrheit" bestimmter Wörter: "[...] wir verbinden mit diesem Wort 'Krieg' eine Bedeutung, die nahezu nichts mehr mit dem zu tun hat, worum es sich bei dem handeln würde, was wir befürchten. Zum Krieg, zum Inhalt des Wortes 'Krieg', gehört dies: es sterben viele, viele werden verwundet, Sachgüter, Landschaften, kulturelle Werte werden vernichtet. Nachdem aber der Krieg zu Ende ist, geht es, jedenfalls für die, die übriggeblieben sind, weiter: 'Neues Leben blüht aus den Ruinen', wie es in Schillers 'Tell' heißt. So war es beim 'letzten' Krieg, dem letzten Weltkrieg; er war, wie schrecklich er auch immer war, noch immer Krieg. Er unterschied sich etwa vom Dreißigjährigen Krieg nicht prinzipiell. Aber heute befürchten wir - und nennen es noch immer 'Krieg' - ganz anderes: das Ende zumindest allen menschlichen Lebens, die Gesamtvernichtung, das Gesamtopfer, den Holokaust." (1987: 130)

Ob der Wortgebrauch nun in der genannten Weise eine Verharmlosung, einen "ungeheuren Euphemismus" darstellt, dürfte aber nicht zuletzt davon abhängen, ob wir bei der Verwendung von *Krieg* einen Sachverhalt meinen, der von der möglichen Vernichtung der Menschheit absieht oder nicht. Zumindest in den Medien scheint *Krieg* nicht zur Bezeichnung konventioneller, "typischer" Kriege gebraucht zu werden, sondern in einem allgemeineren, jede Form der Zerstörung einschließenden Sinne.

Übung (4)

Die an dem Wort *Berufsverbot* nur scheinbar zum Ausdruck kommenden Verständigungsschwierigkeiten verweisen auf die kontroverse Einschätzung einer politischen Praxis, wie sie seit dem Ministerpräsidentenbeschluß von 1972, dem sog. "Radikalenerlaß", existiert. (In den meisten Bundesländern wird der Erlaß inzwischen nicht mehr angewandt.) Die Kenntnis der mit dem Wort *Berufsverbot* verknüpften Bewertung und des impliziten Hinweises auf vergleichbare Maßnahmen in der NS-Zeit kann allgemein vorausgesetzt werden, ebenso dürfte die offizielle Sprachregelung, das strittige Wort, da juristisch anders definiert, in dem Zusammenhang nicht zu verwenden, bekannt sein.

Vor diesem Hintergrund stellt das begriffliche Taktieren der Zeitung - das Wort *Berufsverbot* bezeichne eine leere Menge, etwas Nicht-Existierendes, und darüber brauche man gar nicht erst zu berichten - eine formale Ummäntelung ihrer Informationsselektion dar, nämlich der Entscheidung, über die politisch mißliebige Veranstaltung nicht zu informieren; die Begriffs-Kontroverse fungiert dabei nur als (zynisch gemeinter) Vorwand.

Übung (5)

a) Die Erklärung des Ministers scheint auf den ersten Blick gar nicht ungewöhnlich; dies wird sie erst, wenn man die zweite Äußerung hinzunimmt. Traube wurden also Kontakte mit einem mutmaßlichen Terroristen für einen Zeitpunkt zugeschrieben, als die Bezeichnung *Terrorist* noch gar nicht zu rechtfertigen war. Ein solcher Sprachgebrauch, der falsche Tatsachenbehauptungen impliziert, ist, da für die Öffentlichkeit nicht durchschaubar, irreführend und politisch nicht unbedenklich. (Das Beispiel orientiert sich an: Wimmer, R. (1978): Die Verdächtigungen gegen den Bürger Traube aus sprachwissenschaflicher Sicht, in: Linguistik und Didaktik 34/35, 157-168.)

b) Die Frage enthält (als Präsupposition) die Behauptung einer Tatsache, die als solche nur das Ergebnis einer Bewertung ist und daher noch bestritten werden kann. Ziel solcher Unterstellungen mag sein, den Gesprächspartner in Verlegenheit zu bringen, interessantere Antworten zu erhalten oder beim Hörer/ Leser den Eindruck eines spannenden, da aggressiv geführten Gesprächs zu erzeugen; andererseits besteht die Gefahr, den Interviewten zu irritieren und einen reibungslosen Gesprächsablauf zu stören.

c) Protestkundgebungen mit Erscheinungen des deutschen Faschismus in Verbindung zu bringen, ist nicht ganz ohne Tradition; die Kritik an der Studentenbewegung z.B. bemüht bereits ähnliche Argumente. (Aufschlußreich in dieser Hinsicht ist u.a.: Boesch, B. (1972): Die Sprache des Protestes, in: Sprache - Brücke und Hindernis, München, 261-272, bes. 271.) Das Ziel besteht darin, mit der Behauptung bestimmter Ähnlichkeiten die kritisierte Gruppe abzustempeln, und zwar ohne eine inhaltliche Auseinandersetzung führen zu müssen. Die Parallelsetzung, die in den meisten Fällen gerade gegen antifaschistische Gruppen benutzt wird, stützt sich dabei auf Oberflächenphänomene und kreist gewöhnlich um Attribute wie *aggressiv, fanatisch, irrational*, mit deren allgemeiner Ablehnung gerechnet wird. Die Anspielung Herrmanns auf die Goebbels-Rede von 1943 im Berliner Sportpalast - eine Rede, deren "dämonische Fragesequenz" fast schon zum Topos der Demagogie geworden ist - wirkt in ihrer Überspitzung (zusammen mit der im weiteren Kontext ausgebreiteten Untermenschen-Propaganda) allenfalls grotesk und dürfte die intendierte Wirkung, die Diffamierung des politischen Gegners, eher fragwürdig erscheinen lassen. (Zum Verfahren vgl. auch: Stötzel, G. (1989): Zur Geschichte der NS-Vergleiche von 1946 bis heute, in: Klein, 261-276.)

Übung (6)

Die Anwendung von Verständlichkeitsformeln liefert exakte Angaben, die insbesondere bei Textvergleichen nützliche Anhaltspunkte sein können. Problematisch bleibt jedoch, daß
— die Zahl der Parameter notwendig begrenzt ist (z.B. Satz- und Wortlänge) und die Formeln nur quantifizierbare Sprachdaten erfassen (die Schwierigkeit eines Gedichts ließe sich so beispielsweise nicht messen),
— die Textebene ausgespart bleibt,
— ein Begriff von 'Verständlichkeit' zugrundeliegt, der primär das wörtliche Verstehen (und nicht etwa das Einordnenkönnen) einer Mitteilung betrifft.

Erhebungen mit Verständlichkeitsformeln sind also immer ergänzungsbedürftig, sie sind - so auch Teigeler (1979: 341) - "*allein* nichts wert".

Übung (7)

Die Zweiteilung vermeidet, auch wenn im einzelnen nicht immer klare Kriterien vorliegen, einige der bei der Diskussion des publizistikwissenschatlichen Funktions-Begriffs deutlich gewordenen Schwierigkeiten (z.B. anläßlich der Unterhaltungs-Funktion bzw. -Stilform). Vor allem die Betrachtung von Kritik und Rezension als meinungsorientiert (auf einer Stufe mit dem journalistischen Kommentar) wird der sprachlichen Präsentation eher gerecht.

Übung (8)

Es handelt sich um den Ersatz verbaler Wendungen (mit hypotaktischem Satzbau) durch komplexere Nominalkonstruktionen (hier: Nominalisierung *die Überschätzung* ($+$ GenAttr$_1$ ($+$ GenAttr$_2$))). "Eine derartige Verwendung des Nominalstils [...] dient unter dem Anspruch der Sprachökonomie insbesondere zur Verdichtung mehrerer Teilaussagen." (Heinze 1979: 215)

Vor allem bei Presseartikeln, die Redetexte zusammenfassen oder die sprachlich bereits Vorgegebenes referieren, ist also verstärkt mit solchen Blockbildungen zu rechnen (vgl. Küffner 1982). Gleichzeitig können derartige Beobachtungen eine erste Bestätigung für die zuvor formulierte Annahme liefern, geraffte Informationsdarstellung begünstige allgemein die Zunahme nominalen Satzbaus (mit der Möglichkeit weiterer Attribuierungen).

Übung (9)

An syntaktischen und lexikalischen Zügen wären u.a. hervorzuheben: Kurzsyntax mit zahlreichen Setzungen (*ein regelrechter Plünderer-Krieg*), Anlehnung an die gesprochene Sprache (*Klar, typisch New York*), negativ-wertende Komposita (*Krawallmacher*), drastisches Vokabular mit übertreibenden Bildern (*Jetzt grassiert auch hier die Seuche großangelegter Plündereien*). Trotz zum Teil ähnlicher Formulierungsart weisen die Texte signifikante Unterschiede auf. Zum Beispiel finden sich die Aufforderungs- und Fragesätze, der Satz-Parallelismus (*Wehret den Anfängen?... Wehret den Fortsetzungen*) und die chiastische Konstruktion (*schreckliche Gewöhnung an das ungewöhnlich Schreckliche*) nur in (b). Da beide Texte verschiedene Funktion haben - (a) könnte man als primär informierend, (b) als primär kommentierend interpretieren -, ist auch ihre sprachliche Gestaltung verschieden. Diesem Zusammenhang wird ein Verfahren, das von der Vorstellung einer einheitlichen 'Zeitungssprache' bzw. 'Sprache einer Zeitung' ausgeht, nicht gerecht.

Übung (10)

Der zitierte taz-Artikel beschränkt sich keineswegs auf eine reine Sachverhaltsdarstellung. Umgangssprachliche Wörter (*geschaßt*), Abkürzungen (*die REPs*) und Phraseologismen (*Hauen und Stechen, jdm. die Polizei auf den Hals schicken, die Schnauze voll haben*) unterstützen eine distanzlose, anschauliche Präsentation und signalisieren gleichzeitig eine lockere, ungezwungene Art der Themenbehandlung. Auffallend ist weiterhin die eindeutige Parteinahme; hierzu tragen u.a. die abwertenden Personenkennzeichnungen (*Schönhuber-Truppe, Clique*), die Ironisierung zitierter Äußerungen ("*Berliner Wunder*") sowie das Wortspiel am Ende des ersten Absatzes (*Berliner Wunder - blaues Wunder*) bei. Die einzelnen Bewertungen dürften zudem mit den angenommenen Erwartungen der Leser korrespondieren. Die wiedergegebenen Zitate betonen einerseits die Nähe zum Geschehen, die Glaubwürdigkeit des Berichteten, andererseits liefern sie die Basis für distanzierende Bewertungen.

Übung (11)

Der Artikel läßt sich sprachlich eindeutig als zur Rubrik 'Wirtschaft' gehörig einordnen. Hierauf weisen die fachsprachlichen Elemente und die Bezeichnungen für bestimmte Organisationen, Handlungsträger, Aktivitäten und Aufgaben hin. Da jedoch ein spezieller Teilbereich angesprochen wird, weicht der Wortschatz stark von den zuvor genannten Beispielen ab.

Außerdem weist der Text zahlreiche nicht rubrikspezifische Merkmale auf, die sich aus dem Kommentarcharakter ergeben: lesewerbende Signale (z.B. der Titel, der Einsatz von Redensarten in Einleitungs- und Schlußteil), kritisch bewertende Passagen (vgl. auch das Wortspiel *Spiel mit der Waage - die für zu leicht befundenen Männer*) und schlußfolgernde Formulierungen (*Der Vorfall trifft somit..., Es sollten daher...*).

Übung (12)

Die Ausrichtung auf die Konstitution von Texten, bei Harweg eng verbunden (wenn auch nicht ausschließlich) mit der substitutionellen Verknüpfung von Sätzen, bedeutet eine wesentliche Einschränkung des Stilbegriffs. Überspitzt formuliert, geht es primär um die Frage, inwieweit mit dem Untersuchungsobjekt überhaupt ein Text bzw. ein textgrammatisch richtiger Text vorliegt. Die Stilbeschreibung konzentriert sich infolgedessen dann weitgehend auf formalsprachliche Detailanalysen und die Aufdeckung textgrammatischer "Fehler".

Übung (13)

— *Intentionalität*: kommentierende "Faktenübermittlung" (vgl. die Benennungen *Chaoten, blutigste Terrornacht* usw., die gleichzeitig den betreffenden Bezugsobjekten negative Eigenschaften zusprechen),
— *Verkaufs- und Rezeptionsbedingungen*: Verwendung großer Lettern, emotional stimulierende Überschrift mit Parallelismen, Fettdruck im Haupttext (Straßenverkauf, auf rasche Lektüre angelegt),
— *Zeitung - Leser*: demonstrantenfeindliche Position der Zeitung, möglicherweise Erwartung einer demgemäßen Berichterstattung unterstellt; zahlreiche sprachliche Indizien (drastische Adjektive, Superlativ, Reihung entsprechender Verben, Ausruf...).

Übung (14)

a) Der Textautor geht in [1] von einer zweifachen Behauptung aus: 1) In den Grenzgebieten der Sowjetunion gibt es große Veränderungen, 2) die Kundgebungen in den drei Baltenländern sind ein Indiz für diese Veränderungen. Die erste Behauptung ist in die zweite Behauptung eingebettet; letztere wäre im vorliegenden Abschnitt auch als die dominierende Sprachhandlung interpretierbar. Der Leser soll, hierin besteht nun das mit [1] verfolgte Ziel z^f, den behaupteten Sachverhalt ebenfalls als zutreffend betrachten. Die Bereitschaft dazu kann jedoch nicht ohne weiteres vorausgesetzt werden; eine deshalb benötigte zusätzliche Begründung enthält [3/4], sie fungiert also als auf z^{f-1} bezogene Stützung. Eine zweite Begründung liefert [2]; syntaktisch gesehen (*nicht nur deshalb, weil*), müßte sie sich auf die gleiche Behauptung beziehen wie [3/4], vom Inhalt her dürfte sie eher die in [1] eingebettete Behauptung, daß es große Veränderungen gebe, stützen - eine Satzkonstruktion, die man nicht gerade als verständniserleichternd bezeichnen wird.

b) Auch hier ist die übergeordnete sprachliche Handlung eine Behauptung. [1] enthält bereits den entscheidenden Sachverhalt ("...wir haben es mit einem neuen Klimafaktor zu tun"), der erläuternde Relativsatz [2] nennt eine weitere Eigenschaft, [3] identifiziert schließlich das gemeinte Bezugsobjekt. Lediglich das eingeschobene Partizipialattribut *den von Menschen stammenden* wäre weglaßbar; dieser Ausdruck dient im gegebenen Zusammenhang als Verstehenshilfe (z^{f-2}) und soll das vorangehende Fremdwort erklären. - Einen anderen Status haben die Textsegmente [5ff.]. Sie betreffen nicht mehr die Erfolgsbedingungen der dominierenden Behauptungshandlung, sondern dienen der inhaltlichen Spezifizierung eines Textinhalts.

Übung (15)

a) Schmidt u.a. (1981) gehen aus von der psychologischen Kategorie der Kommunikationsabsicht und dem sprachlichen Niederschlag im Text. Die Aktivität des Empfängers besteht lediglich im Nachvollziehen dessen, was der Textproduzent gemeint haben könnte: Verstehen ist Dekodieren der Senderabsicht, hiervon abweichende Bedeutungszuschreibungen kommen nicht in den Blick.

b) In der Definition von Große (1976) liegt der Schwerpunkt auf den im Text gegebenen Verstehensanweisungen. Dabei wird offenbar die Hypothese zugrundegelegt, daß das Vorkommen bestimmter Indikatoren bereits ein eindeutiges Textverständnis ermöglicht - eine Auffassung, die die Interpretationsleistung des Empfängers nur teilweise berücksichtigt. Zu fragen bleibt außerdem, wie man Bedeutungszuordnungen beurteilen soll, die mit dem "Wollen" des Textproduzenten nicht übereinstimmen.

c) Für Gülich / Raible (1977) ist die Kommunikationsintention ausschließlich auf das Handlungs*ziel* bezogen; sie ist also kein Bestandteil der Handlung selbst und liegt außerhalb des Sprachlichen.

Übung (16)

Kontaktorientierte Texte spielen in der Boulevardpresse generell, d.h. nicht nur für die Titelseite, eine ungleich größere Rolle als in Abonnementzeitungen; insbesondere der Einsatz illustrativer Mittel ist hier wichtiger. *Informationsbetonte Texte* haben in allen Zeitungen mit großem Abstand den höchsten Anteil. Das gilt auch für Boulevardblätter, nur ist hier die Grenze zu *meinungsbetonten Texten* oft schwerer zu ziehen. Beiträge aus dieser Textklasse haben zwar einen festen Platz in allen Zeitungen, doch bleibt ihr quantitativer Anteil vergleichsweise gering. Noch seltener finden sich *auffordernde Texte*: Sie kommen überwiegend in der Rubrik der Leserbriefe vor, in Boulevardzeitungen gelegentlich auch darüber hinaus, z.B. im Sportteil. *Instruierend-anweisende Texte* werden vor allem in Wochenendausgaben publiziert, in der Boulevardpresse haben sie im allgemeinen ein größeres Gewicht; eine Abgrenzung von der Werbung ist oft schwierig.

Übung (17)

Die Unterschiede sind zum Teil gradueller Natur, wobei die ABENDPOST die meisten, die FRANKFURTER ALLGEMEINE die wenigsten kontaktherstellenden Signale aufweist; sie reflektieren das angestrebte Image und die Verkaufsstrategie der betreffenden Zeitung:
FAZ: nüchterne, sachlich wirkende Aufmachung, Titel in gotischen Lettern,
SZ: Verwendung von Fotos und aufmerksamkeitssteuerndem Druckbild (variierende Schriftgröße, Fettdruck),
Ab: ganz an Straßenverkauf orientiert, stark plakativ (u.a. Farbdruck, großflächige Fotos, extrem große Überschriften, geringer Textanteil).

Übung (18)

Die zentrale Aussage, daß die österreichische Autobahngebühr erhöht worden ist, teilt der Autor bereits in [1] mit. [2] wiederholt diese Aussage und präzisiert mit drei präpositionalen Angaben den Geltungsbereich. [3] ist eine Mitteilung über die konkrete Erhöhung in einem Teilbereich, mit Bezug auf [1] und [2] eine weitere Präzisierung der zentralen Aussage. In [4] folgt die Feststellung des Unterschieds im Vergleich zu früheren Werten. Die Mitteilungen in [5] und [6] liefern wiederum Details zu zwei Teilbereichen. Betrachtet man die in [1] enthaltene Mitteilung als Kerninformation, dann wird diese durch [2] als ganze und durch die Textsegmente [3] - [6] hinsichtlich einzelner Aspekte spezifiziert.

Übung (19)

Der Text belegt die historische Wandelbarkeit von Textsortenmerkmalen. Aus heutiger Sicht erstaunen vor allem folgende Momente:
— der Verzicht auf einen zusammenfassenden Vorspann,
— die chronologische, narrative Ereignisdarstellung (vgl. die Einleitung: *Als der Erzherzog-Thronfolger... und seine Gattin... sich heute vormittag zum Empfang in das hiesige Rathaus begaben...*),

— die späte Nennung der Kerninformation (unter Beibehaltung des Präteritums als Erzähltempus): *Beide verschieden ... an den erlittenen Wunden.*

Übung (20)

Für die meisten Reportage-Eröffnungen ist der Aufbau einer distanzmindernden Innenperspektive typisch. Im vorliegenden Beispiel ist dagegen bezüglich des Textgegenstands zunächst ein distanzierter, auktorialer Blickwinkel gegeben (vgl. *den ewig blassen Jelen fragt man...*). Andererseits wird versucht, sofort einen Bezug zum Leser herzustellen: durch die direkte Anrede und die Dialogisierung am Textanfang (*Kennen Sie...? Richtig! Das ist doch...*) sowie durch explizite Anknüpfung an gemeinsames Vorwissen (vgl. die Partikel *doch*).

Übung (21)

Berichte gehören (neben Nachricht und Kommentar) zu den wichtigsten Textsorten der Tageszeitung; sie nehmen etwa den drei- bis siebenfachen Raum im Verhältnis zur Problemdarstellung ein. Einige Differenzierungsmerkmale:

Bericht:	*Problemdarstellung:*
— meist chonologisch aufgebautes Hauptgeschehen, aufgelockert durch beschreibende, kommentierende u.a. Passagen	— expositorische Makrostruktur, andere (z.B. argumentative) Gliederungsprinzipien untergeordnet
— Textthema: mehr an tagespolitischer Aktualität orientiert	— thematisch weiter gefaßt
— Vergangenheitstempora dominierend	— Präsens häufig
— häufige Verwendung direkter Rede	
— konkrete Zeit- und Ortsangaben	— temporale Großraumdeiktika

Übung (22)

Anlaß der Auseinandersetzung sind für K.E. v. Schnitzler, den wohl bekanntesten Kommentator der ehemaligen DDR, bestimmte "Ansprüche", auf die eingangs in [1] verwiesen wird. Diese nur angedeutete und vom Leser entsprechend zu ergänzende Faktenbasis stellt gleichzeitig die Gegenposition dar, um deren Widerlegung es im folgenden geht; dabei geben die Einstellungsbekundungen (*wieder mal, anmaßende*) bereits die eingeschlagene Richtung an. Mit der formelhaften Äußerung [2] macht der Autor seine eigene Position deutlich, und zwar als empörte Zurückweisung. Die anschließenden Äußerungen [3] - [10] dienen der Begründung bzw. Rechtfertigung der in [2] eingenommenen Haltung. Der Hinweis auf das Potsdamer Abkommen in [3] erfolgt, um die Akzeptanz von [2] zu stützen. Hinzu kommen mehrere verständnissichernde Maßnahmen, die Fehlinterpretationen des Abkommenstextes, wohl in erster Linie durch die BRD, vorbeugen soll ([4] - [6], die rhetorische Frage in [10] kann man als Ergänzung zu [6] verstehen). Die Segmente [7] - [9] enthalten wiederum Akzeptanzstützungen für die Feststellungen in [6]/[10].

Übung (23)

Die genannten Darstellungsformen weisen keine textsortenspezifischen Unterschiede auf. Die Differenzierung basiert vor allem auf zeitungsspezifischen Kriterien (Plazierung, typographischer Gestaltung) einschließlich der Bedeutung des Autors. Das gilt prinzipiell auch für den Leitartikel, der an exponierter (meist gleichbleibender) Stelle die Haltung der Zeitung (und nicht eines bestimmten Journalisten) zu einem wichtigen Thema zum Ausdruck bringt.

Übung (24)

Eine große Zahl von Leserbriefen könnte man als verkürzte Kommentare bezeichnen. Im Vergleich zum Kommentar fehlt gewöhnlich die Sachverhaltsdarstellung; sie wird entweder vorausgesetzt oder von der Zeitung gekürzt oder in einem redaktionellen Obertitel stichwortartig angegeben (*Abtreibungspille*). Die Themenbehandlung ist argumentativ, sie kann sich aber auch auf eine einfache Bewertung beschränken. Im vorliegenden Beispiel lautet die zentrale These: "Sie haben erkannt, daß mit diesem Präparat keinem geholfen ist." Die folgenden Äußerungen dienen der Erläuterung und der Begründung. - Aus diesen Bemerkungen kann man jedoch nicht schließen, Leserbriefe seien generell auf Bewertungen festgelegt; auch andere Handlungsmuster sind mit der Kommunikationsform 'Leserbrief' realisierbar (vgl. ausführlich: Bucher 1986: 147ff., 1989).

Literatur

Das folgende Literaturverzeichnis gibt nur die im Text benutzte Literatur wieder. Als Bibliographie zum Sprachgebrauch der Presse vgl. Adamzik / Schmitter (1986); systematisch gegliederte Hinweise zur Massenkommunikation allgemein geben Noelle-Neumann u.a. (1989). Ein weiteres nützliches Arbeitsinstrument ist die seit 1984 erscheinende Zeitschrift *Medienwissenschaft: Rezensionen*, die sich ganz auf die Besprechung aktueller Publikationen spezialisiert hat.

Adamzik, K. (1984): Sprachliches Handeln und sozialer Kontakt. Tübingen.

Adamzik, K. / Schmitter, P. (1986): Bibliographie zur Pressesprache. Münster.

Admoni, W. (1973): Die Entwicklungstendenzen des deutschen Satzbaus von heute. München.

Agnès, Y. / Croissandeau, J.M. (1979): Lire le journal. St. Julien-du-Sault.

Albert, P. (⁹1991): La presse. Paris.

Alberts, J. (1972): Massenpresse als Ideologiefabrik. Frankfurt/M.

Althaus, H.P. / Henne, H. / Wiegand, H.E. (Hrsg.) (²1980): Lexikon der Germanistischen Linguistik, 4 Bde. Tübingen.

Anscombe, G.E.M. (1957): Intention. Oxford.

Antos, G. (1989): Textproduktion, in: Antos, G. / Krings, H.P. (Hrsg.): Textproduktion. Tübingen, 5-57.

Antos, G. / Augst, G. (Hrsg.) (²1992): Textoptimierung. Frankfurt/M.

Barthes, R. (1961): Le message photographique, in: Communications 1, 127-138.

de Beaugrande, R.A. / Dressler, W.U. (1981): Einführung in die Textlinguistik. Tübingen.

Bebermeyer, G. / Bebermeyer, R. (1977): Abgewandelte Formeln - sprachlicher Ausdruck unserer Zeit, in: Muttersprache 87, 1-42.

Behrens, M. / Dieckmann, W. / Kehl, E. (1982): Politik als Sprachkampf, in: Heringer, 216-265.

Belke, H. (1973): Literarische Gebrauchsformen. Düsseldorf.

Berens, F.J. (1975): Analyse des Sprachverhaltens im Redekonstellationstyp "Interview". München.

Beutin, W. (1976): Sprachkritik - Stilkritik. Stuttgart.

Biere, B.U. (1989): Verständlich-Machen. Tübingen.

— (1989a): Von Text zu Text. Stadien journalistischer Textproduktion. Typoskript.

von Bismarck, K. (1970): Die Nachricht und die Wirklichkeit, in: Publizistik 15, 284-294.

Black, J.B. (1985): An exposition on understanding expository text, in: Britton, B.K. / Black, J.B. (Hrsg.): Understanding expository text. Hillsdale, 249-267.

Bourdieu, P. (1966): Champ intellectuel et projet créateur, in: Les Temps Modernes 22, 865-906.

Braun, P. (1979): Tendenzen in der deutschen Gegenwartssprache. Stuttgart (²1987).

— (Hrsg.) (1979a): Fremdwort-Diskussion. München.

Brendel, D. / Grobe, B.E. (1976): Journalistisches Grundwissen. München.

Brinker, K. (1971): Aufgaben und Methoden der Textlinguistik, in: Wirkendes Wort 21, 217-237.

— (1983): Textfunktionen, in: Zeitschrift für germanistische Linguistik 11, 127-148.

— (1985): Linguistische Textanalyse. Berlin (³1992).

Brüssau, W. (1966): Studien zur publizistischen Form des Presseberichtes in USA. Heidelberg.

Bruneau, Ch. (1958): La langue du journal. Paris.

Bublitz, W. / Kühn, P. (1981): Aufmerksamkeitssteuerung, in: Zeitschrift für germanistische Linguistik 9, 55-76.

Bucher, H.J. (1986): Pressekommunikation. Tübingen.

— (1989): Zeitungen und Leser im Dialog, in: Weigand, E. / Hundsnurscher, F. (Hrsg.): Dialoganalyse II,1. Tübingen, 287-303.

Bucher, H.J. / Straßner, E. (1991): Mediensprache, Medienkommunikation, Medienkritik. Tübingen.

Burger, A. (1979): Die Konkurrenz englischer und französischer Fremdwörter in der modernen deutschen Pressesprache, in: Braun, 246-272.

Burger, H. (²1990): Sprache der Massenmedien. Berlin.

— (1991): Phraseologie und Intertextualität, in: Palm, Ch. (Hrsg.): Europhras 90. Uppsala, 13-27.

Burger, H. / Buhofer, A./ Sialm, A. (1982): Handbuch der Phraseologie. Berlin.

Burger, H. / Imhasly, B. (1978): Formen sprachlicher Kommunikation. München.

Burkhardt, A. / Hebel, F. / Hoberg, R. (Hrsg.) (1989): Sprache zwischen Militär und Frieden: Aufrüstung der Begriffe? Tübingen.

Carstensen, B. (1965): Englische Einflüsse auf die deutsche Sprache nach 1945. Heidelberg.

— (1971): Spiegel-Wörter, Spiegel-Worte. München.

Clyne, M. (1968): Ökonomie, Mehrdeutigkeit und Vagheit bei Komposita in der deutschen Gegenwartssprache, insbesondere in der Zeitungssprache, in: Muttersprache 78, 122-126.

Dardano, M. (^{2}1974): Il linguaggio dei giornali italiani. Roma.

Dickes, P. / Steiwer, L. (1977): Ausarbeitung von Lesbarkeitsformeln für die deutsche Sprache, in: Zeitschrift für Entwicklungspsychologie und Pädagogische Psychologie 9, 20-28.

Dieckmann, W. (1964): Wortschatz und Wortgebrauch der politischen Werbung. Marburg.

— (1969): Sprache in der Politik. Heidelberg (^{2}1975).

— (1981): Politische Sprache - Politische Kommunikation. Heidelberg.

— (1985): Konkurrierender Sprachgebrauch in Redeerwähnungen der Presseberichterstattung, in: Wirkendes Wort 35, 309-328.

van Dijk, T.A. (1980): Textwissenschaft. München.

Dittgen, A.M. (1989): Regeln für Abweichungen. Frankfurt/M.

Dittmann, J. (1975): Wissenschaftstheoretische Prolegomena zu einer kommunikationsorientierten Sprachtheorie, in: Deutsche Sprache 3, 2-20.

Dovifat, E. / Wilke, J. (^{6}1976): Zeitungslehre, 2 Bde. Berlin.

Dressler, W. (1972): Einführung in die Textlinguistik. Tübingen.

Drosdowski, G. / Henne, H. (1980): Tendenzen der deutschen Gegenwartssprache, in: Althaus u.a., 619-632.

Duderstadt, J. (1975): Die Kommentare der Bild-Zeitung, in: Liberal 17, 368-383.

Eberhard, F. (1981): Sprachmanipulation, in: Engelmann u.a., 113-121.

Eberleh, E. (1990): Komplexität von Text und Bild, in: Becker, Th. u.a. (Hrsg.): Sprache und Technik. Aachen, 67-89.

Eggers, H. (1962): Zur Syntax der deutschen Sprache der Gegenwart, in: Studium Generale 15, 49-59.

— (1973): Deutsche Sprache im 20. Jahrhundert. München (^{2}1978).

— (1977): Deutsche Sprachgeschichte, Bd.4. Reinbek.

— (1983): Wandlungen im deutschen Satzbau, in: Muttersprache 93, 131-141.

Ehlich, K. / Rehbein, J. (1979): Sprachliche Handlungsmuster, in: Soeffner, H.G. (Hrsg.): Interpretative Verfahren in den Sozial- und Textwissenschaften. Stuttgart, 243-274.

Eich, H. (1959): Zeitungssprache und Zeitungsdeutsch, in: Muttersprache 69, 289-299.

Eigenwald, R. (Hrsg.) (1974): Textanalytik. München.

Engelmann, B. / Horné, A. / Lohr, S. / Spoo, E. (Hrsg.) (1981): Anspruch auf Wahrheit. Göttingen.

Enzensberger, H.M. (^{5}1969): Einzelheiten I. Frankfurt/M.

Eroms, H.W. (1974): Zur Analyse politischer Sprache, in: Linguistik und Didaktik 17, 1-16.

Ermert, K. (1979): Briefsorten. Untersuchungen zu Theorie und Empirie der Textklassifikation. Tübingen.

Eroms, H.W. (1974): Zur Analyse politischer Sprache, in: Linguistik und Didaktik 17, 1-16.

Fetscher, I. / Richter, H.E. (Hrsg.) (1976): Worte machen keine Politik. Reinbek.

Fischer, D. (1983): Von Börne bis Kraus: Auseinandersetzungen um die Zeitung und ihre Sprache, in: Publizistik 28, 525-546.

Fluck, H.R. / Fernbach, R. / Waldrich, H.P. (1975a): Zur Sprache des Wirtschaftsteils von Tageszeitungen, in: Linguistik und Didaktik 23, 165-178.

Fluck, H.R. / Kruck, J. / Maier, M. (1975): Textsorte Nachricht. Dortmund.

Franke, W. (1987): Texttypen - Textsorten - Textexemplare, in: Zeitschrift für germanistische Linguistik 15, 263-281.

— (1989): Medienspezifische Dialogsorten, in: Weigand, E. / Hundsnurscher, F. (Hrsg.): Dialoganalyse II,1. Tübingen, 161-173.

— (1991): Linguistische Texttypologie, in: Brinker, K. (Hrsg.): Aspekte der Textlinguistik. Hildesheim, 157-182.

— (1992): Über Instruktionen, in: Münstersches Logbuch zur Linguistik 2, 53-70.

Freytag, J. (1992): Libération: new journalism auf französisch, in: Beiträge zur Fremdsprachenvermittlung 24, 82-109.

Gaillard, P. (^{2}1975): Technique du journalisme. Paris.

Gauger, H.M. (1987): Krieg, Waffe, Verteidigung: Unsere Wörter stimmen nicht mehr, in: Freiburger Universitätsblätter 95, 130-134.

Glück, H. / Sauer, W.W. (1990): Gegenwartsdeutsch. Stuttgart.

Göttert, K.H. (1978): Argumentation. Tübingen.

Gombert, I. (1983): Untersuchungen zu den Verbindungen von Substantiv und Verb. Göteborg.

Good, C.H. (1985): Presse und soziale Wirklichkeit. Düsseldorf.

Grésillon, A. (1983): Mi-fugue mi-raison. Dévaliser des mots-valises, in: DRLAV - Revue de Linguistique 29, 83-107.

Grimminger, R. (1972): Kaum aufklärender Konsum, in: Rucktäschel, 15-68.

Große, E.U. (1974): Texttypen. Freiburg.

— (1976): Text und Kommunikation. Stuttgart.

Große, E.U. / Seibold, E. (Hrsg.) (1994): Panorama de la presse parisienne. Histoire et actualité, genres et langages. Frankfurt/M.

Grosse, S. / Mentrup, W. (Hrsg.) (1982): Anweisungstexte. Tübingen.

Grunig, B.N. (1990): Les mots de la publicité. Paris.

Gülich, E. / Raible, W. (Hrsg.) (1972): Textsorten. Frankfurt/M.

— (1977): Linguistische Textmodelle. München.

Haacke, W. (1962): Die Sprache der Massenmedien, in: Publizistik 7, 15-22.

Habermas, J. (1970): Zur Logik der Sozialwissenschaften. Frankfurt/M.

— ([5]1971): Strukturwandel der Öffentlichkeit. Neuwied.

— (1978): Umgangssprache, Wissenschaftssprache, Bildungssprache, in: Merkur 32, 327-342.

von Hahn, W. (1980): Fachsprachen, in: Althaus u.a., 390-395.

Hannappel, H. / Melenk, H. (1979): Alltagssprache. München ([2]1984).

Hartmann, P. (1964): Text, Texte, Klassen von Texten, in: Bogawus 2, 15-25.

— (1971): Texte als linguistisches Objekt, in: Stempel, W.D. (Hrsg.): Beiträge zur Textlinguistik. München, 9-29.

Harweg, R. (1968): Pronomina und Textkonstitution. München ([2]1979).

— (1968a): Textologische Analyse einer Zeitungsnachricht, in: Replik 1/2, 8-12.

— (1968b): Die Rundfunknachrichten, in: Poetica 2, 1-14.

— (1972): Stilistik und Textgrammatik, in: Zeitschrift für Literaturwissenschaft und Linguistik 5, 71-81.

Haseloff, O.W. (1969): Über Symbolik und Resonanzbedingungen der politischen Sprache, in: Hartmann, K.D. (Hrsg.): Politische Beeinflussung. Frankfurt/M., 72-98.

Hebel, F. (1969): Sprache der Wirtschaft, in: Der Deutschunterricht 21/4, 58-72.

Heinemann, W. / Viehweger, D. (1991): Textlinguistik. Tübingen.

Heinrich, J. (1989): Wirtschaftsjournalismus, in: Publizistik 34, 284-296.

Heinze, H. (1979): Gesprochenes und geschriebenes Deutsch. Düsseldorf.

Helbig, G. (1979): Grammatik aus kommunikativ-pragmatischer Sicht? in: Rosengren, I. (Hrsg.): Sprache und Pragmatik. Malmö, 11-41.

Hellwig, P. (1984): Titulus oder Über den Zusammenhang von Titeln und Texten, in: Zeitschrift für germanistische Linguistik 12, 1-20.

Herbig, A. (1992): Argumentationsstile, in: Püschel / Sandig, 45-75.

Heringer, H.J. (1974): Praktische Semantik. Stuttgart.

— (1979): Verständlichkeit, in: Zeitschrift für germanistische Linguistik 7, 255-278.

— (Hrsg.) (1982): Holzfeuer im hölzernen Ofen. Aufsätze zur politischen Sprachkritik. Tübingen.

Hess, R. (1980): Titel und Text, in: Iberoromania 12, 68-87.

Hess-Lüttich, E.W.B. (1987): Angewandte Sprachsoziologie. Stuttgart.

— (1987a): Les mass-médias et la sémiotique, in: Müller, J.E. (Hrsg.): Texte et médialité. Mannheim, 17-61.

Heun, M. (1975): Die Subjektivität der öffentlich-rechtlichen Nachrichten, in: Straßner, 66-82.

Hindelang, G. (1978): Skizze einer Sprechhandlungs-Taxonomie, in: Münstersches Logbuch zur Linguistik 2, 50-67.

Hörmann, H. ([2]1970): Psychologie der Sprache. Berlin.

Holly, W. (1979): Zum Begriff der Perlokution, in: Deutsche Sprache 7, 1-27.

— (1990): Politikersprache. Berlin.

Holly, W. / Kühn, P. / Püschel, U. (1984): Für einen "sinnvollen" Handlungsbegriff in der linguistischen Pragmatik, in: Zeitschrift für germanistische Linguistik 12, 275-312.

Holzer, H. (1971): Politik in Massenmedien - Zum Antagonismus von Presse- und Gewerbefreiheit, in: Zoll, 68-108.

Holzer, H. (1980): Medien in der BRD. Köln.

Hoppenkamps, H. (1977): Information oder Manipulation? Tübingen.

Horn, W. (1980): Kritische Auseinandersetzung mit der Bild-Zeitung, in: Linguistik und Didaktik 41, 30-36.

Hundsnurscher, F. (1984): Theorie und Praxis der Textklassifikation, in: Rosengren, I. (Hrsg.): Sprache und Pragmatik. Stockholm, 75-97.

Isenberg, H. (1983): Grundfragen der Texttypologie, in: Daneš, F. / Viehweger, D. (Hrsg.): Ebenen der Textstruktur, Berlin, 303-342.

Jaenicke, H.D. (1971): Papier-Seelsorge, in: Zoll, 164-200.

Kästle, O. (1972): Sprache und Herrschaft, in: Wunderlich, 127-143.

Kaiser, G. (1979): Hoch und gut - Überlegungen zur Semantik polarer Adjektive, in: Linguistische Berichte 59, 1-26.

Kallmeyer, W. u.a. (1974): Lektürekolleg zur Textlinguistik, Bd.1. Frankfurt/M. ([2]1980).

Kaltenbrunner, K.G. (Hrsg.) (1975): Sprache und Herrschaft. Freiburg.

Kalverkämper, H. (1981): Der Bestand der Textlinguistik, in: Deutsche Sprache 9, 224-270, 329-379.

Keller, R. (1977): Verstehen wir, was ein Sprecher meint, oder was ein Ausdruck bedeutet? in: Baumgärtner, K. (Hrsg.): Sprachliches Handeln. Heidelberg, 1-27.

Kisker, K.P. (1973): Public relations statt objektiver Berichterstattung, in: Spoo, E. (Hrsg.): Die Tabus der bundesdeutschen Presse. München, 47-63.

Klein, J. (Hrsg.) (1989): Politische Semantik. Opladen.

— (1992): Ein 3-Ebenen-Modell zur vergleichenden Analyse argumentativer Texte, in: Püschel / Sandig, 77-111.

Klein, K.P. (1981): Argumentationsstrukturen politischer Kommentare, in: Kübler, H.D. (Hrsg.): Massenmedien im Deutschunterricht. Frankfurt/M., 140-176.

Klenkler, E. (1982): Persuasive Stategien der französischen Werbung. Freiburg.

Kloepfer, R. (1975): Poetik und Linguistik. München.

— (1976): Komplementarität von Sprache und Bild, in: Sprache im technischen Zeitalter 57, 42-56.

Kniffka, H. (1980): Soziolinguistik und empirische Textanalyse. Tübingen.

— (1981): Schlagzeilenformulierung als sprachliches Verhalten, in: Hindelang, G. / Zillig, W. (Hrsg.): Sprache: Verstehen und Handeln. Tübingen, 345-356.

— (1983): Kanonische Merkmale, soziolinguistische Regeln und Profilformeln für Zeitungsberichte, in: Textsorten und literarische Gattungen. Berlin, 145-185.

Knilli, F. / Hickethier, K. / Lützen, W.D. (Hrsg.) (1976): Literatur in den Massenmedien. München.

Koller, W. (1977): Redensarten. Tübingen.

Kopperschmidt, J. (1973): Allgemeine Rhetorik. Stuttgart.

— (1983): Argumentation, in: Wirkendes Wort 33, 384-398.

Korn, K. (1958): Sprache in der verwalteten Welt. Frankfurt/M.

Kornelius, J. (1977): Verständlichkeitsmessungen an englischen Zeitungstexten, in: Die Neueren Sprachen 76, 298-309.

Koszyk, K. / Pruys, K.H. (Hrsg.) (1969): Wörterbuch zur Publizistik. München (Neuausgabe 1981: Handbuch der Massenkommunikation).

Kraus, K. ([3]1956): Werke, Bd.2 (Ed. H. Fischer). München.

Kroppach, D. (1976): Journalistische Aussageweisen, in: Publizistik 21, 196-207.

Küffner, R. (1982): Nachrichtensprache - eine Fachsprache mehr, in: Fachsprache 4, 71-82.

Kühn, P. (1992): Adressaten und Adressatenkarussell in der öffentlich politischen Auseinandersetzung, in: Rhetorik 11, 51-66.

Küster, R. (1982): Pragmalinguistische Aspekte von Anweisungstexten, in: Grosse, S. / Mentrup, W. (Hrsg.): Anweisungstexte. Tübingen, 104-133.

Kutsch, A. / Westerbarkey, J. (1975): Zur publizistischen 'Funktion' von Nachrichten, in: Straßner, 9-26.

Läzer, R. (1988): Zur Illokutionsstruktur von Pressekommentaren, in: Zeitschrift für Germanistik 9, 472-479.

— (1993): Persuasionsstrategien im Wandel. Berlin (Typoskript).

Lang, E. (1981): Was heißt "eine Einstellung ausdrücken"? in: Linguistische Studien, Reihe A, H.80. Berlin, 89-121.

Langer, I. / Schulz v.Thun, F. / Tausch, R. (⁴1990): Sich verständlich ausdrücken. München.

von LaRoche, W. (1975): Einführung in den praktischen Journalismus. München (¹¹1988).

Latzel, S. (1975): Perfekt und Präteritum in der deutschen Zeitungssprache, in: Muttersprache 85, 38-49.

Leist, A. (1972): Zur Intentionalität von Sprechhandlungen, in: Wunderlich, 59-98.

Lenk, H. (1978): Handlung als Interpretationskonstrukt, in: Lenk, H. (Hrsg.): Handlungstheorien interdisziplinär, Bd. II,1. München, 279-350.

Lindell, A. / Piirainen, I.T. (1980): Untersuchungen zur Sprache des Wirtschaftsmagazins "Capital". Vaasa.

Linke, A. / Nussbaumer, M. / Portmann, P.R. (1991): Textlinguistik, in: dies.: Studienbuch Linguistik. Tübingen, 211-256.

Lišková, Z. (1977): Untersuchung der Verständlichkeit der journalistischen Aussage, in: Zeitschrift für Phonetik, Sprachwissenschaft und Kommunikationsforschung 30, 48-57.

Löffler, H. (1985): Germanistische Soziolinguistik. Berlin.

— (1988): Tendenzen der Gegenwartssprache in Schweizer Printmedien, in: Stein, P.K. u.a. (Hrsg.): Festschrift für Ingo Reiffenstein. Göppingen, 163-182.

Lück, H. (1963): Zeitungsdeutsch und Umgangssprache, in: Muttersprache 73, 327-337.

Lüger, H.H. (1974): Semantische Analyse publizistischer Texte, in: Publizistik 19, 30-44.

— (1977): Sprachstrategien in Zeitungskommentaren, in: Die Neueren Sprachen 76, 309-326.

— (1980): Formen rituellen Sprachgebrauchs, in: Deutsche Sprache 8, 21-39.

— (1985): Methode und Gegenstandskonstitution. Überlegungen zur Untersuchung von Pressesprache, in: Orbis 34, 69-83.

— (1987): Titel und Textverstehen, in: Italienisch 17, 88-98.

— (1992): Phraseologismen als Argumentationsersatz? in: Püschel / Sandig, 255-285.

Maas, U. / Wunderlich, D. (1972): Pragmatik und sprachliches Handeln. Frankfurt/M.

Mackensen, L. (1973): Verführung durch Sprache. München.

Maletzke, G. (1963): Psychologie der Massenkommunikation. Hamburg.

Marcuse, H. (1970): Der eindimensionale Mensch. Neuwied (Orig. 1964).

McDonald, P.F. / Sager, J.C. (1974): The languages of English journalism. München.

Meier, H. (1964): Deutsche Sprachstatistik, 2 Bde. Hildesheim (²1969).

Merten, K. (1973): Aktualität und Publizität, in: Publizistik 18, 216-235.

Mieder, W. (1973): Sprichwort und Wirtschaftssprache, in: Sprachspiegel 29, 165-170.

— (1983): Deutsche Sprichwörter in Literatur, Politik, Presse und Werbung. Hamburg.

Mittelberg, E. (1967): Wortschatz und Syntax der Bild-Zeitung. Marburg.

Möhn, D. / Pelka, R. (1984): Fachsprachen. Tübingen.

Mogge, B. (Bearb.) (1980): Die Sprachnorm-Diskussion in Presse, Hörfunk und Fernsehen (= Der öffentliche Sprachgebrauch, Bd.1). Stuttgart.

Moirand, S. (1990): Une grammaire des textes et des dialogues. Paris.

Morgenthaler, E. (1980): Kommunikationsorientierte Textgrammatik. Düsseldorf.

Mortara Garavelli, B. (1988): Tipologia dei testi, in: Holtus, G. u.a. (Hrsg.): Lexikon der Romanistischen Linguistik, Bd. 4. Tübingen, 157-168.

Motsch, W. (1986): Anforderungen an eine handlungsorientierte Textanalyse, in: Zeitschrift für Germanistik 7, 261-282.

— (1987): Zur Illokutionsstruktur von Feststellungstexten, in: Zeitschrift für Phonetik, Sprachwissenschaft und Kommunikationsforschung 40, 45-67.

Motsch, W. / Pasch, R. (1986): Illokutive Handlungen, in: Motsch, W. (Hrsg.): Satz, Text, sprachliche Handlung. Berlin, 11-79.

Motsch, W. / Viehweger, D. (1981): Sprachhandlung, Satz und Text, in: Rosengren, I. (Hrsg.): Sprache und Pragmatik. Lund, 125-154.

Mouillaud, M. / Tétu, J.F. (1989): Le journal quotidien. Lyon.

Müller, M. (1989): Schweizer Pressereportagen. Aarau.

Murialdi, P. (⁴1975): Come si legge un giornale. Roma.

Narr, A. (1988): Verständlichkeit im Magazinjournalismus. Frankfurt/M.

Negt, O. / Kluge, A. (1972): Öffentlichkeit und Erfahrung. Frankfurt/M.

Netzer, H.J. (1970): Thesen über das Interview, in: Publizistik 15, 31-37.

Noelle-Neumann, E. / Schulz, W. / Wilke, J. (Hrsg.) (1989): Publizistik - Massenkommunikation. Frankfurt/M.

Noizet, G. / Do, P. (1972/73): Estimation du temps de présentation comme indice de la complexité syntaxique des phrases, in: Bulletin de psychologie 26, 396-404.

Nord, Ch. (1989): Der Titel - ein Mittel zum Text, in: Reiter, N. (Hrsg.): Sprechen und Hören. Tübingen, 519-528.

— (1991): Titel, Texte und Zitate. Typoskript.

Oksaar, E. (1983): Verständigungsprobleme im Sprachbereich 'Politik', in: Henne, H. / Mentrup, W. (Hrsg.): Wortschatz und Verständigungsprobleme. Düsseldorf, 119-133.

Ortner, H. (1982): Textsortenspezifische Kurzsatztypen, in: Deutsche Sprache 10, 119-138.

Ortner, L. (1992): Textkonstitutive Merkmale von Stellenangeboten um 1900, in: Deutsche Sprache 20, 1-31.

Panzer, U. (1968): Kompositionsbildungen und Streckverben in der politischen Berichterstattung der Presse, in: Muttersprache 78, 97-122.

Pasch, R. (1985): Typen von Einstellungsbekundungen, in: Zeitschrift für Germanistik 6, 53-63.

Peters, R. (1984): Zeitungssprache. Essen.

Peytard, J. (1975): Lecture(s) d'une "aire scripturale": la page de journal, in: Langue française 28, 39-59.

Pfeil, M. (1977): Zur sprachlichen Struktur des politischen Leitartikels in deutschen Tageszeitungen. Göppingen.

Pfitzner, J.O. (1978): Der Anglizismus im Deutschen. Stuttgart.

Piirainen, I.T. (1982): Die Sprache der Wirtschaftspresse, in: Muttersprache 92, 27-37.

Piirainen, I.T. / Airismäki, J. (1987): Sprache der Wirtschaftspresse. Bochum.

von Polenz, P. (1963): Funktionsverben im heutigen Deutsch. Düsseldorf.

— (1968): Sprachkritik und sprachwissenschaftliche Methodik, in: Moser, H. u.a. (Hrsg.): Sprachnorm, Sprachpflege, Sprachkritik. Düsseldorf, 159-184.

— (1981): Über die Jargonisierung von Wissenschaftssprache und wider die Deagentivierung, in: Bungarten, Th. (Hrsg.): Wissenschaftssprache. München, 85-110.

— (1982): Sprachkritik und Sprachnormenkritik, in: Heringer, 70-93.

— (1985): Deutsche Satzsemantik. Berlin (²1988).

— (1989): Verdünnte Sprachkultur, in: Deutsche Sprache 17, 289-316.

Popadić, H. (1971): Untersuchungen zur Frage der Nominalisierung des Verbalausdrucks im heutigen Zeitungsdeutsch. Tübingen.

Posner, R. (1968): Zu Roland Harweg, Textologische Analyse einer Zeitungsnachricht, in: Replik 1/2, 58-59.

Preisendanz, W. (1971): Verordnete Wahrnehmung, in: Sprache im technischen Zeitalter 37, 1-8.

Pucheu, R. (1965): Clés pour le français du journal, in: Le Français dans le Monde 31, 18-22.

Püschel, U. (1985): Das Stilmuster "Abweichen", in: Sprache und Literatur in Wissenschaft und Unterricht 16, 9-24.

— (1987): 'Gestalten' als zentrales Stilmuster, in: Kühlwein, W. (Hrsg.): Perspektiven der Angewandten Linguistik. Tübingen, 143-145.

Püschel, U. / Sandig, B. (Hrsg.) (1992): Argumentationsstile. Hildesheim (= Germanistische Linguistik 112-113).

Renckstorf, K. (1980): Nachrichtensendungen im Fernsehen. Berlin.

Reumann, K. (1989): Journalistische Darstellungsformen, in: Noelle-Neumann u.a., 69-83.

Richard, B. (1987): "Mündlichkeit" in der Presse. Eine Untersuchung des Einflusses der gesprochenen Sprache auf die Pressesprache. Basel (Typoskript).

Riha, K. (Hrsg.) (1973): Über Zeitungen. Wißmar-Steinbach.

Ripfel, M. (1987): Was heißt Bewerten? in: Deutsche Sprache 15, 151-177.

Römer, R. (1970): Gibt es Mißbrauch der Sprache? in: Muttersprache 80, 73-85.

— (1972): Pragmatische Dimension und sprachliche Wirkungen, in: Linguistische Berichte 18, 19-26.

— (³1973): Die Sprache der Anzeigenwerbung. Düsseldorf.

Roloff, M. (1985): Zur Kontaktfunktion der sprachlichen Kommunikation, in: Zeitschrift für Phonetik, Sprachwissenschaft und Kommunikationsforschung 38, 239-250, 264-267.

Rosengren, I. (1972, 1977): Ein Frequenzwörterbuch der deutschen Zeitungssprache, 2 Bde. Lund.

— (1980): Texttheorie, in: Althaus u.a., 275-286.

— (1983): Die Textstruktur als Ergebnis strategischer Überlegungen des Senders, in: Rosengren, I. (Hrsg.): Sprache und Pragmatik. Stockholm, 157-191.

Rosengren, I. (1985): Die Beziehung zwischen Sprachhandlungssystem und Sprachsystem am Beispiel der Einstellungsbekundung, in: Zeitschrift für Germanistik 6, 322-337.

Rossipal, H. (1979): Pragmatische Motivationsstruktur in Fachtexten, in: Mentrup, W. (Hrsg.): Fachsprachen und Gemeinsprache. Düsseldorf, 155-208.

Rucktäschel, A. (Hrsg.) (1972): Sprache und Gesellschaft. München.

Rück, H. (1982): Textsyntaktische Unbestimmtheit und ihre Bedeutung für das Leseverhalten, in: Kodikas/Code 4/5, 39-50.

Sager, S.F. (1982): Sind Bewertungen Handlungen? in: Zeitschrift für germanistische Linguistik 10, 38-57.

Sandig, B. (1970): Probleme einer linguistischen Stilistik, in: Linguistik und Didaktik 3, 177-194.

— (1971): Syntaktische Typologie der Schlagzeile. München.

— (1972): Bildzeitungstexte, in: Rucktäschel, 69-80.

— (1978): Stilistik. Sprachpragmatische Grundlegung der Stilbeschreibung. Berlin.

— (1979): Ausdrucksmöglichkeiten des Bewertens, in: Deutsche Sprache 7, 137-159.

— (1980): Normen und Sachverhaltsdarstellung - am Beispiel Zeitungsnachricht, in: Mogge, 175-185.

— (1986): Stilistik der deutschen Sprache. Berlin.

— (1989): Stilistische Funktionen verbaler Idiome am Beispiel von Zeitungsglossen und anderen Verwendungen, in: Gréciano, G. (Hrsg.): Europhras 88. Strasbourg, 387-400.

Schanen, F. / Confais, J.P. (1986): Grammaire de l'allemand. Paris.

Schecker, M. (1976): Argumentation und Verallgemeinerung, in: Schecker, M. (Hrsg.): Methodologie der Sprachwissenschaft. Hamburg, 93-121.

Schleyer, F. (1975): Journalesisch, in: Sprachdienst 19, 43-47.

Schmidt, S.J. (1969): Sprachliches und soziales Handeln, in: Linguistische Berichte 2, 64-69.

— (1972): Sprache und Politik, in: Rucktäschel, 81-101.

-— (1973): Texttheorie. München (^{2}1976).

Schmidt, W. u.a. (1981): Funktional-kommunikative Sprachbeschreibung. Leipzig.

Schneider, W. (1983): Deutsch für Profis. Handbuch der Journalistensprache - wie sie ist und wie sie sein könnte. Hamburg.

Schönbach, K. (1977): Trennung von Nachricht und Meinung. Freiburg.

Schopenhauer, A. (^{2}1891): Sämtliche Werke, Bd. 6 (Ed. J. Frauenstädt). Leipzig.

Schröder, D. (1984): Le Monde - Versuch einer texttypologischen und syntaktischen Monographie. Frankfurt/M.

Schütz, A. (1974): Der sinnhafte Aufbau der sozialen Welt. Frankfurt/M. (^{1}1932).

Schulz, W. (1989): Nachricht, in: Noelle-Neumann u.a., 216-240.

— (^{2}1990): Die Konstruktion von Realität in den Nachrichtenmedien. Freiburg.

Schulze, V. (^{2}1991): Die Zeitung. Aachen.

Schwarze, Ch. (1973): Zu Forschungsstand und Perspektiven der linguistischen Textanalyse, in: Linguistik und Didaktik 15, 218-231.

— (1980): Thesen und Empfehlungen zum Sprachgebrauch in den Medien, in: Mogge, 25-37.

Schwitalla, J. (1976): Was sind 'Gebrauchstexte'? in: Deutsche Sprache 4, 20-40.

— (1976a): Zur Einführung in die Argumentationstheorie: Begründungen durch Daten und Begründungen durch Handlungsziele in der Alltagsargumentation, in: Der Deutschunterricht 28/4, 22-36.

— (1979): Dialogsteuerung in Interviews. München.

— (1981): Textbeschreibung durch Illokutionsanalyse? in: Rosengren, I. (Hrsg.): Sprache und Pragmatik. Lund, 207-219.

— (1983): Deutsche Flugschriften 1460 - 1525. Textsortengeschichtliche Studien. Tübingen.

— (1984): Einige Überlegungen zu Prinzipien von Text- und Dialogklassifikationen, in: Rosengren, I. (Hrsg.): Sprache und Pragmatik. Stockholm, 119-127.

Skog-Södersved, M. (1993): Wortschatz und Syntax des außenpolitischen Leitartikels. Frankfurt/M.

Sowinski, B. (1983): Textlinguistik. Stuttgart.

Stammerjohann, H. (1981): Kontrastive Textlinguistik: Die Textsorte 'Zeitungsüberschrift' im Deutschen und Italienischen, in: Schwarze, Ch. (Hrsg.): Italienische Sprachwissenschaft. Tübingen, 209-218.

Steffens, M. (1971): Das Geschäft mit der Nachricht. München.

Steger, H. (1978): Intenciones verbales, in: Lexis 2/2, 137-163.

— (1983): Über Textsorten und andere Textklassen, in: Textsorten und literarische Gattungen. Berlin, 25-67.

— (1988): Erscheinungsformen der deutschen Sprache, in: Deutsche Sprache 16, 289-319.

Stegu, M. (1988): Text und Bild im Wirtschaftsjournalismus, in: Bungarten, Th. (Hrsg.): Sprache und Information in Wirtschaft und Gesellschaft. Tostedt, 399-407.

Straßner, E. (Hrsg.) (1975): Nachrichten. München.

— (1975a): Produktions- und Rezeptionsprobleme bei Nachrichtentexten, in: Straßner, 83-111.

— (1980): Sprache in Massenmedien, in: Althaus u.a., 328-337.

— (1980a): Texte, die aufs Hören zielen, in: Mogge, 220-229.

— (1982): Fernsehnachrichten. Tübingen.

Straßner, E. u.a. (1973): Textverständlichkeit und Textvergleich, in: Deutsche Sprache 1, 42-57.

Strohner, H. (1990): Textverstehen. Opladen.

Sutter, Ch. (1955): Zur Entwicklung und Syntax der französischen Zeitungsschlagzeilen. Chur.

Tauber, M. / Stoll, F. / Drewek, R. (1980): Erfassen Lesbarkeitsformeln und Textbeurteilung verschiedene Dimensionen der Textverständlichkeit? in: Zeitschrift für experimentelle und angewandte Psychologie 27, 135-146.

Teigeler, P. (1968): Verständlichkeit und Wirksamkeit von Sprache und Text. Stuttgart.

— (1979): Zum gegenwärtigen Stand der Verständlichkeitsforschung, in: Publizistik 24, 337-343.

Toulmin, St.E. (1958): The uses of argument. Cambridge (dt. Ausg. 1975).

Tuchman, G. (1971): Objectivity as strategic ritual, in: American Journal of Sociology 77, 660-679.

Vater, H. (1992): Einführung in die Textlinguistik. München.

Viehweger, D. (1979): Pragmatische Voraussetzungen, deskriptive und kommunikative Explizitheit von Texten, in: Rosengren, I. (Hrsg.): Sprache und Pragmatik. Lund, 109-121.

Völzing, P.L. (1976): Gebrauchstexte, Linguistik und perlokutive Akte, in: Fischer, L. u.a. (Hrsg.): Gebrauchsliteratur. Stuttgart, 99-113.

— (1979): Begründen, Erklären, Argumentieren. Heidelberg.

Voyenne, B. (1967): Glossaire des termes de presse. Paris.

— ([4]1971): La presse dans la société contemporaine. Paris.

Warren, C. (1934): Modern news reporting. New York (dt. Ausg. 1953: ABC des Reporters. München).

Weinrich, H. (1966): Tempusprobleme eines Leitartikels, in: Euphorion 60, 263-272.

— ([2]1971): Tempus. Stuttgart ([4]1985).

— (1980): Über Sprachnormen nachdenken, in: Mogge, 9-24.

Weischenberg, S. (1988): Nachrichtenschreiben. Opladen.

Werlich, E. (1975): Typologie der Texte. Heidelberg ([2]1979).

Wiesand, A.J. / Fohrbeck, K. (1976): Literatur und Öffentlichkeit in der Bundesrepublik Deutschland. München.

Wildgen, W. (1982): Makroprozesse bei der Verwendung nominaler Ad-hoc-Komposita im Deutschen, in: Deutsche Sprache 10, 237-257.

Wilke, J. (1986): Probleme wissenschatlicher Informationsvermittlung durch die Massenmedien, in: Bungarten, Th. (Hrsg.): Wissenschaftssprache und Gesellschaft. Hamburg, 304-318.

Wilss, W. (1961): Der bildliche Ausdruck im Leitartikel der Tagespresse, in: Muttersprache 71, 97-108.

— (1986): Wortbildungstendenzen in der deutschen Gegenwartssprache. Tübingen.

— (1989): Anspielungen. Zur Manifestation von Kreativität und Routine in der Sprachverwendung. Tübingen.

Wintermann, B. (1972): Die Nachrichtenmeldung als Text. Göttingen.

Wolff, G. (1986): Deutsche Sprachgeschichte. Frankfurt/M. ([2]1990).

Wright, C.R. (1968): Functional analysis and mass communication, in: Dexter, L.A. / White, D.M. (Hrsg.): People, society, and mass communications. New York, 91-109.

von Wright, G.H. (1974): Erklären und Verstehen. Frankfurt/M. (engl. Orig. 1971).

Wunderlich, D. (1970): Tempus und Zeitreferenz im Deutschen. München.

— (Hrsg.) (1972): Linguistische Pragmatik. Frankfurt/M.

— (1972a): Zur Konventionalität von Sprechhandlungen, in: Wunderlich, 11-58.

— (1974): Grundlagen der Linguistik. Reinbek.

— (1976): Studien zur Sprechakttheorie. Frankfurt/M.

Zillig, W. (1980): Textakte, in: Tschauder, G. / Weigand, E. (Hrsg.): Perspektive: textextern. Tübingen, 189-200.

— (1982): Bewerten. Tübingen.

— (1982a): Textsorte 'Rezension', in: Detering, K. u.a. (Hrsg.): Sprache erkennen und verstehen. Tübingen, 197-208.

Zimmermann, G. (1968): Manipulation durch Präsentation, in: Format 17, 21-25.

Zimmermann, H.D. (1971): Elemente zeitgenössischer Rhetorik, in: Diskussion Deutsch 2, 157-168.

Zimmermann, K. (1984): Die Antizipation möglicher Rezipientenreaktionen als Prinzip der Kommunikation, in: Rosengren, I. (Hrsg.): Sprache und Pragmatik. Stockholm, 131-158

Zoll, R. (Hrsg.) (1971): Manipulation der Meinungsbildung. Opladen.